刑事手続法の論点

Kawaide Toshihiro
川出 敏裕 著

立花書房

はしがき

　本書は、刑事訴訟法に関わる比較的最近の裁判例を素材として、未だ最高裁による判断が示されていない問題や、今後、立法的な解決が求められると考えられる問題などを取り上げ、検討を行ったものである。こうした種類の問題を扱ったものであるため、本書では、関連する裁判例の解説に加えて、それらの問題についての学説の状況も詳しく紹介したうえで、立法論も含めて問題解決の方向性を示すことを心掛けた。

　本書の基となっているのは、筆者が、警察学論集誌上（第71巻第5号～第72巻第3号）に連載した「刑事手続法の論点(1)～(10)」である。連載で取り上げた問題の中には、論考の掲載後に、裁判所によって新たな判断が示されたものもあるため、それらの裁判例について補充的な解説を加えるとともに、連載後に公表された文献を踏まえた加筆、修正を行い、さらに、連載では扱えなかった若干の項目を新たに書き加えた。

　本書で扱った問題の中には、法学部や法科大学院の授業ではあまり取り上げられないような実務的なものも含まれている。本書が、刑事訴訟法を学んでいる皆さんが、現在の刑事手続においてどのような問題が解決を迫られているのかを理解するための一助となれば幸いである。

　本書の公刊にあたっては、拙著『判例講座刑事訴訟法〔公訴提起・公判・裁判篇〕』に引き続き、立花書房出版部の安部義彦氏、中埜誠也氏、秋山寛和氏に大変お世話になった。厚くお礼申し上げる。

　令和元年6月

川出　敏裕

凡　例

【判例集等略語】

　　刑集　　　　大審院刑事判例集、最高裁判所刑事判例集
　　裁集刑　　　最高裁判所裁判集刑事
　　高刑集　　　高等裁判所刑事判例集
　　東高刑時報　東京高等裁判所刑事判決時報
　　高検速報　　高等裁判所刑事裁判速報（集）
　　訟月　　　　訟務月報

【雑誌類略語】

　　警論　　　　警察学論集
　　刑ジャ　　　刑事法ジャーナル
　　刑雑　　　　刑法雑誌
　　ジュリ　　　ジュリスト
　　論究ジュリ　論究ジュリスト
　　曹時　　　　法曹時報
　　判時　　　　判例時報
　　判タ　　　　判例タイムズ
　　判評　　　　判例評論
　　ひろば　　　法律のひろば
　　法教　　　　法学教室
　　法時　　　　法律時報
　　法セ　　　　法学セミナー

【主要文献略語】

井上・強制捜査	井上正仁『強制捜査と任意捜査［新版］』（有斐閣、2014年）
井上古稀	酒巻匡＝大澤裕＝川出敏裕編著『井上正仁先生古稀祝賀論文集』（有斐閣、2019年）
刑判評釈	刑事判例研究会編『刑事判例評釈集（1〜50）』（有斐閣、1941〜1994年）
最判解刑	最高裁判所調査官室編『最高裁判所判例解説刑事篇（昭和29年度〜）』（法曹会）
酒巻・刑訴	酒巻匡『刑事訴訟法』（有斐閣、2015年）
実例刑訴	松尾浩也＝岩瀬徹編『実例刑事訴訟法（1〜3）』（青林書院、2012年）
新実例刑訴	平野龍一＝松尾浩也編『新実例刑事訴訟法（1〜3）』（青林書院、1998年）
条解	松尾浩也監修『条解刑事訴訟法［第4版増補版］』（弘文堂、2016年）
鈴木・刑訴	鈴木茂嗣『刑事訴訟法［改訂版］』（青林書院、1990年）
大コメ刑訴	河上和雄＝中山善房＝古田佑紀＝原田國男＝河村博＝渡辺咲子編『大コンメンタール刑事訴訟法［第2版］（1〜11）』（青林書院、2010〜2017年）
田宮・刑訴	田宮裕『刑事訴訟法［新版］』（有斐閣、1996年）
逐条実務	伊丹俊彦＝合田悦三編集代表『逐条実務刑事訴訟法』（立花書房、2018年）
注釈刑訴	河上和雄＝小林充＝植村立郎＝河村博編『注釈刑事訴訟法［第3版］（1、4、6、7）』（立花書房、2011〜2015年）
判例百選(10)	井上正仁＝大澤裕＝川出敏裕編『刑事訴訟法判例百選［第10版］』（有斐閣、2017年）
松尾・刑訴	松尾浩也『刑事訴訟法（上［新版］、下［新版補正第2版］）』（弘文堂、1999年）

目　次

はしがき

凡　例

第1講　GPS捜査 …………………………………………………………… 1

- Ⅰ　問題の所在 ……………………………………………………………… 1
- Ⅱ　アメリカにおける議論 ………………………………………………… 2
  - 1　適法性判断の枠組み ………………………………………………… 2
  - 2　ジョーンズ判決以前の関連判例 …………………………………… 3
  - 3　ジョーンズ判決 ……………………………………………………… 5
- Ⅲ　わが国における展開 …………………………………………………… 8
  - 1　下級審裁判例の展開 ………………………………………………… 8
  - 2　GPS捜査をめぐる法的問題点 ……………………………………… 13
- Ⅳ　最高裁大法廷平成29年判決 …………………………………………… 17
  - 1　最高裁判決に至る経緯 ……………………………………………… 17
  - 2　最高裁の判断 ………………………………………………………… 19
  - 3　強制処分該当性 ……………………………………………………… 21
  - 4　強制処分の形式 ……………………………………………………… 27
  - 5　本判決の射程 ………………………………………………………… 31
- Ⅴ　立法の在り方 …………………………………………………………… 34
  - 1　平成29年判決を前提とした立法の内容 …………………………… 34
  - 2　新たな立法提案 ……………………………………………………… 36

第2講　偽計を用いた証拠収集 ………………………… 38

- I　問題の所在——最近の裁判例 …………………………… 38
- II　尿の採取 ………………………………………………… 44
- III　足跡痕の取得 …………………………………………… 49
- IV　捜査手法としての適法性 ……………………………… 51
  - 1　強制処分該当性 ……………………………………… 51
  - 2　任意捜査としての適法性 …………………………… 54

第3講　採尿のための留め置き ………………………… 56

- I　問題の所在 ……………………………………………… 56
- II　最高裁平成6年決定 …………………………………… 57
- III　その後の下級審裁判例 ………………………………… 61
- IV　二分論の意義と当否 …………………………………… 69
- V　立法の要否 ……………………………………………… 74

第4講　おとり捜査 ……………………………………… 76

- I　おとり捜査の規律——最高裁平成16年決定 ………… 76
- II　平成16年決定以後の裁判例 …………………………… 78
  - 1　おとり捜査が適法とされた事案 …………………… 78
  - 2　おとり捜査等が違法とされた事案 ………………… 82

第5講　サイバー犯罪の捜査 …………………………… 97

- I　はじめに ………………………………………………… 97
- II　平成23年刑訴法改正 …………………………………… 98

		1	改正の背景	98
		2	改正の内容	99
	Ⅲ	その後の展開		107
		1	リモートアクセスの限界	107
		2	記録媒体の差押え後のリモートアクセス	111
		3	国外にあるサーバへのアクセス	116

第6講　接見の際の電子機器の使用 …………123

- Ⅰ 問題の所在 …………123
- Ⅱ 接見内容の記録化 …………124
  - 1 備忘のためのメモとり …………124
  - 2 接見内容の録音 …………125
- Ⅲ 接見における証拠の提示 …………126
  - 1 問題の所在 …………126
  - 2 裁判例の状況——ビデオテープの再生 …………127
  - 3 実務の運用——映像記録の再生 …………130
  - 4 証拠の提示のための電子機器の使用 …………135
- Ⅳ 接見の際の撮影 …………136
  - 1 裁判例の展開 …………136
  - 2 接見の概念 …………141
  - 3 規律等侵害行為の該当性 …………144
- Ⅴ 接見室からの通信 …………146

第7講　被告人の訴訟能力 …………148

- Ⅰ 訴訟能力の意義 …………148

	1	最高裁平成7年決定	148
	2	訴訟能力の概念	151
Ⅱ	訴訟能力の判断基準		153
	1	判例の展開	153
	2	訴訟能力の判断基準	156
	3	訴訟運営への影響	157
Ⅲ	訴訟能力の回復の見込みがない場合の処理		158
	1	判例の展開	158
	2	裁判所による手続打切りの可否	161

第8講　刑事手続における証人の保護 …… 164

- Ⅰ　問題の所在 …… 164
- Ⅱ　加害行為等の防止 …… 164
  - 1　従来の規定 …… 164
  - 2　証人に関する情報の保護 …… 165
- Ⅲ　証言に伴う負担の軽減 …… 172
  - 1　問題の所在 …… 172
  - 2　証人への付添い …… 173
  - 3　公開の停止 …… 173
  - 4　公判期日外における証人尋問 …… 174
  - 5　被告人の退廷措置 …… 177
  - 6　遮へい措置・ビデオリンク方式による証人尋問 …… 177
  - 7　供述の繰り返しの回避 …… 187
- Ⅳ　刑事手続外での証人の安全の保護 …… 190

第9講　取調べの録音・録画記録媒体の証拠としての利用　192

- Ⅰ　はじめに……………………………………………………………………192
- Ⅱ　裁判例の展開………………………………………………………………192
  - 1　東京高裁平成28年判決…………………………………………………192
  - 2　東京高裁平成30年判決…………………………………………………197
- Ⅲ　実質証拠としての利用……………………………………………………203
  - 1　議論の経緯………………………………………………………………203
  - 2　証拠能力否定論…………………………………………………………204
  - 3　実質証拠としての取調べの必要性……………………………………206
- Ⅳ　信用性の補助証拠としての利用…………………………………………211

第10講　量刑と余罪……………………………………………………213

- Ⅰ　問題の所在…………………………………………………………………213
- Ⅱ　判例の内容…………………………………………………………………214
  - 1　最高裁昭和41年判決……………………………………………………214
  - 2　最高裁昭和42年判決……………………………………………………216
  - 3　実質処罰型と情状推知型の区別の判断要素…………………………217
- Ⅲ　裁判例の展開………………………………………………………………219
- Ⅳ　実質処罰型と情状推知型の区別基準……………………………………224

事項索引……………………………………………………………………………229
判例索引……………………………………………………………………………232

第1講　GPS捜査

I　問題の所在

　被疑者を逮捕できるほどの嫌疑がない段階で、張り込みや尾行によりその動向を監視することは、これまでも任意捜査として広く行われてきた。その過程で、対象者の容貌等を撮影することもあったと思われるが、少なくとも、公道上や誰もが立入り可能な場所で撮影するかぎりは、それも任意捜査として許容されるものと考えられてきたといえよう。ところが、近年、広域にわたる窃盗事件等の捜査において、警察が、被疑者ないしその関係者の動向を探るため、張り込みや尾行を行うのとあわせて、それらの者が使用している自動車の車両にGPS端末を秘かに取り付け、尾行に失敗した場合などに、GPSを用いてその所在を割り出すという手法が用いられるようになった。このような用い方をするかぎりにおいては、それは尾行の補助手段と位置づけられるが、使い方次第では、それにより、対象車両ひいてはその使用者の所在場所を常時把握し、監視することも可能となる。それもあって、はたして、このような捜査を任意捜査として令状なしで実施することが許されるのかが問題とされることになったのである。
　この問題については、最大判平29・3・15刑集71・3・13により、GPS捜査を強制処分とするとともに、それを規律する立法的措置を求める判断が下された。しかし、その判示は多様な解釈の余地を残すものとなっており、それをどのように理解するかによって、今後の立法の内容、さらには、関連する捜査手法の規律の在り方が変わってくる可能性がある。
　GPS捜査に関しては、最高裁の判断が示されるまでに、少なからぬ数の下級審裁判例が出され、学説においても多様な議論が展開されていた。加えて、同様の捜査手法は、わが国よりも一足先にアメリカで問題となり、

2012年に、連邦最高裁の判断が下されていた[1]。アメリカにおけるGPS捜査の適法性の判断枠組みは、わが国と同じではないものの、わが国の議論は、アメリカでの議論から示唆を受けつつ、あるいは、それに依拠して展開されてきたという経緯がある。そこで、ここでも、まずは、アメリカの連邦最高裁の判例を紹介することから始めることにしたい。

II　アメリカにおける議論

1　適法性判断の枠組み

　アメリカでは、GPS端末の車両への設置とそれによる位置情報の取得が、連邦憲法修正第4条にいう「捜索」にあたるかというかたちで問題になった[2]。修正第4条にいう「捜索」とは何かにつき、かつては、同条は財産権を保護する規定であり、捜索とは、身体、家屋、書類又は財産に対する物理的侵入（trespass）を指すから、これらの憲法上保護された領域への物理的侵入がないかぎり、同条の禁止する行為にはあたらないと解されていた。この考え方（一般に、「トレスパス・テスト」と呼ばれる。）によると、通信傍受などの、電子工学的技術を利用して個人のプライバシーを侵害する捜査手段は、物理的侵入を伴わない以上、修正第4条では捕捉できないことになる。

　しかし、その後、1967年のカッツ判決[3]でトレスパス・テストは退けられ、新たに、「プライバシーの合理的期待」のテストと呼ばれる基準が提示された。この基準は、個人が現にプライバシーの期待を持っており（プ

---

[1] United States v. Jones, 565 U. S. 400 (2012). 以下、「ジョーンズ判決」という。

[2] 修正第4条は、「国民が、不合理な捜索及び押収又は抑留から身体、家屋、書類及び所持品の安全を保障される権利は、これを侵してはならない。いかなる令状も、宣誓又は宣誓に代わる確約に基づいて、相当な理由が示され、かつ、捜索する場所及び抑留する人又は押収する物品が個別に明示されていないかぎり、これを発給してはならない。」と規定している。そして、判例により、捜索については、原則として令状が必要であり、令状なしに行われた捜索は、不合理な捜索に該当するものとされている。

[3] Katz v. United States, 389 U. S. 347 (1967).

ライバシーの主観的期待)、かつ、その期待が社会において合理的なものと認められる(プライバシーの客観的期待)のであれば、個人のプライバシーに対する干渉は、修正第 4 条に規定する要件を充足する場合のみ許容されるとするものである。カッツ判決以後は、この「プライバシーの合理的期待」のテストが同条の適用基準として採用されることとなった。

2　ジョーンズ判決以前の関連判例

　そのような経過を経て、2012年に、GPS捜査を扱ったジョーンズ判決が出されることになるが、それ以前にも、電子機器を用いた位置情報の取得が問題とされた判例として、ビーパー(電波発信装置)による追跡の適法性が争われた 2 つの判決があった。

　最初が、1983年のノッツ判決[4]である。事案は、以下のようなものであった。

　麻薬捜査官 P は、A が、違法薬物であるアンフェタミンを製造するために、原料となるクロロフォルムを H 社から購入している旨の情報を入手した。そこで、P は、H 社の同意を得たうえで、A に売却する予定のクロロフォルム入り容器に予めビーパーを取り付けておき、これを購入した A が運転する自動車を、肉眼とビーパーの双方で監視を続けながら追跡した。その後、P らは、車を見失ったものの、ビーパーの信号によって、クロロフォルム入り容器が、X (被告人ノッツ) の住居に運ばれたことを確認した。そこで、P は、捜索令状の発付を受けて、X の住居を捜索し、その結果、覚せい剤の原料や薬物製造装置を発見し、押収した。

　連邦最高裁は、自動車で公道を走行する者は、自分がある方向からある方向へ向かっていることや、停車したことを、知りたいと思う者すべてに対し自ら伝えているといえるから、自動車による移動にはプライバシーの合理的期待を認めることができないとした。また、ビーパーの取り付けられた容器が、最終的に、伝統的なプライバシーの期待が認められる X の住居内に持ち込まれ、そこにあることがビーパーによって確認されている点

---

4)　United States v. Knotts, 460 U. S. 276 (1983). 同判決については、鈴木義男編『アメリカ刑事判例研究第 2 巻』(成文堂、1986年) 18以下参照。

についても、捜査官が、Xの住居に隣接した公共の空間から肉眼による監視によって、当該容器が住居内に入ったという情報を入手することができた以上、問題はないとした。そして、結論として、公道を走る自動車のビーパーによる監視は、プライバシーの合理的期待を侵害するものではなく、かつ、本件では、それ以上にプライバシーの期待の認められる領域の情報を得ているわけではないから、修正第4条に違反することはないとしたのである。

もう一つが、翌1984年のカロ判決[5]である。事案は、以下のようなものであった。

連邦麻薬取締局係官であるKは、情報提供者であるSから、Y（被告人カロ）が、Zらとともに、コカインの抽出に使用するエーテルをSから購入しようとしているという情報を得た。そこで、Kは、Sの承諾を得て、エーテル入り容器の一つをビーパーを取り付けたものとすり替え、それがYに引き渡された。その後、ビーパーが設置されたエーテル容器は、Yの自宅、商業用保管施設内のロッカーなど数か所を移動した後、最終的に、Zらが借りている住居に移された。この間のエーテル容器の移動は、ビーパーによる監視によって突き止められたものであった。その翌日に、同住居の捜索令状が発付され、捜索の結果、コカインと抽出器具が発見され、押収された。なお、本件では、エーテル入り容器へのビーパーの取り付けと、それによる監視を許可する裁判所の令状が発付されていたが、それが無効と判断されたため、結局、上記の捜査は無令状で行われたのと同様に扱われることになった。

連邦最高裁は、肉眼による監視のできない場所である住居をビーパーによって監視することは、住居におけるプライバシーについて正当な利益を有する者の修正第4条の権利を侵害するとしたうえで、本件では、有効な令状なしに、ビーパーが設置されたエーテル入り容器が住居内にあるという、肉眼では入手しえない情報を得ているから、本件におけるビーパーを

---

5) United States v. Karo, 468 U. S. 705 (1984). 同判決については、鈴木義男編『アメリカ刑事判例研究第3巻』（成文堂、1989年）36以下参照。

用いた監視は「不合理な捜索」にあたるとした。

この2つの判例により、位置情報がプライバシーに含まれることを前提に、ビーパーによって獲得される位置情報が、肉眼で観察可能な公共空間におけるものなのか、それとも、肉眼では入手し得ない私的空間におけるものなのかによって、プライバシーの合理的期待が認められるか否かが決まることが明らかにされたといえよう。

3　ジョーンズ判決

そして、2012年にジョーンズ判決が下されることになった[6]。事案は、次のようなものであった。

連邦捜査局（FBI）とコロンビア特別区警察による合同捜査本部は、J（被告人ジョーンズ）らについて麻薬取引の容疑で捜査を行う過程で、Jの妻名義のジープにGPS端末を装着することを許す令状を得た。同令状には、GPS端末の装着を許す期間を発付から10日以内とするとともに、端末の装着がコロンビア特別区内で行われなければならないとする条件が付されていたが、捜査官は、令状発付から11日後に、メリーランド州内の公共駐車場に駐車されていた上記ジープの車体外側底部に端末を取り付けた。捜査官は、その後28日間にわたり、GPSによって同車の移動を監視し、膨大な量のデータを入手した。それゆえ、結局、無令状で、28日間にわたって、GPSによる監視と位置情報の取得が行われたことになる。これが、修正第4条にいう「不合理な捜索」にあたるかが問題とされた。

連邦最高裁は、9名の裁判官全員一致で、無令状での本件GPS捜査は修正第4条に違反し許されないとしたが、その根拠は裁判官によって分かれた。

まず、スカーリア裁判官執筆の法廷意見（4名の裁判官が同調）は、カッツ判決による「プライバシーの合理的期待」のテストの採用は修正第4条

---

6) ジョーンズ判決については、土屋眞一「捜査官がGPSにより公道を走る被疑者の車を監視することは違法な捜索か？」判時2150・3以下、緑大輔「United States v. Jones, 132 S. Ct. 945（2012）——GPS監視装置による自動車の追跡の合憲性」アメリカ法2013-2・356以下、三井誠＝池亀尚之「犯罪捜査におけるGPS技術の利用——最近の合衆国刑事裁判例の動向」刑ジャ42・55以下等を参照。

による保護の範囲を狭めるものではないから、同条による財産権の保護と、それを前提としたトレスパス・テストを排除するものではないとする。そのうえで、自動車は修正第4条にいう「所持品」にあたり、政府が情報を取得する目的で対象車両にGPS端末を取り付けて当該車両の移動を監視する行為は、私的財産を物理的に占有しており、物理的侵入を伴っている以上、同条が制定された当時に意味していたところの「捜索」にあたるとした。つまり、伝統的なトレスパス・テストを適用することによって、本件事案を処理したわけである。

　これに対し、アリート裁判官の結論同調意見（3名の裁判官が同調）は、本件事案に「プライバシーの合理的期待」のテストを適用し、28日間にもわたる長期間のGPSによる監視は、プライバシーの合理的期待に反するものであるから、修正第4条の「捜索」に該当するとした。

　そのうえで、法廷意見に対しては、長期間のGPSの使用という重要な事実を無視し、自動車の操作に影響を及ぼさない小さくて軽いGPS端末の装着という、さして重要でない事実を重視している点や、その見解によると、国が自動車メーカーに対しGPS装置を全車両に前もって搭載するよう要請し、それを通じて位置情報を取得する場合には何の保護も与えられない点、さらに、GPS端末を車両に装着した後に行われる短期間の監視には修正第4条が適用される一方で、同一車両を、自動車と空中からの援助を用いて、気付かれないままに長期間にわたり追跡しても、その適用を受けないことになる点で問題があると指摘した。

　他方、本件の処理としては法廷意見に賛成したソトマイヨール裁判官は、補足意見において、GPSによる監視がもたらすプライバシー侵害の特殊性につき、次のような注目すべき指摘を行った。すなわち、GPSによる監視は、①たとえ短期間のものであっても、個人の公の移動について精密で包括的な記録を生み出し、その者の家族、政治、職業、宗教及び性的な結び付きについて詳細な事実を明らかにすることとなるとともに、②従来用いられてきた他の監視手法に比して安価であり、かつ、意図して秘かに進められるため、通常は濫用的な法執行に対しての歯止めとなる警察資源

の限界と市民の反発を逃れるという特色を持っているとするのである。①の部分は、個々の情報は断片的なものであっても、それらをつなぎあわせることで、その人の日常生活を相当程度明らかにできることを指摘するものであり、いわゆるモザイク理論に基づくものである[7]。

　GPS捜査が修正第4条にいう捜索にあたり、令状が必要かどうかという問題については、本判決により決着が着いた。しかし、GPS捜査には、ソトマイヨール裁判官が指摘したような特殊性があるため、それに対しては、同条によるのとは別に、立法による特別な規制が必要とされるのではないかという議論も出てきている[8]。

---

[7] モザイク理論の内容とそれに対する批判については、柳川重規「捜査における位置情報の取得——アメリカ法を踏まえて」刑ジャ48・30以下参照。

[8] 2018年のカーペンター判決においては、捜査機関が、相当な理由に基づく令状によることなく、携帯電話の基地局情報を取得したことが修正第4条に違反するかが問題とされた。同事件では、検察官が、「保管された通信に関する法律（Stored Communications Act）」による裁判所命令に基づき、通信事業者に対して、連続強盗事件の被疑者の携帯電話の基地局情報の提出を求め、通信事業者から、被疑者の129日間にわたる動きを示す1万2,898個の位置情報を取得した。

　連邦最高裁は、個人は、その身体の移動の全体についてプライバシーの合理的な期待を有しているとしたうえで、基地局情報による人の過去の移動の把握は、詳細、網羅的かつ容易に位置情報を取得できる点で、ジョーンズ判決で問題とされたGPSによる自動車の追跡と質的に共通しているだけでなく、それ以上の情報を得ることができるものであるから、プライバシーの合理的期待を侵害するものであって、修正第4条にいう捜索に該当すると判断した（Carpenter v. United States, 585 U.S. ＿（2018））。

　ここでは、ジョーンズ判決と異なり、修正第4条が適用されるか否かの判断にあたって、端的に、位置情報の継続的、網羅的な取得によるプライバシーの侵害が問題とされている。そして、本判決の判示は、より正確な位置情報を取得することが可能な、携帯電話のGPS情報を取得する捜査についても同様に妥当することになろう。

　カーペンター判決については、田中開「『ビッグデータ時代』における位置情報の収集と連邦憲法修正4条」井上古稀433以下、柳川重規「位置情報とプライヴァシー」法学新報125・11＝12・605以下参照。

Ⅲ　わが国における展開

1　下級審裁判例の展開

　平成29年の最高裁判決が出されるまでに、GPS捜査の適法性に関して、以下の10件の決定ないし判決が出されている。
① 　大阪地決平27・1・27判時2288・134
② 　大阪地決平27・6・5判時2288・138
③ 　名古屋地判平27・12・24判時2307・136
④ 　水戸地決平28・1・22 LEX/DB25545987
⑤ 　広島地福山支判平28・2・16公刊物未登載
⑥ 　大阪高判平28・3・2判タ1429・148（②の控訴審）
⑦ 　名古屋高判平28・6・29判時2307・129（③の控訴審）
⑧ 　広島高判平28・7・21高検速報（平28）241（⑤の控訴審）
⑨ 　福井地判平28・12・6 LEX/DB25544761
⑩ 　東京地立川支決平28・12・22 LEX/DB25544851

　いずれの裁判例においても、当該事案におけるGPS捜査は、任意捜査として令状なしで実施されていたことから、それが強制処分となるか否かが主たる問題とされた。

　強制処分の基準については、最決昭51・3・16刑集30・2・187（以下、「昭和51年決定」という。）の判示を受けて、学説上は、対象者の意思に反して、重要な権利・利益を実質的に侵害する処分とする見解[9]が有力となっている。他方、その後の判例には、強制処分の定義を直接に述べたものはない。しかし、最決平21・9・28刑集63・7・868（以下、「平成21年決定」という。）では、宅配便業者の運送過程下にある荷物について、捜査機関が、荷送人や荷受人の承諾を得ることなく、これに外部からエックス線を照射して内容物の射影を観察したという事案につき、原審が、射影に

9）井上・強制捜査2以下。

より荷物の内容物の形状や材質をうかがい知ることができるにとどまり、プライバシー等の侵害が大きいとはいえないとして、それを任意処分としたのに対し、最高裁は、その射影によって荷物の内容物の形状や材質をうかがい知ることができるうえ、内容物によってはその品目等を相当程度具体的に特定することも可能であって、荷送人や荷受人の内容物に対するプライバシー等を大きく侵害するものであるから、検証としての性質を有する強制処分にあたると判示している。つまり、ここでは、プライバシーという権利利益の侵害の度合いに着目した判断がなされており、判例も、実質的には、上記の有力な見解と同様な立場に立ったものといえるであろう。GPS捜査の強制処分性について判断した前記の下級審裁判例においても、この考え方に依拠した判断がなされている。

　裁判例は、当該事件におけるGPS捜査を任意処分としたものと強制処分としたものに分かれたが、それぞれのグループの中でも、その理由は必ずしも一様ではない。そこで、以下では、特にその理由に焦点をあてて、裁判例の内容を検討することにしたい。

　(1)　**任意処分とした裁判例**

　GPS捜査の適法性について初めて判断を示したのが、裁判例①である。事案は、捜査機関が、平成24年から25年にかけて長崎県と熊本県で発生した一連の窃盗及び建造物侵入・窃盗事件につき、平成25年5月から同年12月までの約6か月半の間、被告人、共犯者3名及び被告人の知人女性が使用していると疑われる多数の自動車やバイクの車両に、令状の発付を受けることなく、順次GPS端末を取り付け、その位置情報を取得してその所在を割り出す捜査を行ったというものである。

　本決定は、①本件で使用されたGPS発信器は、捜査官が携帯電話機を使って接続した時だけ位置情報が取得され、画面上に表示されるというものであって、24時間位置情報が把握され、記録されるというものではなかったこと、②接続すると、日時のほか、おおまかな住所が表示され、地図上にも位置が表示されるが、その精度は、状況によっては数百メートル程度の誤差が生じることもあり、得られる位置情報は正確なものではな

かったこと、③捜査官らは、自動車で外出した被告人らを尾行するための補助手段として上記位置情報を使用していたにすぎず、その位置情報を一時的に捜査メモに残すことはあっても、これを記録として蓄積していたわけではなかったこと、を指摘したうえで、本件GPS捜査は、通常の張り込みや尾行等の方法と比して特にプライバシー侵害の程度が大きいものではなく、強制処分にはあたらないとした。

　ここでは、自動車ひいてはその使用者の位置情報がプライバシーに属することを前提に、本件における位置情報の取得が、その頻度、正確性、記録方法の点で、プライバシーを侵害する程度が低いという理由により、本件GPS捜査は任意処分であるとされている。プライバシー侵害の程度により強制処分と任意処分を区別した平成21年決定の枠組みを前提に、現実に実施されたGPS捜査の具体的な内容に照らして、プライバシー侵害の程度が強制処分と評価されるほどのものかどうかを判断するという手法をとったものといえよう。そして、その判断にあたっては、任意処分であることに争いのない張り込みや尾行によるプライバシー侵害との対比が行われている。

　GPS捜査を任意処分としたその後の裁判例においては、張り込みや尾行との対比という観点から本判決が指摘した上記の点に加えて、GPS捜査によって制約されるプライバシーの性質への言及もなされている。例えば、裁判例⑨は、GPS捜査で取得される、車両の個々の位置情報は、公道上又は公道から出入りできる建物やその敷地内等における位置情報にすぎず、車両が公道上にある場合はもちろん、公道から建物等に出入りする場合にも常に衆目にさらされていて、通常の目視による尾行捜査でも取得可能なものであるから、それは、類型的にプライバシーの保護の合理的期待が高いものではなく、その検索・取得がプライバシーを大きく制約するとまではいい難いとしている[10]。加えて、尾行捜査では、対象車両の位置情報以外にも、その運転者や同乗者、進行方向、他者との接触状況等の情報も、場合によっては入手可能であるから、GPS捜査は、尾行よりも、むしろプライバシー侵害の程度は低い面があるとの指摘もなされている[11]。

なお、裁判例⑨は、GPS端末の車両への取付け自体による権利侵害についても言及しており、その着脱は、被告人車両を物理的に損傷させたり、その性能を大きく阻害したりするものではなく、被告人の財産権が大きく制約されていたとはいえないとしている。前述したジョーンズ判決の法廷意見を意識したものであろう[12]。

(2) **強制処分とした裁判例**

　裁判例①と同一の事件の共犯者に対するものである裁判例②は、本件捜査に用いられたGPS機器が、それなりに高い精度において位置情報を取得できる機能を有していたと認定したうえで、GPS捜査は、「尾行や張り込みといった手法により、公道や公道等から他人に観察可能な場所に所在する対象を目視して観察する場合と異なり、私有地であって、不特定多数の第三者から目視により観察されることのない空間、すなわちプライバシー保護の合理的期待が高い空間に対象が所在する場合においても、その位置情報を取得することができる」という特質を有しており、その点で、対象車両使用者のプライバシー等を大きく侵害することから、強制処分にあたるとした。そして、この場合、GPS捜査がそのようなプライバシー侵害を生じさせる性質を持ったものであることが問題なのであり、実際に私的空間内の位置情報が得られたか否かによって強制処分性が左右されるものではないとしている。

---

10) 同様の判示を行ったものとして、裁判例⑤及びその控訴審である裁判例⑧がある。後者では、「車両は、通常、公道を移動し、不特定多数の者の出入り可能な駐車場に駐車することが多いなど、公衆の目にさらされ、観察されること自体は受忍せざるを得ない存在である。車両の使用者にとって、その位置情報は、基本的に、第三者に知られないですますことを合理的に期待できる性質のものではなく、一般的にプライバシーとしての要保護性は高くない」とされている。
11) 学説においても、同様の指摘をする見解が少なくない（太田茂「GPS捜査による位置情報の取得について」刑ジャ48・70、城祐一郎「GPS端末による尾行捜査の適法性」明治大学法科大学院論集18・89等）。
12) 裁判例⑤及び⑧でも、同様の指摘がなされている。また、裁判例⑤では、GPS端末を車両に取り付ける際に私有地への違法な立入りがなかったことも指摘されている。これは、位置情報の探索と取得というGPS捜査本体を行うために必要な処分にあたる部分についても、強制処分と評価される事実はなかったことを示すものといえよう。

その後の裁判例においても、裁判例②と同様に、私的空間における位置情報の取得という意味でのプライバシー侵害を指摘するものが多いが（裁判例③④）、裁判例の中には、それと並んで、GPS捜査に特有のプライバシーの侵害を認めるものもある。例えば、裁判例④は、「GPS機器を使用した位置検索は、正確かつ詳細に長期間にわたって捜査対象者の位置情報を集積することが可能であるところ、そのようにして位置情報が集積された場合には、捜査対象者の所在場所にとどまらず、その交友関係や嗜好等、私的な行動性向をも捜査機関が把握できることになるものであって、本件GPS捜査はこれを可能とする性質も有しているといえる」としている。また、裁判例⑦は、「GPS端末を利用した捜査は、対象者に気付かれない間に、容易かつ低コストで、その端末の相当正確となり得る位置情報を、長期間にわたり常時取得できるだけでなく、その結果を記録し、分析することにより、対象者の交友関係、信教、思想・信条、趣味や嗜好などの個人情報を網羅的に明らかにすることが可能であり、その運用次第では、対象者のプライバシーを大きく侵害する危険性を内包する捜査手法であることは否定できない」と述べている[13]。これらは、前述したモザイク理論に依拠したものといえるであろう。

　そのうえで、例えば、裁判例⑦は、捜査機関が、約3か月半にわたり、自動車盗・侵入盗等への関与を疑った被告人について、その承諾なく、被告人使用車両2台の底部にGPS端末を順次取り付けて、1日10回から20回、合計で1,637回の位置検索を行い、その位置情報を取得したという事実を認定したうえで、これは、尾行中に失尾した際や、尾行開始にあたって被告人の住居地に被告人使用車両がない場合に、被告人使用車両の位置を確認したうえで尾行を行うためという本件GPS捜査の当初の目的の達成

---

13) 裁判例⑩は、捜査機関は、GPS捜査により、対象車両を利用する捜査対象者のおおよその位置をいつでも容易に把握することができるようになるのであり、実質的にみれば、GPS捜査は、捜査機関が捜査対象者をその監視下に置くことを可能とするものといえるから、そのようなGPS捜査は、個人のプライバシーを大きく侵害するものというべきであるとしている。ここで問題とされているプライバシー侵害も、おそらく裁判例④や⑦が述べているのと同様の内容であろう。

に必要な限度内で行われたとはいい難いから、GPS捜査が内包しているプライバシー侵害の危険性が相当程度現実化したものと評価せざるをえず、全体として強制処分にあたるというべきであるとしている。

他方で、GPS捜査によるプライバシー侵害の内容につき同様の捉え方をしながらも、当該事件におけるGPS捜査を任意処分とした裁判例もある。例えば、裁判例⑨は、当該GPS捜査が約49日間にわたり実施され、約371回の位置情報の検索が行われたものの、実際に位置情報が取得されたのは約39日間であるうえ、位置情報の検索・取得は、尾行捜査の補助手段として、おおむね断続的かつ不規則に行われたものにすぎないから、本件GPS捜査により、個々の位置情報を超えた個人の情報が明らかにされる可能性が高いとまでいうことはできず、被告人のプライバシーが制約される度合いが高かったとまではいえないとして、本件GPS捜査は任意処分にとどまるとしている。

ここに示されているように、モザイク理論については、個々の位置情報が集積されることにより、単なる位置情報を超えた異質なプライバシーの侵害が生じうると考えるとしても、情報の集積がどの段階に至れば強制処分と評価されるほどの侵害となるのかについては、明確な基準を引きがたいという問題がある[14]。

2 GPS捜査をめぐる法的問題点

(1) 強制処分該当性

これまでの下級審裁判例はいずれも、GPS捜査による権利・利益の侵害に着目して、それが強制処分にあたるかどうかを判断している。その際に問題となる権利・利益の侵害としては、GPS端末を車両に取り付けること

---

[14] 裁判例④の事案では、GPS捜査を実施した期間は2か月弱であり、その間、ほぼ毎日、多い時で1日30回程度の位置情報の検索が行われていた。他方で、その方法は、尾行している被告人使用車両を見失った場合に、まずは、被告人が立ち寄りそうな場所を捜索し、それでも発見に至らなければ、位置情報を検索するという慎重なものであったが、同決定は、こうした本件GPS捜査の具体的実施状況を踏まえても、それが強制処分にあたるというべきであるとしている。そこでは、裁判例⑦や⑨とは異なり、位置情報の現実の取得状況よりも、GPS捜査によって異質なプライバシー侵害が引き起こされる潜在的な可能性が問題とされているように思われる。

による、車両に係る財産権の侵害と、車両ひいてはその使用者の位置情報を取得することによるプライバシーの侵害がある。このうち、前者の財産権の侵害については、いくつかの裁判例で指摘されているとおり、GPS端末の装着は、車両に損傷を与えるものでもなければ、自動車の機能に影響を及ぼすものでもなく、仮に侵害を観念できるとしても、それは軽微なものにとどまるから[15]、強制処分該当性を検討するにあたって問題とすべきは、専ら後者のプライバシーの侵害である。

　まず、GPS捜査によって取得される、車両ひいてはその使用者の位置情報が、それ自体としてプライバシーを構成するものであるとしても、車両が公道上や何人も立入り可能な場所にある場合には、単体としての位置情報は、その取得を強制処分とするほどの重要性を持ったものでないことについては、裁判例の考え方は一致している。

　公道上や何人も立入り可能な場所など、いわば人目に晒されている場所においては、プライバシーの要保護性が弱まるということを直接に判示した判例は存在していない。もっとも、最決平20・4・15刑集62・5・1398では、強盗殺人等事件の捜査に関し、防犯ビデオに写っていた人物と被告人の同一性等を確認するため、公道上あるいは不特定多数の客が集まるパチンコ店内において被告人の容ぼう等を撮影したという事案について、その撮影を強制処分とはせず、任意捜査としてその適法性を判断する際に、いずれの撮影も、通常、人が他人から容ぼう等を観察されること自体は受忍せざるを得ない場所におけるものであるという点が指摘されている。この判示から、プライバシーの要保護性に関する判例の考え方を読み取ることは不可能ではないであろう。

　そうすると、GPS捜査が強制処分にあたるといえるためには、それにより、車両が公道上や何人も立入り可能な場所に所在しているという、単体としての位置情報の取得以外のプライバシー侵害が生じていることを示す必要がある。これにあたるものとして考えられるのが、裁判例②等が示し

---

15) 緑大輔「監視型捜査と被制約利益」刑雑55・3・7。

ているように、GPS捜査により、プライバシー保護の合理的期待が高い私的空間内における位置情報が取得されるという点である。

　もっとも、この考え方に対しては、私的空間における位置情報が取得される場合でも、その空間に公道から自動車が入っていくこと自体は、尾行捜査によっても視認可能であるのだから、その結果として車両がその私的空間内に所在するという位置情報については、やはり、プライバシーとしての要保護性は高くないのではないかという疑問がありうる[16]。これに対しては、警察官が実際に私的空間への立入りを視認しているのであればともかく、裁判例②が述べているとおり、車両を見失ってしまったときや、あるいは、そもそも監視がなされていなかったときに、GPSにより私的空間内の位置情報を取得する場合には、尾行では得られない情報を得ていると評価せざるをえないのではないかという反論がありえよう。

　いずれにしても、この考え方は、プライバシーの内容と要保護性に関する伝統的な考え方の枠組みのもとで、GPS捜査について、それを強制処分と評価しうるだけのプライバシー侵害を基礎づけようとするものである。これに対し、GPS捜査によるプライバシーの侵害のもう一つの理解として、公的空間、私的空間を問わず、長期にわたって位置情報が取得、蓄積され、それが分析されることにより、対象者の生活全般が把握されてしまうという意味でのプライバシー侵害を考える見解がある。

　前述したように、強制処分とは、対象者の意思に反した重要な権利・利益の実質的な侵害であるとする見解が有力であるが、この見解のもとでは、質的に重要性を欠く権利・利益の侵害は、それがいくら積み重なったとしても、そのことにより強制処分になることはないと考えられてきた。GPS捜査にあてはめれば、公道上や何人も立入り可能な場所における位置情報は、上記の意味での重要性を欠くがゆえに、それがどれだけ長期にわたって大量に取得されたとしても、強制処分にはなりえないということになる。そこで、前記の見解は、そうした位置情報は、単体として見た場合

---

16) 柳川・前掲注8) 613、城・前掲注11) 94。

には重要性を欠くものであったとしても、それが蓄積されることにより、情報の量が増えるだけでなく、いわば質が異なるプライバシー情報となり、それを取得するGPS捜査は強制処分となると考えるわけである。

前述したモザイク理論に則った考え方であるが、これに対しては、大量の位置情報を取得、蓄積することにより、対象者の交友関係、信教、思想・信条、趣味や嗜好などの個人情報を網羅的に明らかにすることが可能であるという点だけを捉えれば、それは通常の張り込みや尾行によっても可能であるから、それによれば、任意処分であることに争いのない尾行や張り込みも、場合によっては強制処分と評価されることになるのではないかという指摘がある[17]。

この点につき、裁判例③や裁判例⑨では、尾行により対象車両の様子を目視によって観察する場合には、投入できる人的資源に自ずから限界があるため、長期にわたって継続的に対象車両を観察することは困難であるのに対し、GPS捜査にはそのような障害はなく、長期間にわたり相当正確となりうる位置情報を得ることが容易である点で、目視による尾行を続けることとは質的に異なるという指摘がなされている。両者にそうした違いがあることは確かであり、そこから、GPS捜査の場合には、類型的に、重大なプライバシー侵害が認められるので、一律に強制処分となるが、尾行や張り込みはそうではないということはいえるであろう。しかし、尾行や張り込みについては、類型的にそのようなプライバシー侵害が認められないとしても、個別の事案で、実際に、長期間にわたって、対象者を四六時中監視していたという事例があったとすれば、それはやはり強制処分にあたるといわざるをえないと思われる。強制処分にあたるかどうかが類型的に判断されるというのは、類型的にはそれにあたらない処分について、個別に重要な権利・利益の実質的な侵害があったかどうかを問題とすることを排除するものではないからである。

また、この考え方は、情報の取得だけでなく、その蓄積や利用の仕方ま

---

17) 城・前掲注11) 97。

で含めて、プライバシーの侵害を評価するものであるが、それは、情報の取得時における権利侵害を基準として強制処分性を判断してきた、これまでの枠組みとは相容れないのではないかという疑問もある。

さらに、実際的な問題として、この考え方によると、一定程度の位置情報が取得、集積された時点で、いわばプライバシーの質が変化し、それまで任意処分であったGPS捜査が強制処分に転換することになるが、その基準が明らかではないという批判もある。

(2) 処分の形式

仮に、GPS捜査が強制処分にあたるとした場合、そのための根拠規定が必要ということになるが、それを現行の刑訴法の規定でまかなうことができるのか、それとも、新たな立法が必要となるのかが問題となる。この点につき、GPS捜査を強制処分であるとした裁判例②は、本件GPS捜査は、携帯電話機等の画面上に表示されたGPS端末の位置情報を、捜査官が五官の作用によって観察するものであるから、検証としての性質を有するというべきであり、それゆえに、検証許可状によって行うべきであったとした。その後の裁判例④及び⑩でも、同様の立場がとられている。

これらの裁判例では、GPS捜査を刑訴法上の検証として行うことができることが前提とされているわけであるが、これに対しては、被疑事実の立証と無関係な位置情報の取得が避けられないことや、被処分者への事後告知が本来必要と考えられることなどから、GPS捜査は現行刑訴法上の検証にはあてはまらないという意見があり[18]、この点も問題として残されることになった。

Ⅳ 最高裁大法廷平成29年判決

1 最高裁判決に至る経緯

前述のとおり、GPS捜査の適法性につき下級審において判断が分かれる

[18) 土屋・前掲注6) 8、黒川亨子「捜査方法としてのGPSの利用の可否」法時87・12・119。

中で、最高裁の判断が下されることになった（最大判平29・3・15刑集71・3・13。以下、「平成29年判決」ということがある。）。対象となった事件は、裁判例②に係るものである。

事案は、被告人が複数の共犯者とともに犯したと疑われていた広域窃盗事件に関し、組織性の有無、程度や組織内における被告人の役割を含む犯行の全容を解明するための捜査の一環として、平成25年5月23日頃から同年12月4日頃までの約6か月半の間、被告人、共犯者のほか、被告人の知人女性も使用する蓋然性があった自動車とバイク合計19台に、同人らの承諾なく、かつ、令状を取得することなく、GPS端末を取り付けたうえ、その所在を検索して移動状況を把握するという方法により、GPS捜査を実施したというものであった。

第1審判決は、本件GPS捜査は検証の性質を有する強制の処分にあたり、検証許可状を取得することなく行われた本件GPS捜査には重大な違法がある旨の判断を示したうえ、本件GPS捜査により直接得られた証拠及びこれに密接に関連する証拠の証拠能力を否定したが、その余の証拠に基づき被告人を有罪と認定した。

これに対し、控訴審判決（裁判例⑥）は、GPS捜査においては、警察官が対象から離れた場所にいても、相当容易にその位置情報を取得できるうえに、本件では、車両によっては位置情報が取得された期間が比較的長期に及び、回数も甚だ多数に及んでいること、サービス利用者が事前に登録した時間帯における対象の過去2か月の位置情報が、業者において保存されており、警察官らが、こうした位置履歴ファイルをパソコンにダウンロードして、対象の過去の位置（移動）情報を把握することが特に妨げられない状況にあったことなどから、本件GPS捜査が、対象車両使用者のプライバシーを大きく侵害するものとして強制処分にあたり、無令状でこれを行った点において違法と解する余地がないわけではないとしつつも、①本件GPS捜査により取得可能な情報はGPS端末を取り付けた車両の所在位置に限られるなど、プライバシーの侵害の程度は必ずしも大きいものではなかったというべき事情があること、②被告人らの行動確認を行っていく

うえで、尾行や張り込みと併せて本件GPS捜査を実施する必要性が認められる状況にあったこと、③本件GPS捜査が強制の処分にあたり、無令状でこれを行った点において違法と解する余地がないわけではないとしても、令状発付の実体的要件は満たしていたと考えうること、④本件GPS捜査が行われていた頃までに、これを強制の処分と解する司法判断が示されたり、定着したりしていたわけではなく、その実施にあたり、警察官らにおいて令状主義に関する諸規定を潜脱する意図があったとまでは認め難いこと、⑤GPS捜査が強制処分法定主義に反し令状の有無を問わず適法に実施しえないものと解することも到底できないことなどを理由に、本件GPS捜査に重大な違法があったとはいえないとして、第1審判決が証拠能力を否定しなかった証拠について、同様に証拠能力を否定せず、被告人の控訴を棄却した。そこで、被告人側が上告を申し立てた。

2　最高裁の判断

　最高裁は、まず、本件で行われたGPS捜査が強制処分に該当するか否かにつき、次のように判示した。

　「(1)GPS捜査は、対象車両の時々刻々の位置情報を検索し、把握すべく行われるものであるが、その性質上、公道上のもののみならず、個人のプライバシーが強く保護されるべき場所や空間に関わるものも含めて、対象車両及びその使用者の所在と移動状況を逐一把握することを可能にする。このような捜査手法は、個人の行動を継続的、網羅的に把握することを必然的に伴うから、個人のプライバシーを侵害し得るものであり、また、そのような侵害を可能とする機器を個人の所持品に秘かに装着することによって行う点において、公道上の所在を肉眼で把握したりカメラで撮影したりするような手法とは異なり、公権力による私的領域への侵入を伴うものというべきである。

　(2)憲法35条は、『住居、書類及び所持品について、侵入、捜索及び押収を受けることのない権利』を規定しているところ、この規定の保障対象には、『住居、書類及び所持品』に限らずこれらに準ずる私的領域に『侵入』されることのない権利が含まれるものと解するのが相当である。そうする

と、前記のとおり、個人のプライバシーの侵害を可能とする機器をその所持品に秘かに装着することによって、合理的に推認される個人の意思に反してその私的領域に侵入する捜査手法であるGPS捜査は、個人の意思を制圧して憲法の保障する重要な法的利益を侵害するものとして、刑訴法上、特別の根拠規定がなければ許容されない強制の処分に当たる（最高裁昭和51年3月16日第三小法廷決定・刑集30巻2号187頁参照）とともに、一般的には、現行犯人逮捕等の令状を要しないものとされている処分と同視すべき事情があると認めるのも困難であるから、令状がなければ行うことのできない処分と解すべきである。」

このように、本件GPS捜査が強制処分にあたるとしたうえで、それを既存の強制処分として行うことができるかについては、次のように述べた。

「GPS捜査は、情報機器の画面表示を読み取って対象車両の所在と移動状況を把握する点では刑訴法上の『検証』と同様の性質を有するものの、対象車両にGPS端末を取り付けることにより対象車両及びその使用者の所在の検索を行う点において、『検証』では捉えきれない性質を有することも否定し難い。仮に、検証許可状の発付を受け、あるいはそれと併せて捜索許可状の発付を受けて行うとしても、GPS捜査は、GPS端末を取り付けた対象車両の所在の検索を通じて対象車両の使用者の行動を継続的、網羅的に把握することを必然的に伴うものであって、GPS端末を取り付けるべき車両及び罪名を特定しただけでは被疑事実と関係のない使用者の行動の過剰な把握を抑制することができず、裁判官による令状請求の審査を要することとされている趣旨を満たすことができないおそれがある。さらに、GPS捜査は、被疑者らに知られず秘かに行うのでなければ意味がなく、事前の令状呈示を行うことは想定できない。刑訴法上の各種強制の処分については、手続の公正の担保の趣旨から原則として事前の令状呈示が求められており（同法222条1項、110条）、他の手段で同趣旨が図られ得るのであれば事前の令状呈示が絶対的な要請であるとは解されないとしても、これに代わる公正の担保の手段が仕組みとして確保されていないのでは、適正手続の保障という観点から問題が残る。

これらの問題を解消するための手段として、一般的には、実施可能期間の限定、第三者の立会い、事後の通知等様々なものが考えられるところ、捜査の実効性にも配慮しつつどのような手段を選択するかは、刑訴法197条1項ただし書の趣旨に照らし、第一次的には立法府に委ねられていると解される。仮に法解釈により刑訴法上の強制の処分として許容するのであれば、以上のような問題を解消するため、裁判官が発する令状に様々な条件を付す必要が生じるが、事案ごとに、令状請求の審査を担当する裁判官の判断により、多様な選択肢の中から的確な条件の選択が行われない限り是認できないような強制の処分を認めることは、『強制の処分は、この法律に特別の定のある場合でなければ、これをすることができない』と規定する同項ただし書の趣旨に沿うものとはいえない。

　以上のとおり、GPS捜査について、刑訴法197条1項ただし書の『この法律に特別の定のある場合』に当たるとして同法が規定する令状を発付することには疑義がある。GPS捜査が今後も広く用いられ得る有力な捜査手法であるとすれば、その特質に着目して憲法、刑訴法の諸原則に適合する立法的な措置が講じられることが望ましい。」

3　強制処分該当性

　本判決は、憲法35条が、「住居、書類及び所持品」に準ずる私的領域に「侵入」されることのない権利を保障しているという理解を前提に、GPS捜査は、個人のプライバシーの侵害を可能とする機器をその所持品に秘かに装着することによって、合理的に推認される個人の意思に反してその私的領域に侵入するものであり、それは、個人の意思を制圧して憲法の保障する重要な法的利益を侵害するものであるから、強制処分にあたるとしている。「個人の意思を制圧して、憲法の保障する重要な法的利益を侵害する」という判示は、それまでの下級審裁判例と同様に、GPS捜査による権利・利益の侵害に着目したものであり、対象者の意思に反した重要な権利・利益の実質的な侵害を強制処分とする有力な見解[19]に親和的なものと

---

19) 井上・強制捜査2以下。

いえよう。

　もっとも、本判決は、「憲法の保障する」重要な法的利益という表現をしており、そのような限定を付していない前記の有力説とは異なる面もある。そして、この点に特別の意味を見出す理解もありうる。しかし、これは、本件において侵害された権利・利益が憲法35条という特定の条文によって保障されているものであったことに加えて、憲法上保障されたものであるほうが重要な法的利益といいやすいため、そのような表現をしたものにとどまり、憲法上保障されていることが論証できなければ、重要な法的利益にはあたらないということまで述べたものではないであろう。

(1) 対象者の意思の制圧

　上記の判示のうち、「個人の意思を制圧して」の部分は、本判決が参照を求めている昭和51年決定の強制処分の定義に関する判示に依拠したものである。この判示については、昭和51年決定の事案が、対象者に対して有形力が行使されたものであったことに対応したものであり、対象者が処分の行われていることを認識していないような事案は、その射程外であって、そのような場合には、対象者の「（黙示の）意思に反して」という基準が妥当するという理解もあった。しかし、本判決は、GPS捜査は、「合理的に推認される個人の意思に反して」私的領域に侵入するものであるとしたうえで、それが個人の意思を制圧するものであると述べている。これにより、昭和51年決定のいう「個人の意思を制圧する」というのは、「個人の意思に反する」という意味であって、あらゆる捜査行為に適用されるものであることが明らかにされたといえよう[20]。

(2) 重要な権利利益の侵害

　憲法35条の保障が、条文に明示された「住居、書類及び所持品」だけでなく、プライバシーや通信・情報といった無形の利益にも及び、それに対する非物理的な侵害にも同条が適用されるということは、ほぼ共通の理解となっていた[21]。電話傍受の合憲性を憲法35条との関係でも問題とした最

---

20) 堀江慎司「GPS捜査に関する最高裁大法廷判決についての覚書」論究ジュリ22・140、宇藤崇「GPS捜査大法廷判決について」刑ジャ53・60。

決平11・12・16刑集53・9・1327（以下、「平成11年決定」という。）に見られるように、判例もこれを暗黙の前提としていたといえよう。それゆえ、憲法35条が、「住居、書類及び所持品」に準ずる私的領域に侵入されることのない権利を保障しているという本判決の判示は、それを最高裁が明確に確認したものと位置づけられる。

　問題となるのは、本判決が、GPS捜査は、個人の私的領域に侵入するものであるから、憲法上保障された重要な法的利益を侵害すると判示していることの意味、換言すれば、そこでいう「私的領域」への「侵入」とは何を意味し、それによっていかなる権利・利益が侵害されることになるのかである。この点については、本判決がGPS捜査の特質について述べている、前記の(1)の部分をどのように理解するかにより、いくつかの解釈がありうる[22]。

　その一つは、私的領域とは、本判決がいう「個人のプライバシーが強く保護されるべき場所や空間」（公道上等とは異なる私的空間）を意味しているという理解である。GPS端末が装着された車両が私的空間内にある場合、捜査機関が手元の機器から送った通信に反応したGPS端末がそこから位置情報に係るデータを送り返してくることにより、捜査機関は、私的空間に車両があることを知ることになる。それゆえ、それは、GPSを利用することにより、私的領域である私的空間に物理的に侵入したのと同様の情報を得ることになるため、その意味で、私的領域へ侵入していると評価されることになるのである。この考え方によれば、重要な法的利益とは、そこに所在しているという情報を含む、私的空間に係るプライバシーだということになろう。そして、尾行の場合には、対象車両が私的空間に入っていくところまでは目視により把握することができるが、GPS端末を取り付けた場合のように、車両が私的空間に所在することを直接に把握できず、

21）井上正仁「GPS捜査」判例百選(10)67.
22）堀江・前掲注20）141以下、宇藤・前掲注20）60以下、井上・前掲注21）66以下、山本龍彦「GPS捜査違法判決というアポリア？」論究ジュリ22・148以下、笹倉宏紀「GPS捜査」メディア判例百選（第2版）220以下.

その意味で私的空間への侵入はないから、両者は区別できることになる。

　もっとも、この見解による場合、本判決が、GPS捜査の特質として、「個人の行動を継続的、網羅的に把握することを必然的に伴う」ことをあえて指摘していることの意味が問題となる。これについては、強制処分性を基礎づける重要な法的利益は、あくまで私的空間における位置情報であるものの、GPSにより車両の位置検索を行う時点では、それが私的空間にあるかどうかはわからないため、結果的に、私的空間以外の場所に所在する際の位置情報も含めて取得することになるのであり、その部分も、本質的なものではないとはいえ、プライバシー侵害を構成することを述べたにとどまると解釈することになろう[23]。

　これに対し、本判決のもう一つの解釈は、逆に、GPS捜査の特質を指摘した上記の判示部分に着目し、本判決がいう重要な法的利益とは、私的空間に限らず、公道上も含めた位置情報の集積の結果であるところの人の行動全体に係るプライバシーを意味すると捉える理解である。このように捉えた場合には、「私的領域」とは何を意味するのかが問題となるが、それは、第1の考え方のような物理的な空間ではなく、人の行動全体に係るプライバシーそのものを指すことになろう。そして、GPS捜査により、そうした個人の行動を継続的、網羅的に把握することが「侵入」にあたることになる。いわゆるモザイク理論に親和的な理解であるが、こうした考え方に対しては、①任意捜査であることに争いがない尾行や張り込みと区別ができない、②情報の取得だけでなく、その後の蓄積や分析の状況を考慮して強制処分か否かが決まるとするのは、強制処分の実施の際に令状を要求している憲法及び刑事訴訟法の規律と相容れない、③どの程度情報が集積されたら強制処分となるのかが明らかでない、といった批判がある。そこで、本判決は、これらの批判を踏まえて、GPS捜査が、個人の行動を継続的、網羅的に把握することを必然的に伴うことから、重要な法的利益である人の行動全体に係るプライバシーが侵害される可能性が高いものとし

---

[23] 井上・前掲注21) 67。

て、その開始時点から強制処分として規制をかけることにより、上記②と③の批判を回避し、①については、こうした特質を持ったGPS捜査については強制処分であることを明言するにとどめ、尾行や張り込み等によるプライバシー侵害の扱いについては、今後の課題として残すことにより対応したものと理解することになろう[24]。

以上の2つの解釈は、いずれも、GPS捜査によるプライバシー侵害に着目したものであるが、それとは異なり、本判決が、GPS捜査は、GPS端末を「個人の所持品に秘かに装着することによって行う点において、公道上の所在を肉眼で把握したりカメラで撮影したりするような手法とは異なり、公権力による私的領域への侵入を伴うものというべきである」と述べている部分を重視する見解もありうる。つまり、アメリカのジョーンズ判決における法廷意見と同様に、所持品である車両にGPS端末を装置すること自体が、「私的領域への侵入」にあたるとするのである[25]。

しかし、この見解に対しては、仮にそのように解釈すると、本判決が、憲法35条は、住居、書類、所持品だけでなく、それらに準ずる私的領域に侵入されない権利も保障していると述べていることが無意味になること、また、本判決自身が述べるとおり、GPS端末の装着は、それによってプライバシー侵害を可能にする点に意味があるのであり、その装着による車両に対する財産権の侵害を重視するのは、本判決の問題意識とも合致しないという批判が妥当するであろう[26]。そこから、上記の判示は、GPS端末の

---

[24] 堀江・前掲注20）146。GPS捜査により個人の行動を継続的、網羅的に把握することによって生じるプライバシーの侵害が強制処分性を基礎づけるのであれば、それとは異なり、尾行の補助手段として、対象者を失尾したような場合にのみGPSによる検索を行う捜査方法は、そのようなプライバシー侵害を伴わないから強制処分とはならないという考え方もありうる（太田・前掲注11）61以下、中谷雄二郎「位置情報捜査に対する法的規律」刑ジャ48・48以下）。理論的には十分成り立つ考え方であるが、実際問題として、尾行の補助手段にとどまるGPS捜査と、そうでないGPS捜査を区別する明確で客観的な基準を定めることは困難である。そのため、本判決は、GPS捜査の目的の違いにより強制処分かどうかを区分する見解は採用しなかったものと考えられる（伊藤雅人＝石田寿一「時の判例」ジュリ1507・110）。

[25] 松田岳士「令状なしのGPS捜査が違法とされた事例」季刊刑事弁護91・99。

[26] 堀江・前掲注20）141、宇藤・前掲注20）62、井上・前掲注21）67。

車両への装着自体が、「私的領域への侵入」にあたるということではなく、装着による財産権の侵害と、その後のプライバシーの侵害とがいわば合算されることにより、重要な法的利益の侵害となることを示しているという見方もある[27]。しかし、両者は異質なものであるうえに、GPS端末の装着による財産権の侵害は軽微なものであるから、それが加わることによってはじめて強制処分になるというのは説明が困難であろう[28]。それゆえ、本判決のこの点への言及は、GPS端末の装着によって、前記のそれぞれの見解が想定するプライバシーの侵害が可能となるのであり、それゆえに、その時点から強制処分の着手があったと評価されることを示したものと理解すべきであると思われる[29]。

(3) **強制処分法定主義と令状主義の関係**

本判決は、GPS捜査によるプライバシー侵害を問題としつつ、プライバシー権の保障の根拠規定として援用されることの多い憲法13条ではなく、令状主義を定めた憲法35条に依拠したうえで、憲法の保障する重要な法的利益を侵害するものとして強制処分にあたるとしている。ここから、本判決を、強制処分法定主義と令状主義の間に一定の関係があることを示したものとする理解が少なくない[30]。しかし、本判決が憲法35条に依拠したのは、本件においては、GPS捜査を無令状で行うことが許されるのかが争点の一つであったため、令状主義を定めた同条に依拠するのが、その点について直截な解決をもたらしえたことによるものと考えられる。それゆえ、少なくとも、本判決が強制処分法定主義と令状主義の適用範囲を一致させ

---

27) 山本・前掲注22) 150。
28) 加えて、捜査機関によるGPS端末の装着があって初めて強制処分となるという理解によると、対象車両に既にGPS装置が搭載されている場合に、捜査機関がそれを介して位置情報を把握する捜査手法は、それが車両の使用者の意思に反して行われても強制処分とはならないことになる。しかし、位置情報を把握されることによるプライバシー侵害は、両者で何ら変わりはないから、捜査機関がGPS端末の装着を行ったか否かによって強制処分か否かの結論が異なるのは不合理であろう。
29) 井上・前掲注21) 67。
30) 堀江・前掲注20) 139、宇藤・前掲注20) 63、緑大輔「監視型捜査」法教446・26。

ることまで意図したものということはできないであろう。

4 強制処分の形式

(1) 本件の第1審判決がそうであったように、GPS捜査を強制処分とした下級審裁判例は、それが既存の検証として行いうることを前提に、検証許可状を得て実施すべきであるとしていた（裁判例②④⑩）。これに対し、本判決は、その可能性を完全に否定するわけではないものの、それに疑問を呈する判示を行っており、ここにも本判決の意義がある。

まず、本判決は、GPS捜査は、情報機器の画面表示を読み取って対象車両の所在と移動状況を把握する点では、刑訴法上の「検証」と同様の性質を有するとしている。ここでは、検証の対象は、対象車両の位置や移動状況それ自体ではなく、情報機器の画面の表示であると捉えられている。そうすると、対象車両へのGPS端末の装着はもちろん、車両の位置を検索し、画面に表示させる行為は、それとは全く別個の処分であるから、その意味で、GPS捜査は「検証」では捉えきれない性質を有するということになるのであろう。

もっとも、車両の位置情報の検索が、「検証」自体と捉えられないとしても、それに必要な処分として認められるのではないかという疑問はありうる[31]。この点について本判決は明確に答えていないが、その後の部分で、GPS捜査を、検証許可状の発付とあわせて、捜索許可状の発付を受けて行う可能性に言及していることからすれば、位置情報の検索は捜索にあたると捉えているものとも解される。仮にそうだとすれば、捜索と検証が、刑訴法上、別個の強制処分と位置づけられ、それぞれに令状を得て行うべきものとされている以上、捜索にあたる処分を、検証に必要な処分として行うことはできないはずであるから、本判決はそれを確認したものと位置づけられることになろう[32]。

---

31) 検証許可状に基づく電話の傍受の適法性について判断した平成11年決定は、電話傍受の実施中、傍受すべき通話に該当するかどうかが明らかでない通話について、その判断に必要な限度で、当該通話の傍受をすることは、刑訴法129条所定の、検証に「必要な処分」に含まれると判示している。

(2) 次に、本判決は、GPS捜査は、対象車両の使用者の行動を継続的、網羅的に把握することを必然的に伴うから、GPS端末を取り付けるべき車両及び罪名を特定しただけでは被疑事実と関係のない使用者の行動の過剰な把握を抑制することができず、裁判官による令状請求の審査を要することとされている趣旨を満たすことができないおそれがあるとしている。つまり、令状における対象の特定が令状主義の内容をなすこと[33]を前提に、GPS捜査は、被疑事実とは無関係な対象者の行動に関する位置情報の取得を必然的に伴うという意味で、その性質上、対象の特定が困難な捜査であるから、令状主義の要請を満たしえないのではないかという疑問があるということであろう。

同様の問題は、検証許可状に基づいて行われた電話の傍受の合憲性が争われた平成11年決定でも取り上げられていた。電話傍受は、その対象が当該犯罪のための専用電話であるような場合を除いて、被疑事実に関連する通話とそうでないものが必然的に混在し、それを予め選別することが困難である点で、GPS捜査と共通の性質を有している。

平成11年決定の事案は、電話による覚せい剤の密売が行われている疑いがあるというものであったが、裁判官は、上記の点を考慮して、①検証すべき場所及び物を「日本電信電話株式会社○○支店113サービス担当試験室及び同支店保守管理にかかる同室内の機器」、②検証すべき内容を「（前記2台の電話）に発着信される通話内容及び同室内の機器の状況（ただし、覚せい剤取引に関する通話内容に限定する）」、③検証の期間を「平成6年7月22日から同月23日までの間（ただし、各日とも午後5時00分から午後11時00分までの間に限る）」、④検証の方法を「地方公務員2名を立ち会わせて通話内容を分配器のスピーカーで拡声して聴取するとともに録音する。その際、対象外と思料される通話内容については、スピーカーの音声遮断及

---

32) 本判決とは異なり、検証の対象は、情報機器の画面の表示ではなく、対象車両の位置や移動状況であるとする理解もある（井上・前掲注21）68）。この見解によれば、情報機器を用いて位置情報を検索するのは、検証の一部であり、対象車両へのGPS端末の装着は、検証に必要な処分ということになろう。
33) 井上・強制捜査58以下。

び録音中止のため、立会人をして直ちに分配器の電源スイッチを切断させる。」と記載した検証許可状を発付した。

　これに対し、最高裁は、「検証許可状の『検証すべき場所若しくは物』（刑訴法219条１項）の記載に当たり、傍受すべき通話、傍受の対象となる電話回線、傍受実施の方法及び場所、傍受ができる期間をできる限り限定することにより、傍受対象の特定という要請を相当程度満たすことができる」と述べたうえで、本件電話傍受は、対象をできる限り限定し、かつ、適切な条件を付した検証許可状により行われたものと認めることができるから、適法であると判示したのである。

　この判示に照らせば、本件の場合も、検証許可状に、例えば、GPS捜査を実施することができる期間や時間帯、場所的範囲、実施方法等を限定する条件を付すことにより、対象の特定の要請を満たすことが可能なように思える[34]。本判決も、その可能性を指摘しているが、その一方で、事案ごとに、令状請求の審査を担当する裁判官の判断により、多様な選択肢の中から的確な条件の選択が行われない限り是認できないような強制の処分を認めることは、強制処分法定主義の趣旨に沿うものとはいえないとして、条件設定による問題の解消という手法に否定的な評価を示した。

　この点、平成11年決定の事案は、警察官が、前記の条件を付した検証許可状を請求し、そのとおりの令状が発付された事案であったのに対し、本件は、そもそも令状によることなく捜査が実施された事案である。この差異に着目し、本件GPS捜査が、上記のような条件を付した検証許可状に基づいて行われていたとしたら、最高裁の判断は異なっていたのではないかとする見方もある。しかし、仮に条件を付した令状が請求された場合であっても、裁判官は、他の選択肢を考慮しつつ、そうした条件を付すことの当否について判断することを求められるから、程度の差はあれ、本判決の指摘する問題点が妥当することになろう[35]。そのように考えると、本判決は、これまで、比較的柔軟に令状に条件を付すことにより、強制処分に

---

34) 井上・前掲注21) 68。

あたる新たな捜査手段を認めてきた判例の姿勢からの転換を図ったものとみることもできよう[36]。それは、とりもなおさず、強制処分法定主義の意味を問い直すことにつながるものであり、そのことは、本判決が、立法府の役割に言及し、GPS捜査について立法措置を講じることを求めている点に現れている。

(3) 本判決は、GPS捜査を現行法上の検証として行うことのもう一つの問題点として、GPS捜査においては、事前の令状呈示を行うことは想定できず、かつ、それに代わる公正の担保の手段が仕組みとして確保されていないため、適正手続の保障という観点から問題が残ることを挙げている。つまり、事前の令状呈示が一律にできない場合に、それに代わる仕組みを規定していない現行刑訴法の検証は、その性質上、被疑者らに知られることなく秘かに行うことが要求される処分を想定していないのではないかと

---

35) GPS捜査は無令状で行われるのが通常であったが、本判決以前に、検証許可状を得てGPS捜査を行った事例もあった（千葉地判平30・8・30裁判所ウェブサイト）。この事案では、連続自動車盗事件について、そのうちの一つの事件を被疑事実とし、被疑者の使用車両を検証すべき物とする検証許可状が発付された。同許可状では、取り付けるGPS端末を固有番号で指定したうえ、検証すべき内容及び実施方法につき、「上記車両の位置情報を移動追跡装置及びM株式会社が提供するサービスを利用して、千葉県警察本部刑事部捜査第三課設置のパーソナルコンピュータ又は携帯電話端末機により、電気通信回線を通じて取得する。」と定め、検証の期間を「移動追跡装置を取り付けた日から10日間」としていた。また、検証に関する条件として、「(1) 移動追跡装置の取付け及び取外し場所は、公道上、公共施設の駐車場等一般来場者その他の不特定多数の者の立入りが認められている場所又は警察官が立入りを許可されている場所に限る。(2) 移動追跡装置の取外しは、新たな検証許可状の発付があった場合を除き、検証の期間経過後遅滞なく行う。(3) 検証すべき物が本件被疑事実と明らかに関連がないと認められた場合には、速やかに検証を中止する。」という記載がなされていた。

警察官らは、同許可状に基づきGPS捜査を実施し、その結果、一連の連続自動車盗事件についての証拠を獲得し、それが公判に提出された。ところが、その間に平成29年判決が出されたため、本件GPS捜査の適法性が問題とされることになったのである。この点につき、千葉地裁は、平成29年判決を引用して、本件GPS捜査は、令状がなければ行うことができない「強制の処分」であるとしたうえで、現行法上、同捜査を想定した令状はなく、その適法性には疑義があるから、各検証許可状に係る被疑事実におけるGPS捜査の必要性等を考慮したとしても、本件GPS捜査には違法の疑いがあるとした。

36) 後藤昭「法定主義の復活？」法時89・6・4。

いうことであろう。

　この点についても、同じことが電話傍受において問題となり、平成11年決定は、検証許可状による場合、通話当事者に対する事後通知の措置が規定されていない点に問題があることは否定し難いとしつつも、その点を理由に検証許可状による電話傍受が許されなかったとまで解するのは相当でないと判示した。他方で、同決定には、その点を理由に、電話傍受を現行法上の検証として行うことは許されないとする反対意見が付されていたから、本判決は、実質的には、この問題について考え方の転換を図ったものと位置付けられよう[37]。

　(4)　本判決には、新たな立法を求める法廷意見の立場に賛同しつつも、現行法のもとで、裁判官の審査を受けてGPS捜査を実施することが全く否定されるべきものではないとしたうえで、そうはいっても、本来的に求められるべきものとは異なった令状によるものとなる以上、それが認められるのは、ごく限られた極めて重大な犯罪の捜査のため、対象車両の使用者の行動の継続的、網羅的な把握が不可欠であるといった、高度の必要性がある場合に限定されるとする3名の裁判官による補足意見が付されている。法廷意見も、GPS捜査について、刑訴法が規定する令状を発付することが全く不可能とまでは述べていないから、補足意見は、それを確認する趣旨のものであろう。しかし、ここでは、現行法の強制処分として行いうるか否かが問題なのであるから、いったん現行法のもとでも実施できると判断された以上、それが、補足意見が述べるような高度の必要性がある場合に限定される理由はないはずだと思われる。

5　本判決の射程

　本件は、GPS端末を個人の所持品に秘かに取り付けて、位置情報を検索し、把握する捜査手法について判示したものである。この場合、GPS端末を装着する所持品は、車両に限られるものではなく、例えば、それが鞄などであっても、本判決がそのまま適用され、それは強制処分と評価される

---

37)　井上・前掲注21) 68。

ことになろう。他方、それ以外の形態でのGPSを利用した捜査は、本判決の射程外であるが、問題は、その趣旨がどこまで妥当するのかである。

(1) コントロールド・デリバリーの際のGPSの利用

GPSを用いた他の捜査手法の一つが、いわゆるコントロールド・デリバリーを行う際に、対象となる荷物にGPS端末を取り付けたうえで、対象品の行方を追跡し、受取人等の所在を突き止めるというものである。この場合、荷物が適法に開披され、GPS端末が取り付けられている点で、それを個人の所持品に秘かに取り付けている本件の場合とは事案が異なる[38]。しかし、GPS端末の装着による財産権侵害があってはじめてGPS捜査が強制処分となるという見解をとるのであればともかく、そうでないのであれば、強制処分か否かの判断にあたって、この違いは重要ではない。問題とすべき差異は、この場合には、GPSによる位置情報の把握が、限られた期間、専ら、対象である特定の荷物の行方を追跡するために行われる点である。

この差異が本捜査の強制処分該当性に影響するかは、平成29年判決のいう「重要な法的利益」についての理解にかかる。この点につき、個人の行動が継続的、網羅的に把握されることによるプライバシー侵害が問題であるとするならば、コントロールド・デリバリーの際のGPS捜査は、通常それには該当しないから、強制処分ではないということになろう。これに対し、私的空間内の位置情報が取得されることが問題であるのだとすれば、この場合も、荷物が住居等に入った際の位置情報を取得する可能性がある以上、強制処分と評価されることになろう[39]。誘拐事件において、犯人に交付する身の代金を入れた鞄等にGPS端末を取り付け、その行方を追跡するという方法についても、同じことが妥当する。

(2) 携帯電話の位置情報の取得

携帯電話ひいてはその所持者の位置情報は、それが個々の通信時に把握される場合には、通信の秘密を構成し、それ以外の場合には、プライバ

---

38) 伊藤=石田・前掲注24) 111。

シーとして保護されるべきものと解されている[40]。それを前提に、位置情報のうち、いわゆる基地局情報については、「電気通信事業における個人情報保護に関するガイドライン」の規定[41]に従い、検証許可状に基づき、通信事業者にそれを提供してもらうかたちがとられてきた[42]。他方、携帯電話のGPS位置情報については、通信事業者が常にそれを把握している基地局情報とは異なり、通信事業者が、その都度、一定の操作をしてそれを取得する必要がある。そこで、平成23年に、上記のガイドラインが改正され、通信事業者が、捜査機関からの要請により位置情報の取得を求められた場合には、裁判官の発付した令状に従うときに限り、当該位置情報を取得することができるとする規定が置かれた（35条4項）[43]。この場合も、捜査機関は、検証許可状に基づき、通信事業者が取得した位置情報の提供を受けることが想定されている[44]。

39) 井上・前掲注21) 69。もっとも、私的空間内の位置情報の取得に着目する見解に立った場合でも、人が私的空間に所在することが把握されることによるプライバシー侵害が問題であると捉えるのであれば、特定の荷物の位置情報が取得されるにすぎないコントロールド・デリバリーの場合は、位置情報それ自体の重要性が低いため、GPSによる追跡は強制処分とはならないという理解もありえよう。ただ、私的領域への「侵入」という平成29年判決の文言からは、私的空間内の位置情報を取得すること自体がGPS捜査による法的利益の侵害の本質であって、位置情報そのものの重要性は問題とはならないと思われるから、上記のような区別が成り立つかには疑問がある。
40) 総務省「電気通信事業における個人情報保護に関するガイドライン（平成29年総務省告示第152号。最終改正平成29年総務省告示第297号）の解説」113-114。
41) ガイドラインでは、電気通信事業者は、あらかじめ利用者の同意を得ている場合、裁判官の発付した令状に従う場合その他の違法性阻却事由がある場合に限り、位置情報について、他人への提供その他の利用をすることができると定められている（35条2項）。
42) 池田弥生「携帯電話の位置検索のための令状請求」判タ1097・27、石渡聖名雄「逃走中の被疑者の所在把握等のため、通信事業者内設置の装置から将来の携帯電話の位置情報を探索するために同装置の検証許可状を発付する際留意すべき事項」別冊判タ35（令状に関する理論と実務Ⅱ）144。
43) もっとも、当初は、「当該位置情報が取得されていることを利用者が知ることができるとき」という条件が付されていたため、実際に、検証許可状によりGPS位置情報を取得した例はなかったようである。こうした条件を付すことは、捜査への支障が大きいことに加えて、平成11年決定において、電話検証の際に事後通知がなくとも適法であるとする判断が下されていることから、平成27年6月に、この部分を削除するかたちでガイドラインが改正された。

このように、現在の検証許可状に基づくGPS位置情報の獲得は、通信事業者が管理する機器（システム端末）が、令状における「検証すべき物」となることに加えて、守秘義務を負う通信事業者が、GPS位置情報を取得し、それを捜査機関に提供するための正当化事由として令状が求められていることから、通信事業者を被処分者とするものとなっている。その点で、個人の所持品にGPS端末を取り付けて行う捜査とは異なるが、携帯電話の位置情報の取得も、それによって侵害される権利・利益は、携帯電話の所持者のプライバシーであり[45]、その点では、平成29年判決において問題とされたGPS捜査と違いはない。そこに着目すれば、位置情報の取得のために検索を行う点や、被疑事実に関連しない位置情報の取得を必然的に伴う点などで、GPS捜査を現行法の検証として実施することには問題があるとした平成29年判決の判示は、携帯電話のGPS位置情報の取得についても、同様に妥当することになろう。したがって、これについても新たな立法が必要になると思われる。

V 立法の在り方

1 平成29年判決を前提とした立法の内容

前述のとおり、GPS捜査による法的利益の侵害の核心は、位置情報を取得することによるプライバシー侵害にあるから、その際に、GPS端末を個人の所持品に取り付けるか、それとも、通信機器等に元々内蔵されていたGPS機能を利用するかは本質的な違いではない。それゆえ、立法にあたっては、両者を包含する規定を設けるべきであろう。そして、位置情報の取得が検証としての性質を有すると捉えた場合、その実質は、情報機器等の画面の表示を読みとることではなく、位置情報そのものを認識することにあるから、端的に、対象の所在や移動状況自体を検証の対象とすべきであ

---

44) 伊丹俊彦編著『Q&A 実例 捜索・差押えの実際〔第2版〕』（立花書房、2013年）183。
45) 池田・前掲注42) 28。

ると思われる。

　そのうえで、平成29年判決は、GPS捜査によって取得できる位置情報を被疑事実に関係する行動に関するものに限定する措置を求めている。もっとも、位置情報は、通常、それを取得する時点において、位置情報それ自体からは、特定の被疑事実と関係する行動に関するものなのかを判別することはできないから、捜査機関が取捨選択したうえで位置情報を取得することはできない。それゆえ、被疑事実との関連性を担保する手段として考えられるのは、令状において、位置情報の取得ができる期間を、被疑事実に関連する行為が行われる蓋然性がある期間（日時、曜日、時間等）に限定するとともに、可能であれば、場所にも限定を加えることである。また、GPS端末の装着型の場合は、被疑事実に関連する行為がなされる際に使用される蓋然性のある物を特定し、それに装着することを条件にすることによっても、一定の限定が図られることになる。これらの措置により、取得される位置情報は、被疑事実と関係する蓋然性のあるものに限定されるから、それらについて被疑事実との関連性を認めることができるであろう。

　なお、こうした限定は、将来発生するものも含めて、犯罪事実の証拠となる位置情報を取得することを目的とする場合に問題となるものである。それとは異なり、例えば、逃亡中の被疑者を逮捕するため、その所在を突き止める目的で、携帯電話の位置情報を取得するような場合であれば、すべての位置情報が関連性を持つことになる。現行法上、被疑者等の所在の探索自体を目的とした検証許可状が発付できるかについては争いがあるが[46]、上記のような目的での位置情報の取得が必要とされる場面は十分考えられるから、それが可能であることを明確にする立法を行うべきであろう。

　さらに、平成29年判決は、事前の令状呈示に代わる公正の担保手段の創設も求めている。そのための手段として、携帯電話のGPS位置情報の取得の場合には、通信傍受の場合と同様に、通信事業者への令状の呈示やその立会いが考えられるが[47]、それに加えて、携帯電話の所持者への事後通知

---

46) 池田・前掲注42) 28以下。

の仕組みを設けるべきかが問題となろう。それ以外のGPS捜査の場合には、第三者の立会いは事実上困難であろうから、事後通知が必須となるであろう。

なお、電話傍受に関しては、検証許可状による場合に不服申立手段がないことも問題とされており、平成11年決定の多数意見は、これについても、事後通知と同様の理由で、そのことゆえに検証許可状による電話傍受が許されないとまではいえないとしていた。本件において、弁護人は、上告趣意の中で、この点を指摘していたが、平成29年判決は、事後通知とは異なり、不服申立手段の欠如に関しては何ら言及をしていない。これは、事後通知が、検証において本来行われるべき事前の令状呈示ができないことの代替手段として想定されるものであるのに対し、不服申立ては、元々検証には認められていないものであることによるものであろう。それゆえ、GPS捜査につき不服申立手段を設けるべきか否かは、一般の検証については不服申立てを認めず、通信傍受については特別に不服申立てを認めている現行法の枠組みとの関係を踏まえて検討されるべきことになろう。

さらに、GPS端末を所持品に装着する形態の場合、装着自体は必要な処分として認められるであろうが、平成29年判決の事案で問題とされたように、その装着や取り外しのために私有地に立ち入るといったことは、GPS捜査本体によるプライバシー侵害とは全く異質な権利侵害をもたらすから、必要な処分の範囲を超えていると考えられる。それゆえ、そうした措置については、少なくとも、GPS捜査本体とは別に、その点について司法審査を経て、それができることを令状に明示するかたちをとる必要があろう。

2 新たな立法提案

以上は、平成29年判決によりGPS捜査が強制処分とされた以上、特別の

---

47) 現在の、検証許可状に基づく携帯電話のGPS位置情報の取得においては、通信事業者が、前記ガイドラインに基づき、事実上、位置情報の取得に協力し、それを提供するというかたちがとられている（柴田和也「情報機器に関する令状実務について（覚書）」判タ1459・24）。新たな立法においては、令状に基づき、通信事業者に位置情報の取得及び提供義務が生じることを明示することが必要であろう。

根拠規定が必要であり、かつ、それが憲法35条の規律対象であるとされた以上、令状主義が適用されることを前提に、どのような立法をすべきなのかという問題である。これに対し、最近では、GPS捜査を強制処分とみるかどうかとは別に、国家により、位置情報が大量に蓄積され、それが分析されることにより、思想、信条まで含めて、対象者の私生活全体が明らかにされてしまうことに着目して、それに対し、立法による規制をすべきだとする主張がなされている[48]。そして、このように、情報の取得自体よりも、その蓄積や分析に問題の本質を見出すとすれば、情報の取得時点を対象とした令状主義は歯止めとして必ずしも有効に機能しないから、立法をする際には、それ以外の規制を考えるべきではないかという提案もなされている[49]。

　GPS捜査に限らず、平成29年判決により、個人の意思を制圧して憲法の保障する重要な法的利益を侵害する処分が強制処分となることが明らかにされた現在では、まずは、この基準に照らして、権利侵害の観点から、強制処分として特別な法的根拠が必要とされるものを決定していくことが求められる。同時に、この基準のもとで強制処分にあたらないとされる捜査手段についても、それに合理的な歯止めをかけるという観点から、一定の密度を持った法的規制を加えるべき場合がないかどうかを考えていくべきことになろう。

---

48) 山本・前掲注22) 155、笹倉宏紀「捜査法の体系と情報プライヴァシー」刑雑55・3・33以下。
49) 稲谷龍彦「警察における個人情報の取扱い」大沢秀介監修『入門・安全と情報』（成文堂、2015年）1以下、緑大輔「監視型捜査における情報取得時の法的規律」法時87・5・65以下。

第2講　偽計を用いた証拠収集

I　問題の所在——最近の裁判例

　(1)　捜査の過程において、捜査機関が、効果的に証拠ないし情報の収集を行うために、相手方に対し、捜査目的、さらには、自らの身分を秘匿する場合がある。時には、それらを明らかにしないというにとどまらず、虚偽の事実を告げて情報を引き出すことも考えられなくはない。このような場合、相手方としては、真実を知っていたならば、証拠ないし情報を提供しなかったということもありうるため、こうした捜査手法が適法か否か、そして、それによって得られた証拠や情報が利用できるのかが問題となるのである。この問題は、これまでも、いくつかの裁判例で取り上げられていたが、最近、この点について正面から判断した裁判例が現れた。それが、東京高判平28・8・23高刑集69・1・16である。事案は、以下のようなものであった。

　さいたま市内の建設会社の事務所で発生した窃盗事件において、その犯行現場で犯人が食事をした形跡があり、警察は、現場に残されていた割り箸から、犯人のものと思われるDNAを採取した。DNA型データベースにおいて一致するものはなかったものの、犯行手口の類似性等から、X（被告人）に疑いを抱いた警察官K及びLは、平成27年1月28日に、荒川河川敷沿いにテントを張って生活していたXのところに赴き、話を聞きたいと述べたうえ、荒川河川事務所から入手した資料を見せるなどしながら、周辺のホームレスについての話をした。その際、Kらは、Xに、持参した紙コップで温かいお茶を勧め、それをXが飲んだ後、DNA採取目的を秘し、その紙コップを廃棄するとして回収した。この紙コップについては、同日、領置の手続がとられた。その後、紙コップに付着した唾液からDNAが採

取され、それを疎明資料として、前記の窃盗事件にかかるXの逮捕状が請求され、Xは逮捕された。逮捕後の同年2月12日に、Xが口腔内細胞を任意提出し、それについてDNA型鑑定をした鑑定書が作成された。

Xは、前記の窃盗の事実で起訴されたが、本件におけるDNAサンプルの採取手続には、令状主義の精神を没却するような重大な違法があり、上記鑑定書は、そうした捜査によって得られた証拠を基になされた逮捕状請求及びその身体拘束を利用して得られた証拠であるから、証拠能力が否定されるべきであると主張した。

これに対し、第1審判決は、DNA採取目的を秘して、Xに使用したコップの管理を放棄させ、そこからDNAサンプル採取をすること自体は、なんらXの身体に傷害を負わせるようなものではなく、強制力を用いたりしたわけではないのであるから、高度の必要性と緊急性、相当性が認められるかぎりは、令状によらなくても違法であるとはいえないとした。そして、本件においては、DNAサンプルの採取についての高度の必要性、緊急性が認められ、Kらが警察官であることを明らかにせず、採取目的を秘したとしても、積極的に虚偽の事実を述べたわけでもなく、相当性を欠くとはいえないから、DNAサンプルの採取手続は適法であったとして、鑑定書の証拠能力を認め、Xを有罪とした。そこで、Xは控訴を申し立てた。

東京高裁は、本件で行われたDNAの採取方法が強制処分に該当するか否かが問題であるとしたうえで、最決昭51・3・16刑集30・2・187（以下、「昭和51年決定」という。）に則り、「強制手段とは、有形力の行使を伴う手段を意味するものではなく、個人の意思を制圧し、身体、住居、財産等に制約を加えて強制的に捜査目的を実現する行為など、特別の根拠規定がなければ許容することが相当でない手段を意味するものである」とする。そして、まず、ここでいう「個人の意思の制圧」とは、文字どおり、現実に相手方の反対意思を制圧することまで要求するものではなく、当事者が認識しない間に行う捜査について、本人が知れば当然拒否すると考えられる場合に、そのように合理的に推認される当事者の意思に反してその人の重要な権利・利益を奪うのも、現実に表明された当事者の反対意思を

制圧して同様のことを行うのと、価値的には何ら変わらないというべきであるから、合理的に推認される当事者の意思に反する場合も、個人の意思を制圧する場合に該当するというべきであるとした。そのうえで、本件では、Xは、Kらが国交省の人間であり、Kらに渡した紙コップはKらによってそのまま廃棄されるものと思い込んでいたのであり、仮に、Kらが警察官であり、DNAを採取する目的であることを認識していたとすれば、お茶を飲んだり、紙コップの回収に応じたりしなかったと考えられるから、Kらの行為は、Xの意思を制圧して行われたものと認めるのが相当であるとした。

次に、相手方の身体、住居、財産等に対する制約に関しては、法定の強制処分を要求する必要があると評価すべき重要な権利・利益に対する侵害ないし制約を伴う場合にはじめて、強制処分に該当するというべきであるとする。そのうえで、本件においては、KらがXから唾液を採取しようとした目的は、唾液に含まれるDNAを入手し鑑定することによってXのDNA型を明らかにし、これを、窃盗事件の犯行現場に残された資料から検出されたDNA型と比較することにより、Xが窃盗事件の犯人であるかどうかを見極める決定的な証拠を入手するためであり、この場合、DNAを含む唾液を警察官らによってむやみに採取されない利益（個人識別情報であるDNA型をむやみに捜査機関によって認識されない利益）は、強制処分を要求して保護すべき重要な利益であると解するのが相当であるとした。

そして、結論として、本件捜査方法は、強制処分にあたるというべきであり、令状によることなく、身柄を拘束されていないXからその黙示の意思に反して唾液を取得した本件警察官らの行為は、違法であるとしたのである。

また、本件においては、前述のとおり、Xから回収した紙コップについて領置の手続がとられているが、本件紙コップは、Kらによってそのまま廃棄されるものと思い込んでいたXが、錯誤に基づいて占有を警察官らに委ねた物であるから、刑訴法221条にいう「所有者、所持者若しくは保管者が（捜査機関に対して）任意に提出した物」にも、占有者の意思に基づ

かないでその所持を離れた物としての「遺留物」にも該当せず、それゆえに、本件領置手続自体も違法であるとした。

　このように、本判決は、強制処分を、「相手方の意思に反して、重要な権利・利益を実質的に侵害する処分」であるとする有力な見解[1]に従ったうえで、Xが、KらがDNA採取目的でXに紙コップを使用させ回収したという事実を知らなかったことから、Kらの行為は、合理的に推認されるXの意思に反するものであり、また、それにより、個人識別情報であるDNA型をむやみに捜査機関によって認識されない利益という重要な利益を侵害するものであるとして、それを強制処分にあたると判断したのである。

　(2)　本判決と同様に、一種の偽計を用いて特定の情報を得るという捜査手法を違法とした最近の裁判例として、佐賀地決平28・6・8公刊物未登載がある[2]。事案は、以下のようなものであった。

　甲市乙町近辺の住宅街において、平成27年11月6日から12月1日までの間に6件の住居侵入窃盗事件が発生し、このうちの1件の現場で、犯人のものと思われる足跡痕が採取された。同年12月5日に、警察官Kは、乙町の住宅街を警ら中、Y（被告人）と遭遇した。Yの挙動が不審であったことに加えて、Yには多数の空き巣の前科があったため、Kは、Yが、上記の連続住居侵入窃盗事件の犯人ではないかとの疑いを持ち、職務質問を続けたが、その途中で、Yが数秒間かかとを浮かせた際に、その靴底を見て、その模様が窃盗現場に残された足跡痕とよく似ていると感じた。そこで、Kは、Yに対し靴底の模様を見せるように求めたが、Yはこれをかたくなに拒否した。Kは、このままYを帰せば靴を処分されてしまう可能性が高いため、Yを甲警察署に任意同行したうえ、Yの了解を得ることなく足跡痕を採取しようと考えた。そこで、Kは、甲警察署の鑑識係であるMに対し、足跡痕を採取するための準備をするよう指示した。

---

1) 井上・強制捜査2以下。
2) 同決定については、宮田誠司「研修の現場から」研修821・85以下に詳しい紹介がある。

Mは、足跡痕を、甲警察署のエレベーター内と同署2階にある刑事第一課出入口前の廊下及び同課の相談室内で採取することとし、エレベーター内には、足跡痕を転写する黒色のビニールシート（帯電シート）を床一面に敷き詰め、出入口前の廊下には足拭きマットの大きさに切った帯電シートを敷き、さらに、相談室は床を入念に拭きあげたうえで、Yの到着を待った。

　Yは、最初は任意同行を拒んでいたが、Kらから、身元の確認だけはさせてほしい旨の説得を受けたため、これに応じて、甲警察署に赴いた。Yは、Kらに誘導されて、エレベーターに乗り、その後、刑事第一課の相談室に入った。その直後から、Mは、両帯電シートに残された足跡痕にKSシートを貼って、Yの足跡痕を採取した。一方、Kは、30分ほど、Yの行動について事情を聴取するなどした後、改めてYに靴底を見せるように求めたが、Yが拒否したため、これ以上の説得は無理であると考え、Yを車で最寄りの甲駅まで送り届けて帰らせた。Yが甲警察署を出た直後から、Mは、相談室の床面に残された足跡痕にKSシートを直接貼り、Yの足跡痕を採取した。その後、前記の窃盗現場に残された足跡痕との同一性の判定のため、採取したYの足跡痕を鑑定に付したところ、それらが同一である旨の鑑定結果が得られた。

　佐賀地裁は、強制処分の定義につき、昭和51年決定の判示を引用したうえで、足跡痕は、足や靴の大きさ、形状、模様等から構成される単純な情報ではあるものの、これらの情報によって特定の個人を識別することができる個人情報にあたり、通常はみだりにこれを採取されたくないものであって、その期待は保護されるべきものであるから、プライバシーに係る情報として法的保護の対象になるとする。そして、本件のような採取行為は、刑訴法218条3項にいう足型の採取にあたり、身体の拘束を受けている場合を除いて、令状によらないかぎり禁じられており、実質的にも、足跡痕の内容によっては被告人が赴いた場所を特定することが可能であって、被告人のプライバシーを大きく侵害するものであるから、検証としての性質を有する強制処分にあたるとした。

加えて、本判決は、本件では、Yが、警察官らに対して靴底の模様を見せることを一貫して拒んでいたから、警察署内において前記のプライバシーが放棄されていたとはいえないとしている。つまり、足跡痕を採取されることにつき、同意があったとはいえないということであろう。

⑶　このように、両裁判例においては、捜査機関が相手方に働きかけをし、一定の行動へと誘導したうえで、その不知に乗じるかたちで証拠ないし情報を収集した捜査手法が問題とされ、いずれも、それが、相手方の意思に反して、重要な権利・利益を侵害したものとして強制処分にあたるとする判断が示されている。しかしながら、捜査機関が相手方に対して一定の事実を告知しなかったことにより、相手方がその事実を認識しないままに何らかの行為を行った場合に、そのことゆえに当該行為が意思に反したものと評価されるというのは、必ずしも自明なことではない。また、それと関連して、両事案を比較すると、佐賀地裁の事案では、Yは、自らの行動により足跡痕が残ること、裏返していえば、足跡痕が採取されていること自体を認識していなかったのに対し、東京高裁の事案では、Xは、唾液が付着した紙コップを相手方に引き渡すことは認識していたという差異がある。この違いが、X、Yそれぞれの意思に反するかどうかの評価において意味を持たないのかも考えてみる必要がある。そこで、以下では、両事案と同様に、捜査機関が、被疑者の不知に乗じて証拠を獲得したことが問題とされた裁判例を取り上げ、その判断の枠組みを検討することにしたい[3]。

3）本文で取り上げた両裁判例については、それぞれの捜査によって侵害される利益の捉え方およびその重要性の判断についても議論がありうるところであるが、ここでは、専ら、対象者の不知に乗じた点が持つ意味について検討する。上記の問題点については、吉田雅之「警察官が、自己が警察官であることもDNA採取目的であることも秘して被疑者に手渡した紙コップからDNAサンプルを採取した行為は、強制処分に当たるとされた事例」研修824・13以下、大久保隆志「偽計手段による証拠収集」法教446・17以下参照。

Ⅱ 尿の採取

(1) 強制採尿が判例によって正式に認められる前から、捜査機関が、尿中のアルコール濃度や覚せい剤成分の検査に供することを目的として、対象者に排尿させ、その任意提出を受けることが行われていた。こうした場合、形式上は、自らの意思による排尿と、その尿の任意提出のかたちがとられていたとしても、その同意が強制されたものであったとすれば、それは任意になされたものとはいえず、違法となる。例えば、東京地判昭62・11・25判時1261・138においては、警察官が、覚せい剤取締法違反の嫌疑を抱いていたXを、X宅の捜索差押許可状が発付されていたことを利用して、強制採尿令状が存在しているかのように欺罔し、その結果、Xが、同令状が発付されていると誤信して、やむなく尿の任意提出に応じたという事案において、当該尿の鑑定書の証拠能力が争われた。東京地裁は、上記の事情のもとで行われた本件採尿手続には、令状主義の精神を没却するような重大な違法があり、採取された尿の鑑定書を証拠として許容することが、将来における違法な捜査の抑制の見地からして相当でないと認められるとして、尿の鑑定書の証拠能力を否定した。

本判決は、本件採尿手続が違法とされる理由を明確に示してはいないが、本件において、Xは、強制採尿令状が発付されており、尿の提出を拒否しても強制的に採尿されてしまうと誤信したために、抵抗を諦めて尿の提出に応じたのであるから、その意味で同意は強制されたものであって、尿の提出が任意であるとはいえない[4]。それは、尿を出さなければ身体に危害を加えると脅迫されて尿を提出した場合に、それが任意とはいえないのと同じことである。このことは、実際に強制採尿令状が発付されており、それを呈示された被疑者が諦めて自ら排尿し、尿を提出した場合に、領置ではなく、強制採尿令状による差押えの手続がとられることからも裏付け

---

4) 鶴田六郎「採尿手続の違法性と尿の鑑定書の証拠能力」警論41・5・157。

られるであろう。

　(2)　問題は、それとは異なり、排尿及び尿の提出自体は強制されることなく行われているが、被疑者が、その尿が提出後に鑑定資料として利用されることを認識していない場合に、それが任意になされたと評価できるのかである。この点が問題とされた裁判例の一つが、東京高判昭49・11・26高刑集27・7・653である。事案は、以下のようなものであった。

　X（被告人）は、酒酔い運転の現行犯人として逮捕されたが、酒酔いの事実を否認し、呼気検査にも応じなかった。Xが留置された施設で留置業務にあたっていた警察官Kは、交通係の警察官Mから、Xのアルコール度の検知が未了であるので、Xから用便の申出があったときには、小便をとっておいてほしい旨の依頼を受けていた。午前2時20分過ぎに、Xから用便の申出がなされたが、警察署の内規により、夜間の宿直体制に入った後に留置人（被留置者）から用便の申出があった場合には、看守は、宿直幹部の立会いのもとでそれを行わせる旨が定められていたため、Kは、内規に則り、宿直幹部の立会いを求めようとした。しかし、幹部と連絡がとれなかったため、Kは、Xに房内で用便をさせようと考え、おまる様の便器をXに渡し、立会い幹部が来られないから同便器の中に排尿をするよう告げたところ、Xは、午前2時30分頃、房内において同便器内に排尿し、排尿した便器をKに引き渡した。Kは、Mから上記のような依頼を受けていたので、Xの排泄する尿がアルコール度を検定する資料に用いられることを予想していたが、Xが用便を訴えた際には、そのことには触れなかった。Xから引き渡された便器内の尿は、その後、Mによって回収され、鑑定に付された結果、一定濃度のアルコールが検出された旨の鑑定書が作成された。その後、Xは酒気帯び運転で起訴され、上記鑑定書が証拠調べ請求された。これに対し、Xは、前記の採尿手続が違法であるとして、鑑定書の証拠能力を争った。

　第1審判決（東京地判昭49・1・17判時727・29）は、Kは、Mから、Xの尿の採取を依頼されており、立会いの幹部が来られないというのは単なる口実であって、便器という容器内に排尿させた真意は、尿の採取・保存

にあったと認められるとした。そして、Xは、逮捕当時から酒酔いの事実を否認し、呼気検査を拒否していたから、自己の尿中にあるアルコールの濃度を検査する意図であることを知ったならば、尿の排泄を断念するか、あるいは排泄した尿を任意に捜査官に引き渡さなかったものと推認できるとする。そうすると、本件尿は、第1に、Kが、いわば偽計を用い、Xを錯誤に陥れて採取したものと同様にみることができるし、第2に、真意を告知しないことにより、裁判官の令状なく、Xの体内又はその占有に属する物を、その意思に反して取得した点において、憲法35条、刑訴法213条、225条又は218条等の定める令状主義の原則を潜脱したことになるとして、鑑定書の証拠能力を否定した。

これに対し、東京高裁は、立会いの幹部が来られないということが単なる口実ではなかったと認定したうえで、Kが、Xの尿がアルコール度検出のための資料とされることを知りながら、そのことを告げなかった点についても、黙秘権が保障されている被疑者本人の供述を求める場合とは異なり、尿をアルコール度検査の資料とすることを被疑者に告知してその同意を求める義務が捜査官にあるとは解せられないから、その不告知が採取行為を違法とする理由にはならないとした。また、各人がその自宅の便所以外の場所において日常排泄する尿の如きものは、特段の意思表示のない以上は、排泄の瞬間にこれに対する権利を放棄する意思をもって排泄すると解釈されるべきであり、Xの場合もその例外ではなかったといえるから、本件で、Xの占有に属するものを、その意思に反して取得し、鑑定に付したということもできず、令状主義の原則に反するものではないとした[5]。そして、結論として、本件における採尿手続は適法であり、鑑定書は証拠

---

[5] 本判決は、このほかに、被疑者が自ら排泄した尿をそのまま採取しただけで、その身体を毀損するなどのことが全くない行為は、刑訴法218条2項（現：3項）に列挙する各行為と同列に考えるのが相当であるという理由も挙げている。しかし、同項は、逮捕・勾留された被疑者の同一性を特定するために必要な行為について、無令状で行うことができることを定めたものであるから（池上政幸＝河村博・大コメ刑訴(4)562）、それを鑑定資料獲得のための尿の採取の根拠とすることはできないと思われる。

能力を有するとしたのである[6]。

(3) 本判決と同様に、利用目的を秘した尿の採取を適法としたのが、東京高判昭48・12・10高刑集26・5・586である。事案は、以下のようなものであった。

現行犯人として逮捕されたY（被告人）に酒酔い運転の疑いがあると認めた警察官が、Yに呼気検査を受けるよう説得したが、Yは、正当な理由なく、これを拒否した。午前6時頃、Yがトイレに行かせてほしい旨を申し出たのに対し、留置場の係官は、房内にバケツを差し入れて、それに用を足すよう指示し、Yは同バケツ内に放尿した。その際、Yに対して、尿中のアルコール含有量を測定する意図であることは告知されなかった。その後、その尿が鑑定に回され、鑑定書が作成された。なお、警察官がYを逮捕してからバケツを差し入れるまでの間、Yから尿意を訴えられたのにかかわらず、これを抑圧制限したりしたことはなかった。

本判決は、Yの放尿行為は、その意に反して強制的に行われたものではないとしたうえで、酒酔い運転の罪を現に行っていると認められる者は、呼気検査を受ける義務があり、正当な理由なくそれを拒否すれば処罰されること、刑訴法218条2項（現：3項）により、捜査官が犯罪捜査の必要により、身体の拘束を受けている被疑者の指紋、足型を採取したりするには令状を要しないことなどから、本件のように、酒酔い運転等の罪により身体の拘束を受けている被疑者が、法に違反し、正当の事由がないのに呼気検査に協力を拒否しているときに、その者が尿意を訴えたのを知り、その尿を本件のような方法で採取することは、被疑者の身体をいささかも障害するものではないことにも徴し、適法であるとした[7]。

(4) 他方で、前掲東京地判昭49・1・17と同様に、採尿手続を違法と判

---

[6] 本判決に対しては、被告人側から上告がなされたが、最高裁は、特に理由を示すことなく、「本件における被告人の尿の採取が違法であったとは認められない」として、上告を棄却している（最決昭50・12・4裁集刑198・723）。

[7] 本判決に対しても、被告人側から上告がなされたが、最高裁は、特に理由を示すことなく、「本件における被告人の尿の採取が違法であったとは認められない」として、上告を棄却している（最決昭49・12・3判時766・122）。

断した裁判例として、大津地判昭52・11・14判時884・128がある。事案は、以下のようなものであった。

　警察官Kは、覚せい剤使用の疑いを抱いていたZが、運転免許証の書き換えの件で警察署の交通課に出頭していることを知り、知り合いの警察官を介して、Zを防犯係に連れてこさせた。Kは、Zに対し尿を提出するように求めたが、その目的については曖昧にしたまま明らかにせず、また、覚せい剤使用の容疑について事情を聴取することもしなかった。Zは、Kから提供された飲料を飲み、4時間後に排尿をして、Kに提出した。鑑定の結果、尿中から覚せい剤成分が検出された。

　本判決は、任意捜査による採尿は、被疑者の真意に基づく明示的同意があり、かつ、その方法、程度が社会的に相当と認められるものである場合に許されるとしたうえで、被疑者の真意に基づくといえるためには、被疑者自身が採尿の目的を知っていることが前提となり、また、採尿の方法、程度の社会的相当性は、採尿によって被疑者の被る身体上、精神上の障害、苦痛の程度等を考慮に入れて判断されるとする。そのうえで、本件では、Zからの採尿につき、Zの真意に基づく明示的同意が得られたものとはいえないし、また、採尿までの過程が長時間にわたり、いささかの無理強いが認められるから、本件における手続は、実質的に強制的にZから尿を押収したのと異なるところがなく、違法であるとした[8]。

　(5)　このように、裁判例は、捜査官が、被疑者に対して、鑑定資料とする意図を告げることなく排尿させ、任意提出を受けた措置につき、適法とするものと違法とするものに分かれた。それぞれの事案で認定された採尿をめぐる事実は同じではなく、それが結論の差に影響している面もあるが、適法性に関する判断の分かれ目は、次の2点にある。第1は、被疑者が捜査官による採尿の目的を認識していない場合に、排尿と尿の提出が任

---

[8] 本判決に対しては検察官から控訴がなされ、控訴審は、警察官が、覚せい剤検査のために採尿するものであることをZに説明しているとみられるから、Zが採尿の目的を知っていたことには疑いがなく、また、本件採尿の過程で警察官側にZの意に反した強制があったとみることはできないとして、原判決を破棄した（大阪高判昭53・9・13判時917・141）。

意になされたと評価できるかどうかであり、第2は、捜査官に、被疑者に対して採尿目的を告知する義務があるといえるかである。採尿手続を違法とした裁判例は、被疑者が採尿目的を認識していない以上は、それが同意に基づくものとはいえないとするとともに、捜査官に対して採尿目的を告知することを求めているのに対し、採尿手続を適法とした裁判例は、それと逆の立場をとっている。

Ⅲ　足跡痕の取得

　前掲佐賀地決平28・6・8と同じく、足跡痕の採取が問題とされたものとして、東京高判昭58・10・20高刑集36・3・285がある。事案は、以下のようなものであった。
　昭和56年11月から昭和57年4月頃までに警視庁管内において100件余りの忍込み窃盗事件が発生し、その中に特異な手口によるものも含まれていたことから、同一手口による犯行歴のあるX（被告人）が被疑者とされ、その追跡捜査が開始された。しかし、尾行を警戒するXの巧みな行動のため捜査が難航し、また指紋、足跡、目撃者等の有力な証拠も得られなかった。そうした中で、捜査に従事していた警察官らは、Xが品川区内の靴店で頻繁に靴を買い換えることを知ったため、同靴店の店員からズック靴5足を借り受け、その靴底裏面に切傷をつけて返した。昭和57年11月19日頃から、これらの靴が同店内に陳列されていたところ、Xが、同年12月23日頃、そのうちの1足を買い、同月26日頃、再度靴を買いに来た際にこれを同店に放置していったので、かねて協力を依頼されていた同店員がそれを警察官に提出した。その切痕が手掛りとなって、侵入窃盗事件の犯行現場に残されていた2つの足跡と上記ズック靴の足跡との同一性について、それが酷似している旨の鑑定書が作成された。
　Xは、足跡痕が一致した侵入窃盗の事実等で起訴され、上記の鑑定書が証拠調べ請求された。Xは、警察官が秘かに切傷をつけた靴を靴店で被疑者に販売してその行動を監視する捜査方法は、国民の行動の自由を害し、

任意捜査としては許容されないと主張した。

これに対し、本判決は、次のように述べて、本件捜査方法は任意捜査として適法であるとした。

「足跡によつて人の行動を観察して証拠とすることが可能であるとしても、それは、実際問題として、犯罪現場に残された足跡を事後的に収集する以外は、単に観念上可能であると認められるだけであるから、事後的な観察を可能とするため特殊な足跡を残すような工作を靴に施したからといつて、人の居宅に立入るなど通常許されない方法でその行動を直接観察する場合と同視するのは相当でない。また、そのような工作による捜査が、直ちに人に対し強制処分に準じるような身体的又は精神的な負担を課し、行動の自由を奪うものとも認められない。したがつて、捜査の目的を達するため相当と認められる限り、足跡を採取するため靴に一定の工作を施すことも、任意捜査として許されると解される。本件についてみると、前記のとおり、多数の窃盗事件の被疑者と目すべき事情があり、その捜査が困難で他にこれにかわる有効適切な捜査方法が見当らず、しかもその態様が靴底裏面に切傷をつけたズック靴を靴店の協力を得て被告人に販売し後に回収したというだけであるから、右の捜査方法は任意捜査として許容される限度にとどまるものであるということができる。」

本件では、Xは、自分が購入して使用している靴に切傷がつけられていることを認識しておらず、それを知っていたら、その靴を購入し、使用することはなかったであろうから、警察官による靴への工作と、それを手掛かりに、犯行現場でXの足跡痕を採取し、Xがその場所にいたことを把握する行為は、Xの意思に反するものである。本判決も、そのことを前提に、本件捜査によって侵害される権利・利益の重要性が低いことを理由に、それを任意捜査としたうえで、適法性を判断しているものと考えられる。

Ⅳ 捜査手法としての適法性

1 強制処分該当性

　強制処分とは、相手方の意思に反して重要な権利・利益を実質的に侵害する処分であるとする見解において、「意思に反する」というのは、黙示の意思に反する場合も含むとされる[9]。GPS捜査に関する最大判平29・3・15刑集71・3・13（以下、「平成29年判決」という。）も、GPS捜査は、「意思を制圧して憲法の保障する重要な法的利益を侵害する」がゆえにそれを強制処分であると判示する中で、GPS捜査が合理的に推認される個人の意思に反しているから、意思の制圧があるとしており、ここでも、意思に反するというのは、黙示的な意思に反する場合も含むことが前提とされている。このことを前提に、前掲東京高判平28・8・23（以下、「平成28年判決」という。）は、同事件において、Xが、Kらが警察官であり、DNAサンプルを採取する目的であることを認識していたとすれば、お茶を飲んだり、紙コップの回収に応じたりしなかったと考えられるから、Kらの行為は、合理的に推認されるXの意思に反したものであると判示した。

　もっとも、「意思に反する」というのは、黙示の意思に反する場合も含むという見解は、元々は、通信・会話の傍受について、それらは対象となる通話や会話の当事者に知られずに実施するものであり、当事者が知らない以上、それに反対するということは考えられず、したがって、その意思を制圧することはないから、それは任意処分だとする考え方[10]に対する反論として主張されたものである。つまり、本人が知れば当然拒否すると考えられる場合に、そのように合理的に推認される当事者の意思に反してその人の重要な権利を奪うのは、現実に表明された当事者の反対意思を制圧して同様のことを行うのと、価値的には何ら変わらないというべきであるとされるのである[11]。それゆえ、そこで想定されていたのは、元々は、対

---

9) 井上・強制捜査10。
10) 土本武司『犯罪捜査』（弘文堂、1978年）130。

象者が、捜査行為が行われていること（情報が取得されていること）自体を認識していないような事案であり[12]（本講で取り上げた裁判例では、前掲佐賀地判平28・6・8や東京高判昭58・10・20などが、この類型にあたる。）、平成28年判決の事案や、尿の任意提出に係る一連の裁判例の事案のように、対象者が、捜査機関が客観的に行っていること、そしてそれに対応して自分が行っていることを認識しているような事例が想定されていたわけではなかった。それゆえ、こうした場合にも捜査行為が相手方の黙示の意思に反していたと評価できるかは、改めて検討してみる必要がある[13]。

　まず、一般論としては、人がある行為を行った場合に、それに関わるあらゆる事実を認識していなければその意思決定に瑕疵があるといえないことは明らかであろう。このことは、捜査に関係する行為についても同様に妥当する。それゆえ、意思決定に瑕疵が生じるのは、どのような事実を認識していない場合なのかを考える必要がある。問題となる事案は多様であるが、前述の各裁判例の事案に照らせば、検討すべき対象は、相手方が物ないし情報を捜査機関に提出した場合に、提出後にそれらが証拠資料として利用されることを認識しておらず、仮にその目的を知っていたとしたら、それを提出しなかった場合ということになろう。

　こうした事案について考える前提として、物の占有の放棄につき、捜査機関が全く関与していなかった場合を想定してみる。この場合、仮に、捜査機関が、占有の放棄後、それを取得して証拠資料として利用する意図があり、そのことを対象者が知らなかったとしても、それにより占有の放棄

---

11) 井上・強制捜査11。
12) 吉田・前掲注3) 28。
13) 同様の問題意識から、昭和51年決定のいう「個人の意思の制圧」の意味について詳細な検討を行った論考として、中谷雄二郎「DNA型情報の詐欺的取得について——捜査行為の強制処分性の判断基準」刑ジャ59・45以下がある。そこでは、捜査行為を被処分者に直接行使する「捜査行為直接行使型」と、捜査行為を被処分者から秘匿して行使する「捜査行為秘匿類型」に大別し、さらに、いずれの類型についても、捜査機関が被処分者に捜査行為を消極的に受忍させるにとどまる「受動型」と、被処分者に捜査目的に沿う行為を積極的に行わせる「能動型」があるとしたうえで、それぞれの類型において、「個人の意思の制圧」の有無がどのように判断されるべきかが検討されている。

自体が意思に反していたと評価されることはないという点には異論がないところである。判例においても、捜査機関が、被告人が公道上にあるごみ集積所に出したごみ袋を回収し、そこからダウンベスト等を領置した手続について、被告人は、これらを入れたごみ袋を不要物として公道上のごみ集積所に排出し、その占有を放棄していたものであって、排出されたごみについては、通常、そのまま収集されて他人にその内容が見られることはないという期待があるとしても、捜査の必要がある場合には、刑訴法221条により、これを遺留物として領置することができるとしたものがある（最決平20・4・15刑集62・5・1398）。同決定が述べる「排出されたごみについては、通常、そのまま収集されて他人にその内容が見られることはないという期待」というのが、法的に保護されるべき利益かどうかについては争いがあるものの、そこでは、仮に、ごみが捜査機関に領置されることを被告人が知っていたら、それを捨てなかったであろうといえる場合であっても、占有の放棄が意思に反して行われたと評価されるものでないことは、当然の前提とされている。

　このように、占有の放棄後に、その物がどのように利用されるかを認識していないことにより、占有の放棄に係る意思決定に瑕疵が生じることはないとすれば、それが捜査機関に対する任意提出のかたちで行われたとしても同様ということになろう。利用目的を秘した尿の採取を適法とした前述の裁判例は、そのような考え方に立つものと考えられる。そして、ここでの問題の核心は、捜査機関への尿の提出後に、それがどのように利用されるかを知らなかったことによって、尿の提出が意思に反したことになるのかどうかであるから、被疑者が尿を提出する際に、捜査機関が、尿を鑑定資料として利用する意図であることを黙っていたにとどまるか、それとも何らかの積極的な欺罔行為を行ったかによって結論が異なることはないことになろう。それゆえ、前掲東京高判昭49・11・26の事案で、仮に、立会いの幹部が来られないという発言が虚偽であったとしても、そのことゆえに、尿の提出に係るXの意思決定に瑕疵があり、提出が強制されたということにはならないと思われる[14]。

そのように考えると、平成28年判決の事案においても、Xは、Kらが、紙コップに付着した唾液からDNAサンプルを採取する目的であることを認識していないだけであるから、唾液が付着した紙コップをKらに渡した行為、さらには、紙コップからお茶を飲んだ行為が、その意思に反するものとはいえないであろう。もっとも、同事案では、Xは、Kらが警察官であること自体を認識しておらず、その点で、尿を提出する相手が警察官であることをわかっていた尿の採取の事案とは異なる。しかし、おとり捜査の事例を考えれば明らかなように、一定の働きかけをしてきた相手方の身分について錯誤があるからといって、それに応じてなされた行為が瑕疵ある意思決定に基づくものとなるわけではないから[15]、この点も、Xの行為を強制されたものとする理由にはならないと思われる[16]。

2 任意捜査としての適法性

以上のとおり、対象者が物ないし情報を捜査機関に引き渡した場合、その利用目的を認識していなかったことにより、それが意思に反したと評価されることはないと考えられる。それは、裏返していえば、物ないし情報の獲得が対象者の意思に反するものではなかったということであるから、その意味で、当該捜査手段が強制処分と評価されることはないことにな

---

14) これに対しては、自由な意思決定が保障されるためには、意思決定に必要十分な情報を与えられる必要があり、捜査官の偽計、欺罔は、積極的に間違った情報を与えることを意味するから、そのような情報を与えられた対象者は自由な意思決定ができず、その意思には瑕疵があることになるとする見解もある（白取祐司「捜査官の欺罔による『承諾』と手続の適正」『内田文昭先生古稀祝賀論文集』（青林書院、2002年）508）。しかし、ここで問題とされるべきなのは、提出された尿を捜査機関が鑑定資料として利用する意図であるという事実が、それが告知されないと対象者の意思決定に瑕疵があると評価されるものなのかという点であり、そもそもそのような評価ができないのであれば、偽計により対象者に間違った情報が与えられたかどうかは、その意思決定に瑕疵があったか否かの判断において意味を持たないことになろう。

15) 最決平16・7・12刑集58・5・333は、捜査官が、その身分を秘して、被告人に対して大麻を買い受ける意向を示して働き掛け、これに応じた被告人が大麻をホテルの一室に運び込んだところを、大麻所持容疑で現行犯逮捕したという事案について、本件おとり捜査は、「任意捜査として」許容されるという判断を示している。

16) 中谷・前掲注13) 50、池田公博「捜査対象者の同意と捜査手法の適否」井上古稀248。

る。問題は、そうだとして、こうした捜査方法が任意捜査として違法となることはないのかである。

　この点、捜査機関が、相手方の不知に乗じて証拠を獲得するのは、いわば相手方を騙すものであるから、捜査の公正さや適正手続に反し、違法であるとする見解もある[17]。これは、捜査機関が相手方に一定の行為を求める際には、その捜査目的を告知する義務があることを前提とするものであるが、そのような告知義務が生じる根拠は明らかではない。相手方に捜査目的を明らかにした場合には、逃亡や罪証隠滅を招く可能性があり、その意味で捜査には密行性が要求されることからすれば、捜査機関は捜査目的を告知する義務を負わないと考えるのが妥当であろう[18]。そして、利用目的を秘した尿の採取を適法とした裁判例が述べているように、少なくともそこで問題とされたような場面では、捜査機関に告知義務はないとするのが、実務の扱いである。

　そうすると、こうした捜査手法自体の適法性が問題になりうるとすれば、それは、相手方が拒否したとすれば令状を取得して行うしかない処分について、単に相手方の不知に乗じるというだけでなく、捜査機関が積極的に虚偽の事実を述べて相手方を錯誤に陥れ、同意を得たうえで、令状を得ることなく行う点であろう。こうした場合には、同意自体が無効とされるわけでないにしても、捜査方法が令状主義の潜脱を意図したものである点に、その違法性を認める余地があると考えられるからである[19]。

---

17) 白取・前掲注14) 510、松岡正章「酒酔運転等の罪により身柄拘束中の被疑者につき、アルコール含有量を測定する意図を秘してその尿を採取することの適否に関する二つの裁判例」判タ309・101。
18) 吉田・前掲注3) 29、大久保・前掲注3) 20、池田・前掲注16) 248、原田敏章「尿の無断採取」別冊判タ9（警察関係基本判例解説100) 122。
19) 原田・前掲注18) 122、原田國男「採尿検査をめぐる問題点」警論27・5・35、荒川洋二「アルコール含有量を測定する意図を秘して被疑者から尿を採取することの適否に関する二つの裁判例」捜査研究272・46。

第3講　採尿のための留め置き

I　問題の所在

　実務上、職務質問の過程で、警察官が、対象者に覚せい剤使用の嫌疑を抱き、任意で採尿を行うために、その者に警察署への同行を求める場面がしばしば生じる。対象者がそれを拒否した場合には、対象者をその現場に留め置いたうえで、任意同行に向けた説得を継続することになる。他方、対象者が任意同行に応じて警察署に赴いた場合には、そこで尿の任意提出を求めることになるが、それに直ちに応じない場合には、ここでも、対象者を警察署に留め置いたうえで、任意提出に向けた説得が行われることになる。そして、いずれの場面でも、対象者がもはや説得に応じる可能性がないと判断され、かつ、強制採尿のための要件が備わっている場合には、強制採尿令状の取得に向けた手続がとられ、令状の発付を受けたうえで採尿が行われることになる。

　ただし、強制採尿令状の請求の準備に取り掛かった後、実際に請求がなされて、令状が発付されたうえ、職務質問の現場あるいは警察署に届くまでには一定の時間がかかるから[1]、それまで対象者をそこに留め置く必要がある。そのため、事案によっては、最終的に強制採尿令状が執行されるまでに、留め置きがかなりの長時間にわたることもある。また、対象者が

---

1) 実務の現状に照らすと、強制採尿令状の請求準備に取り掛かってから、その執行に至るまでには、少なくとも4時間30分程度を要するとの指摘もある（細谷芳明「覚せい剤使用事犯における『留置き』をめぐる問題（第1回）」捜査研究800・27）。その内訳は、①令状請求準備として、疎明資料の作成、内部決裁に要する時間が、少なくとも2時間、②裁判所への請求に要する時間が、警察署と裁判所の距離関係に応じて、30分から1時間程度、③裁判官による令状審査と発付に要する時間が、1時間30分程度、④令状を受領してから留め置き場所での執行の着手までに要する時間が、30分程度とされている。

任意同行や尿の任意提出を拒否するにとどまらず、留め置きの最中にその場を立ち去ろうとしたような場合には、警察官が一定の有形力を行使してそれを押しとどめることも珍しくない。そのため、その適法性がしばしば問題となるのである。

Ⅱ　最高裁平成6年決定

(1)　こうした留め置きの適法性について最高裁が判断を示したのが、最決平6・9・16刑集48・6・420（以下、「平成6年決定」という。）である。事案は、以下のようなものであった。

　甲警察署のK警部補は、平成4年12月26日午前11時前頃、X（被告人）から同警察署の駐在所に意味のよくわからない内容の電話があった旨の報告を受けたので、Xが電話をかけた自動車整備工場に赴き、Xの状況及びその運転していた車両の特徴を聞くなどした結果、Xには覚せい剤使用の容疑があると判断し、Xの立ち回り先とみられる方面に向かった。他方、甲警察署から捜査依頼を受けた乙警察署のL巡査は、午前11時過ぎ頃、国道を進行中のX運転車両を発見し、拡声器で停止を指示したが、X運転車両は、2、3度蛇行しながら進行を続け、午前11時5分頃、交差点の手前（以下、「本件現場」という。）で、Lの指示に従って停止し、警察車両2台もその前後に停止した。当時、付近の道路は、積雪により滑りやすい状態であった。

　午前11時10分頃、本件現場に到着したM巡査部長が、Xに対する職務質問を開始したところ、Xは、目をキョロキョロさせ、落ち着きのない態度で、素直に質問に応ぜず、エンジンを空ふかししたり、ハンドルを切るような動作をしたりしたため、Mは、X運転車両の窓から腕を差し入れ、エンジンキーを引き抜いて取り上げた。午前11時25分頃、乙警察署から本件現場の警察官に対し、Xには覚せい剤取締法違反の前科が4犯あるとの無線連絡が入った。午前11時33分頃、Kらが本件現場に到着して職務質問を引き継いだ後、甲警察署の数名の警察官が、午後5時43分頃までの間、順

次、Xに対し、職務質問を継続するとともに、警察署への任意同行を求めたが、Xは、自ら運転することに固執して、他の方法による任意同行をかたくなに拒否し続けた。他方、警察官らは、車に鍵をかけさせるためエンジンキーをいったんXに手渡したが、Xが車に乗り込もうとしたので、両脇から抱えてこれを阻止した。そのため、Xは、エンジンキーを警察官に戻し、以後、警察官らは、Xにエンジンキーを返還しなかった。この職務質問の間、Xは、その場の状況に合わない発言をしたり、通行車両に大声を上げて近づこうとしたり、運転席の外側からハンドルに左腕をからめ、その手首を右手で引っ張って、「痛い、痛い」と騒いだりした。

その間の午後3時26分頃、本件現場で指揮を執っていた甲警察署N警部が令状請求のため現場を離れ、甲簡易裁判所に対し、X運転車両及びXの身体に対する各捜索差押許可状並びにXに対する強制採尿令状の発付を請求した。午後5時2分頃、上記各令状が発付され、午後5時43分頃から、本件現場において、Xの身体に対する捜索が、Xの抵抗を排除して執行された。

続いて、午後5時45分頃、乙警察署Q巡査部長らが、Xの両腕をつかみ、Xを警察車両に乗車させたうえ、強制採尿令状を呈示したが、Xが激しく抵抗したため、X運転車両に対する捜索差押手続を先行させた。その後もXの興奮状態が続き、なおも暴れて抵抗しようとしたため、Qらは、午後6時32分頃、両腕を制圧してXを警察車両に乗車させたまま、本件現場を出発し、午後7時10分頃、A病院に到着し、そこで医師により強制採尿が実施された。

最高裁は、強制採尿手続に先立つ、X運転車両の停止から強制採尿令状の呈示までの手続の適法性につき、次のように判示した。

「職務質問を開始した当時、被告人には覚せい剤使用の嫌疑があったほか、幻覚の存在や周囲の状況を正しく認識する能力の減退など覚せい剤中毒をうかがわせる異常な言動が見受けられ、かつ、道路が積雪により滑りやすい状態にあったのに、被告人が自動車を発進させるおそれがあったから、前記の被告人運転車両のエンジンキーを取り上げた行為は、警察官職

務執行法 2 条 1 項に基づく職務質問を行うため停止させる方法として必要かつ相当な行為であるのみならず、道路交通法 67 条 3 項に基づき交通の危険を防止するためとった必要な応急の措置に当たるということができる。

　これに対し、その後被告人の身体に対する捜索差押許可状の執行が開始されるまでの間、警察官が被告人による運転を阻止し、約 6 時間半以上も被告人を本件現場に留め置いた措置は、当初は前記のとおり適法性を有しており、被告人の覚せい剤使用の嫌疑が濃厚になっていたことを考慮しても、被告人に対する任意同行を求めるための説得行為としてはその限度を超え、被告人の移動の自由を長時間にわたり奪った点において、任意捜査として許容される範囲を逸脱したものとして違法といわざるを得ない。」

　そのうえで、本件では、任意捜査の面だけでなく、交通危険の防止という交通警察の面からも、Xの運転を阻止する必要性が高かったというべきであるうえ、Xが、自ら運転することに固執して、他の方法による任意同行をかたくなに拒否するという態度を取り続けたことを考慮すると、結果的に警察官による説得が長時間に及んだのもやむを得なかった面があるということができ、警察官に当初から違法な留め置きをする意図があったとは認められないとし、結論としては、警察官が、早期に令状を請求することなく長時間にわたりXを本件現場に留め置いた措置は違法であるといわざるを得ないが、その違法の程度は、いまだ令状主義の精神を没却するような重大なものとはいえないと判示した。

(2)　本件において、警察官のXに対する一連の行為は、職務質問として開始されており、本決定も、エンジンキーを取り上げた行為について、警職法 2 条 1 項に基づく職務質問を行うため停止させる方法として必要かつ相当な行為であるとしているから、少なくともこの段階までは、職務質問として捉えているといえる。他方、その後の 6 時間半以上にわたる留め置きについては、任意捜査として許容される範囲を逸脱したものとして違法であるとしており、職務質問が行政警察活動であるとするなら[2]、本決定

2）最判昭 53・6・20 刑集 32・4・670 は、「職務質問ないし所持品検査は、犯罪の予防、鎮圧等を目的とする行政警察上の作用であ［る］」と述べている。

は、本件において、エンジンキーを取り上げて以降のどこかの段階で、警察官の行為が刑訴法上の捜査に切り換わったとみていることになろう。もっとも、職務質問を一律に行政警察活動と位置づけることについては異論もあるし[3]、仮に、そのように考えるとしても、まさに本件がそうであるように、どの時点でそれが捜査へ転換したかについて明確な線を引くことは困難である。おそらくは、そのような考え方から、本決定は、留め置きの法的性格の変化に言及することなく、6時間半以上にわたる留め置きを一体として違法としたものと考えられる。

そして、職務質問に伴う留め置きであれ、任意捜査としての留め置きであれ、それには、強制手段を用いてはならないこと、及び、任意処分の枠内にとどまっている場合にも、そのような留め置きを行う必要性の程度と、それによる権利・利益の侵害の程度を比較衡量して、具体的状況のもとで相当であることが求められる。本決定は、本件においてなされた留め置きが、Xの移動の自由を長時間にわたり奪ったという指摘をしつつも、実質的な逮捕があったとするのでなく、Xの覚せい剤使用の嫌疑が濃厚になっていたことを考慮しても、それが、Xに対する任意同行を求めるための説得行為としてはその限度を超えており、任意捜査として許容される範囲を逸脱したものとして違法としている。それゆえ、本決定は、本件における留め置きは、任意捜査の枠内にとどまっているものの相当性を欠いて違法であると判断したものといえよう[4]。

そして、本決定は、エンジンキーを取り上げてから、Xの身体に対する捜索差押許可状が執行されるまでの留め置き全体を一括して違法としているから、その文言だけからは、それが具体的状況のもとで相当か否かの判断は、留め置き全体を対象に、留め置きの必要性の程度と、それによる権利侵害の程度（留め置きの時間、有形力の行使の有無・程度等）を比較衡量

---

3) 実務上は、警察官が、初めから特定の犯罪の嫌疑を抱いて職務質問を行うこともあり、その意味で、職務質問は、行政警察活動と捜査の双方を含んだものと捉えられている（田村正博『全訂 警察行政法解説［第2版］』（東京法令出版、2015年）195）。

4) 中谷雄二郎・最判解刑（平6）186。

してなされているように読める[5]。しかし、本決定は、他の部分では、警察官が、「早期に令状を請求することなく」、長時間にわたりXを本件現場に留め置いた措置は違法であるとも述べている。これは、任意採尿はあくまで相手方の同意に基づくものである以上、相手方がそれを拒否している場合に、それに応じるように説得をすることは可能であるとしても、一定時間説得を続けたものの、相手方の拒絶の意思が固く、もはや任意の協力が得られる見込みがないと評価できる段階に至れば、それを継続することはできないという意味で、説得のための留め置きには限度があること、そして、説得が功を奏しない場合、捜査機関としては、強制採尿令状の発付の要件が備わっているのであれば、説得は一定時間で打ち切り、早期に令状請求をすべきことを示したものといえよう[6]。加えて、上記の判示は、その裏返しとして、適切な時期に令状請求がなされたのであれば、その後の留め置きが許容される場合があることを示唆するものともいえる[7]。

Ⅲ その後の下級審裁判例

(1) その後、平成 6 年決定の判示に含意されていたとも解しうる上記のような考え方を明確なかたちで述べた裁判例が現れた。それが、東京高判

---

[5] 本決定を含めて、従来の裁判例の多くは、職務質問等による捜査の端緒から強制採尿令状の執行に至るまでの捜査の経緯、具体的には、嫌疑の程度、問題とされた留め置きの時間・場所・態様、有形力の行使の程度、外部との接触状況、令状請求時間等との関連性等を考慮して、留め置きの必要性、緊急性等の相関関係の中で、全体を総合して、留め置きの適法性を判断してきたとの指摘がなされている（細谷芳明『判例から学ぶ捜査手続の実務・特別編①』（東京法令出版、2015年）6）。
[6] 本件では、職務質問の開始後、警察官が令状請求のため現場を離れるまでに、4時間以上が経過していたから、少なくとも、それよりも早い段階での令状請求が求められることになる。本件の調査官解説では、「甲警察署の警察官が引き継いだ後の午後零時ころまでに、強制採尿令状を請求する方針が決まっていれば、遅くとも午後 3 時ころまでには、被告人に令状を示してその執行に着手できたものと思われる」との指摘がなされており（中谷・前掲注4）192)、これによれば、職務質問の開始後 1 時間程度で強制採尿令状を請求して強制手続に移行するか、そのまま被疑者を解放するかの見極めをすることが要求されることになろう。
[7] 大澤裕「強制採尿に至る被疑者の留め置き」研修770・9。

平21・7・1判タ1314・302（以下、「平成21年判決」という。）である。事案は、以下のようなものであった。

　X（被告人）は、平成20年4月18日午後4時39分頃、車両を運転中、警ら中のK巡査部長らから、シートベルトを着用していなかった疑いで停止を求められ、職務質問を受けた。Kは、Xが、顔が青白く、頬もやせこけ、ぎらぎらしたような目つきをしているなど、薬物常習者特有の表情をしており、また、X車両の運転席付近からトランクの辺りをうろうろと歩き回ったり、周りをきょろきょろ見たりして、態度に落ち着きがなかったうえに、前歴照会により覚せい剤事犯12件の前歴が判明したため、職務質問を続けることにした。Kは、X車両を検索して、運転席側ドアポケット内にあるスタンガン1個を発見し、Xに携帯理由等を問い質すとともに、軽犯罪法違反の容疑で甲警察署への任意同行を求めた。

　Xは、同スタンガンは自分の物ではないと声を荒げ、それをいきなり道路にたたきつけて壊し、両腕を振り回すようにして暴れ始めた。そこで、Kは、Xの上腕部を押さえながら、その行動を制止しようとしたが、Xが車道方向に押し出してくるため、腰ベルトに指をかけて、Xを比較的安全なX車両の後方に連れて行った。Xは、その後も興奮状態であったが、徐々に落ち着きを取り戻してX車両の助手席に座った。ほどなく、ほか数名の警察官と共に到着したL警部補は、X車両助手席付近路上で、Xの同意を得てその着衣の上から触るなどして所持品検査を始めたが、場所が狭かったため、X車両の後方に移動して更に所持品検査を続けることにし、その際、Xのベルトを手でつかむなどした。

　Lは、Xに甲警察署への任意同行を求め、パトカーの助手席側後部座席に乗車するよう促したところ、Xは、任意同行を渋り、パトカーの助手席側後部座席の屋根に手を突いて身体を支えるなどして乗車を拒み、現場に来ていた長女とパトカー越しに話をするなどしていたが、最終的には、Lから背中を押されて促され、自ら頭を車体にぶつけないよう下げながらパトカーに乗り込んだ。Xは、パトカー内で、外にいた長女と窓越しに話したり、パトカーが甲警察署に向けて発進した後も、同車内で携帯電話を使っ

てＤ弁護士から助言を受けるなどしていた。

　パトカーは、午後５時40分頃、甲警察署に向けて出発し、10分ほどで甲警察署に到着した。Ｘは、携帯電話で通話したりした後、歩いて同署の階段を上り、午後６時頃、同署刑事組織犯罪対策課の取調室に入った。同署のＭ警察官らが、Ｘに尿を任意に提出するよう求めたところ、Ｘは、「（尿が）出たくなったら出すから、待ってろ。」などと言うものの、言を左右にして提出に応じず、注射痕の有無の確認のために腕を見せることも拒絶した。

　警察官らは、午後６時30分頃、Ｘに対する強制採尿令状を請求する準備に取りかかり、必要な資料の準備を終えたうえ、午後８時20分頃、甲警察署を出発し、午後８時45分頃、簡易裁判所に令状を請求し、午後９時10分頃、その発付を受け、午後９時28分頃、甲警察署内でＸに同令状を示し、強制採尿のため警察病院に連行した。午後11時４分頃、医師により、上記令状に基づいてＸから採尿がなされ、尿から覚せい剤反応が出たため、Ｘは覚せい剤使用罪により緊急逮捕された。

　なお、Ｘが取調室に入室してから強制採尿令状を示されるまでの約３時間半の間、本件取調室の出入口ドアは開放されていたが、１、２名の警察官が常時その付近に待機していた。また、Ｘは、取調室内でＤ弁護士と携帯電話で通話することが許されており、同弁護士から、警察官に公務執行妨害罪で検挙されないよう注意すべきこと、退出する際には携帯電話でその状況を撮影すべきことなどの助言を得て、午後６時31分頃から午後８時37分頃までの間、多数回、退出の意思を表明し、携帯電話で本件取調室内の状況や出入口付近の状況を撮影しながら、退出しようとする行動をとった。しかし、その都度、本件取調室の出入口付近で監視していたＭや他の警察官が集まり、退出しようとするＸの前に立ち塞がったり、背中でＸを押し返したり、Ｘの身体を手で払うなどして退出を阻止した。

　また、Ｘは、取調室に入室後、強制採尿令状を示されるまで、警察官から充電器を借用するなどしたうえ、50回以上も外部と携帯電話で通話し、その合計時間は約80分に及んでいた。また、Ｘは、長女を甲警察署に呼び

寄せ、希望する飲物や筆記用具を本件取調室内に持ち込ませるなどしたほか、X自ら重病と言う妻もわざわざ自宅から呼び寄せて、既に通常の病院の診療時間ではないのに、病院に連れて行く必要があるから帰らなければならないなどと繰り返し訴えていた。

こうした事案につき、第1審裁判所は、Xに対する職務質問等と甲警察署への任意同行に違法な点はないとしたが、Xが室外に退出する意思を明示した以降に、Xを本件取調室内に留め置いて退出を阻止する行動をとり続けた警察官の行為は、任意捜査として許容される限度を超えた違法な身柄拘束であったと評価するしかないとした。そして、そのような違法な留め置きを直接利用して強制採尿令状の執行をしたことも違法であるが、その違法の程度は令状主義の精神を没却するような重大なものではないとして、尿の鑑定書の証拠能力を認め、Xに有罪判決を言い渡した。そこで、Xが控訴を申し立てた。

(2) 本判決は、まず、職務質問等を開始してからXをパトカーに乗車させて甲警察署に同行するまでの捜査手続について、その間に、警察官らがXの背後からベルトをつかむなどして、Xの行動の自由を制約しているものの、他方で、①Xに対する軽犯罪法違反及び覚せい剤取締法違反の嫌疑が合理的なものとして存在していたこと、②その当時のXの言動、態度から、粗暴な振る舞いに出るおそれもあったこと、③交通量のある道路上で、交通事故等の危険を回避する必要も認められたこと、④職務質問開始から甲警察署への同行までの時間は約1時間であり、Xの言動や犯罪の嫌疑内容等に照らせば、不相当に長時間の職務質問等であったとはいえないことなどを踏まえれば、任意捜査として許容される範囲を逸脱した違法なものとはいえないとして、原判決の判断を支持した。

これに対し、甲警察署に到着後のXに対する留め置き等については、次のように判示して、原判決とは異なり、それを適法とする判断を示した。

本判決は、まず、本件留め置きの任意捜査としての適法性を判断するにあたっては、本件留め置きが、純粋に任意捜査として行われている段階と、強制採尿令状の執行に向けて行われた段階（以下、「強制手続への移行段階」

という。）とからなっていることに留意する必要があり、両者を一括して判断するのは相当でないとして、両段階を分けて適法性を検討している。そして、まず、純粋に任意捜査として行われている段階については、Xが本件取調室に入室してから強制採尿令状の請求準備が開始されるまでに要した時間は30分程度であり、Xは、当初、任意提出に応じるかのような言動をしたり、長女や呼び寄せた妻の到着を待つような言動をとったりしていたから、そのような事情があった一定時間内は、Xが本件取調室内に滞留することが、その意思に反するものではなかったといえるし、その間やその直後に、警察官らがXの意思を制圧するような有形力を行使するなどしたことはうかがわれないから、この間の留め置きについては違法な点はなかったとした。

　次に、強制手続への移行段階については、その適法性判断の前提として、覚せい剤の体内残留期間が限られていることから、被疑者がその間所在をくらませば強制採尿令状の執行が無意味になってしまうため、対象者の所在確保の必要性は高いとする。加えて、強制採尿令状を請求するためには、対象者に対する取調べ等の捜査と並行して、予め受入れ先の採尿担当医師を確保しておくことが前提となるため、当該令状請求には、他の令状請求と比べて長い準備時間を要することがあり得るから、それに伴って留め置き期間が長引くこともあり得るとする。

　そのうえで、本件では、強制採尿令状請求に伴ってXを留め置く必要性・緊急性は解消されていなかった一方で、①警察官が、強制採尿令状請求の準備に着手してから、同令状が発付され、執行されるまでの留め置きは約2時間58分であり、手続の所要時間として、特に著しく長いとまでは見られないこと、②留め置きの態様も、警察官らがXを本件取調室内に留め置くために行使した有形力は、退出を試みるXに対応して、その都度、Xの前に立ち塞がったり、背中でXを押し返したりするといった受動的なものにとどまっていたこと、③警察官らは、本件取調室内で、Xと長女や妻との面会や、飲食物やその他必要とされる物品の授受、携帯電話による外部との通話も認めるなど、Xの所在確保に向けた措置以外の点では、X

の自由が相当程度確保されており、留め置きが対象者の所在確保のために必要最小限度のものにとどまっていたこと、④警察官らは令状主義に則った手続を履践すべく、令状請求をしていたのであって、令状主義を潜脱する意図はなかったことから、本件における強制手続への移行段階における留め置きも、強制採尿令状の執行に向けて対象者の所在確保を主たる目的として行われたものであって、いまだ任意捜査として許容される範囲を逸脱したものとはいえないから、適法であるとした。

このように述べたうえで、本判決は、強制手続への移行段階における留め置きであることを明確にする趣旨で、令状請求の準備手続に着手したときには、その旨を対象者に告げる運用が早急に確立されることが望まれるとする付言を行っている。

(3) 強制採尿令状の請求の準備に取り掛かった時点を基準に、その前後を区別して留め置きの適法性を判断するという本判決の手法を引き継ぐとともに、その内容を発展させたのが、東京高判平22・11・8高刑集63・3・4（以下、「平成22年判決」という。）である。事案は、以下のようなものであった。

B巡査部長らは、平成22年2月5日午後3時48分頃、警ら用無線自動車で警ら中、対向車線を走行中の普通乗用自動車を運転するY（被告人）が、Bの顔を見て顔を背けたこと、Y車両に傷があったことなどから、不審事由があると認め、同車を追尾して、午後3時50分頃、甲ホテル前路上で、同車を停止させ、Yに対して職務質問を行った。

Bらは、Yに運転免許証の提示を求め、犯罪歴等の照会をし、Yに麻薬及び向精神薬取締法違反の前歴があることが判明したため、Yを降車させ、腕の注射痕の有無を確認したところ、左腕肘内側に真新しい注射痕を発見した。その際、Yは、そわそわし、手が震え、足ががくがくしていた。注射痕について質問されたYは、エイズ検査をしたと答えたが、このようなYの態度に規制薬物使用の疑いを強めたBは、Yに尿の任意提出を求めた。これに対し、Yは、当初は仕事や待ち合わせがあるなどと言い、次に、妊娠中の彼女が出血したので、すぐに行かなければいけないなどと説明を

変えて、これを拒んだ。Bは、Yの携帯電話機でYの彼女と話し、出血はしておらず、緊急性がないことを確認した。そこで、Bは、Yに対して、さらに尿の任意提出を求めたが、Yがこれに応じようとしなかったため、午後4時30分頃、Yに対して、強制採尿令状を請求するから待つようにいって、令状請求のため甲警察署に戻った。この間、Yが自車に乗り込もうとしたことから、Bが、話が終わっていないので待つよう求めたことがあったが、立ち去らないように身体を押さえ付けたり引っ張ったりしたことはなかった。また、Yが、後から警察に行くから、今は行かせてくれと言ったこともあったが、Bは、Yの言動、態度、前歴等から、Yが後に警察署に出頭するとは思われなかったことから、強制採尿令状の請求をすることにしたという経緯があった。

その後、C巡査部長が尿の任意提出をするよう促すと、Yはこれを拒否し、午後5時前頃、自車の運転席に乗り込んだ。そこで、他の警察官が、Yが車両を発進して移動することはできるものの、そのために切り返しをする間に近寄って説得ができるようにするために、Y車両の前約2.5mの位置にパトカーを駐車させた。Y車両の後方には、当初は車両は駐車していなかったが、午後5時30分過ぎ頃に応援のため到着したA警部補が、後方約10mにパトカーを駐車した。また、警察官3、4名が、車の周囲に1mから2m程度離れて待機したり、遊動したりしていた。Yは、その後、降車することなく、自車の運転席で携帯電話で話をしたり、たばこを吸ったりしており、運転席から1m程度離れて待機するAに、3回くらい、「まだか。」などと尋ねたことがあったが、Aが「待ってろよ。」と答えると、それ以上、帰らせてくれとか、行かせてくれと求めることはなかった。

午後7時頃、強制採尿令状の請求がなされ、7時35分にそれが発付されたうえ、7時51分頃、同令状がYに呈示された。YはT病院に連行され、午後8時43分頃、医師により強制採尿が実施された。

(4) 本判決は、本件においては、Yに対する職務質問が開始された午後3時50分頃から強制採尿令状がYに呈示された午後7時51分頃までの間、約4時間にわたって、警察官らがYを職務質問の現場に留め置いている措置

の適法性が問題となるとしたうえで、その判断方法について、次のように述べた。

「本件におけるこのような留め置きの適法性を判断するに当たっては、午後4時30分ころ、B巡査部長が、被告人から任意で尿の提出を受けることを断念し、捜索差押許可状（強制採尿令状。以下、「強制採尿令状」ともいう。）請求の手続に取りかかっていることに留意しなければならない。すなわち、強制採尿令状の請求に取りかかったということは、捜査機関において同令状の請求が可能であると判断し得る程度に犯罪の嫌疑が濃くなったことを物語るものであり、その判断に誤りがなければ、いずれ同令状が発付されることになるのであって、いわばその時点を分水嶺として、強制手続への移行段階に至ったと見るべきものである。したがって、依然として任意捜査であることに変わりはないけれども、そこには、それ以前の純粋に任意捜査として行われている段階とは、性質的に異なるものがあるとしなければならない。」

そのうえで、まず、純粋に任意捜査として行われている段階については、BらがYに対して職務質問を開始した経緯や、Yの挙動、腕の注射痕の存在等から、尿の任意提出を求めたことには何ら違法な点はないとする。また、注射痕の理由や尿の任意提出に応じられないとする理由が、いずれも虚偽を含む納得し得ないものであったことから、後に警察署に出頭して尿を任意提出するとのYの言辞も信用できないとして、午後4時30分頃の時点で強制採尿令状の請求に取りかかったことも、妥当な判断というべきであるとする。そして、この間の時間は約40分間であって、警察官から問題となるような物理力の行使もなされておらず、この間の留め置きは、警察官らの求めに応じてYが任意に職務質問の現場にとどまったものと見るべきであるから、それは適法であったとした。

次に、強制手続への移行段階については、まず、一般論として、次のように述べた。

「〔強制採尿〕令状を請求するためには、予め採尿を行う医師を確保することが前提となり、かつ、同令状の発付を受けた後、所定の時間内に当該

医師の許に被疑者を連行する必要もある。したがって、令状執行の対象である被疑者の所在確保の必要性には非常に高いものがあるから、強制採尿令状請求が行われていること自体を被疑者に伝えることが条件となるが、純粋な任意捜査の場合に比し、相当程度強くその場に止まるよう被疑者に求めることも許されると解される。」

そのうえで、本件では、①Bは、午後4時30分頃に、Yに対して、強制採尿令状の請求をする旨告げて、同令状の請求の準備を開始しており、その時点から同令状が発付されるまでの留め置きは約3時間5分、同令状執行までは約3時間21分かかっているものの、手続の所要時間として、特に著しく長いとまでは認められないこと、②この間の留め置きの態様も、警察官がYに対し、その立ち去りを防ごうと身体を押さえ付けたり、引っ張ったりするなどの物理力を行使した形跡はなく、せいぜいYの腕に警察官が腕を回すようにして触れ、それをYが振り払うようにしたという程度であったこと、③その間に、Yは、Y車両内で携帯電話で通話をしたり、たばこを吸ったりしながら待機していたというのであって、この段階において、Yの意思を直接的に抑圧するような行為等はなされておらず、駐車車両や警察官がY及びY車両を一定の距離を置きつつ取り囲んだ状態を保っていたことも、強制採尿令状の請求手続が進行中であり、その対象者であるYの所在確保の要請が非常に高まっている段階にあったことを考慮すると、そのために必要な最小限度のものにとどまっていると評価できること、④警察官らは、令状主義の要請を満たすべく、現に、強制採尿令状請求手続を進めていたのであるから、捜査機関に、令状主義の趣旨を潜脱しようとの意図があったとは認められないことなどの事情を考慮すると、Yに対する強制採尿手続に先立ち、Yを職務質問の現場に留め置いた措置は適法であったとした。

Ⅳ 二分論の意義と当否

上記両判決によって示された、捜査機関が強制採尿令状の請求準備に取

り掛かった時点を基準に、その前後を区別して留め置きの適法性を判断するという手法は、一般に二分論と呼ばれる。両判決後の裁判例にも、この判断手法によっているものがある[8]。

　二分論をその内容面から見ると、それは、強制採尿令状の請求の準備が開始された後は、留め置きの目的が、任意の採尿あるいはそのための警察署への任意同行に向けた説得から、強制採尿令状を執行するための被疑者の所在確保に変わり[9]、そのことにより、留め置きの必要性を基礎づける新たな要素が加わることを意味する。このことは、両段階を明確に区分して留め置きの適法性を判断しているわけではない裁判例[10]や、二分論による判断枠組みに対して否定的な評価をした裁判例[11]においても否定されてはいない。そして、任意採尿のための留め置きについては、採尿があくまで同意に基づいて行われるものである以上、被疑者が拒否した場合にそれに応じるよう説得をすることができるとしても、被疑者が翻意する可能性がないことが客観的に明らかになれば、それ以上の留め置きは必要性を欠いて許されないと考えられるが[12]、その目的が被疑者の所在確保に変われば、留め置きの新たな必要性が生じるから、その観点から、さらに留め置

8）東京高判平25・1・23東高刑時報64・1＝12・30、東京高判平26・5・16高検速報（平26）59、東京高判平27・4・30高検速報（平27）101。

9）大澤・前掲注7）11、吉田雅之「警察官が、覚醒剤使用の嫌疑がある被疑者につき、強制採尿令状の発付を受けて執行するため、これを公道上に留め置いた行為について、任意捜査として許容される範囲を逸脱したものとはいえないとされた事例」捜査研究755・31。強制採尿令状の請求準備に取り掛かった後も、任意同行や任意採尿に向けた説得が継続する場合もあるが、それは留め置きの主たる目的ではなくなる。

10）東京高判平27・10・8判タ1424・168。

11）札幌高判平26・12・18判タ1416・129。同判決が、二分論による判断枠組みを適切でないとする理由として指摘しているのは、二分論が、強制手続への移行段階では、捜査機関において令状の請求が可能であると判断しうる程度に犯罪の嫌疑が濃くなっている状況にあることを、許容される留め置きの程度に差異があることの根拠の一つとしている点である。確かに、犯罪の嫌疑の高さは留め置きの必要性を基礎づける要素の一つではあるが、犯罪の嫌疑の程度は客観的に定まるものであって、強制採尿令状の請求準備を開始するか否かという警察官の判断によって左右されるものではないから、それを、強制手続への移行段階とそれまでの段階で許容される留め置きの程度が異なることの根拠とするのは妥当ではないであろう（大澤・前掲注7）7）。

きを継続できることになろう。

問題は、両段階で、留め置きの際に行使できる有形力の程度、ひいては許容される移動の自由の侵害の程度に差異があるといえるのかである。言葉を換えていえば、強制手続への移行段階では、それ以前の段階ではおよそ許容されない有形力の行使や移動の自由の侵害が許される場合があるのかが問題となる。

強制手続への移行段階における留め置きであっても、任意捜査として行われている以上、それが強制処分に至ってはならないという限界がある[13]。そのことを前提に、平成22年判決は、強制手続への移行段階は、依然として任意捜査であることに変わりはないものの、それ以前の、純粋に任意捜査として行われている段階とは性質的に異なるものがあるとしたうえで、令状執行の対象である被疑者の所在確保の必要性には非常に高いものがあるから、強制採尿令状の請求が行われていること自体を被疑者に伝えることを条件に、純粋な任意捜査の場合に比し、相当程度強くその場にとどまるよう被疑者に求めることも許されると述べている。

この判示からは、平成22年判決は、強制手続への移行段階では、それ以前

---

12) 大澤・前掲注7）9、溝端寛幸「覚せい剤の自己使用及び所持事件について、尿鑑定書等が違法収集証拠であり証拠能力を欠くとして証拠調べ請求を却下した原審の訴訟手続には法令違反があるとして差し戻した事例」研修803・26、小川佳樹「被疑者の『留め置き』について」研修839・7。

13) 大阪地判平29・3・24判時2364・126では、警察官が、強制採尿令状の請求準備に取り掛かった後、被疑者（X）が所在する病院内でその動向を監視していたところ、Xが、通用口へと走り出したため、その背後から体をつかむなどして一時的にその場に留めようとし、さらに、なおも車両のほうへと近づこうとするXに対し、その首に腕をかけて後方へ投げ飛ばし、それにより仰向けに転倒したXを上から押さえ付け、四つん這いになったXの首に腕をかけて締め上げ、背後から乗って押さえ付けるなどの行為をしたことが問題とされた。本判決は、警察官が上記の行為を行った時点では、強制採尿令状が発付済みか、あるいは、まさに発付されようとしている状況にあったから、同令状の執行確保のためにも、Xを留め置く必要性は相当高く、Xの逃走を防止する必要性及び緊急性も非常に高かったといえるから、Xを現場に留め置くため、一定程度の有形力を行使することも、強制手段にわたらないかぎり、許容される余地はあるとしつつも、警察官の行為は、その態様等に照らし、任意捜査として許容される限度を超えた逮捕行為というほかないから、違法であることは明らかであるとした。

の段階では許容されない程度の有形力の行使や移動の自由の制限がなしうると考えているとも解される。同判決が、強制手続への移行段階は、令状の執行のために被疑者の所在を確保するという目的があり、その必要性が非常に高いという点だけでなく、純粋に任意捜査として行われている段階とは性質的に異なるという指摘をしているのは、そのような考え方を基礎づけるためともいえよう。強制採尿令状請求が行われていることを被疑者に伝えることが条件となるとされているのも、それ以前の段階では許容されない権利侵害を正当化するための手続的保障を要求したものとも解される[14]。

　もっとも、両段階が「性質的に異なる」ということが具体的に何を意味しているのかは、必ずしも明らかではない。強制手続への移行段階とはいっても、いまだ強制採尿令状の執行ができない以上、その段階で捜査機関が行いうることは任意捜査でしかなく[15]、強制処分たる逮捕と、任意処分である留め置きの中間に、半強制処分とでもいうべき領域があるわけではない。そうだとすると、両段階で、手続ないしはそこで行われる処分の性質が異なるとするのは妥当ではなく、あくまで処分の目的の違いにとどまると見るべきであろう[16]。それゆえ、留め置きの際に許容される有形力の行使あるいは移動の自由の制限の程度も、目的に対応した必要性の内容

---

14) 大澤・前掲注7）18が、「強制移行段階の留め置きが準強制処分的に運用される可能性を前提に、一定の手続的保障を施そうとしているように見えなくもない」とするのも、同旨であろう。

15) 平成6年決定の原審（仙台高判平6・1・20刑集48・6・446）は、強制採尿令状が発付された後、それが到着するまでの必要不可欠な時間、被疑者をその場に強制的に留め置くことは、令状の執行のために当然に予定されたものであるから許されるとしている。学説にも、捜索差押許可状（強制採尿令状）が発付された後は、その執行の準備行為ないし必要な処分として、捜索・差押えの実効性を確保するための措置を行うことができるとする見解がある（大久保隆志「任意と強制の狭間」広島法科大学院論集11・174）。しかし、逮捕と異なり、捜索・差押えについては、緊急執行の規定はないから、強制採尿令状が発付されていたとしても、それを所持していなければその執行はできないのであり、そうである以上、令状の到着まで被疑者を現場に強制的に留め置くことを、令状の執行のために予定されたものとして、強制採尿令状の効力ないしその執行に必要な処分として正当化することはできないであろう（中谷・前掲注4）181）。平成6年決定も、強制採尿令状の発付から、（同時に発付された）被告人の身体の捜索差押許可状を現場で執行するまでの留め置きについて、それを違法と判断している。

と程度に対応して変わるものであって、強制手続への移行段階であるから、それ以前の段階よりも、許容される範囲が当然に広くなるというものではないと考えられる[17]。

　もっとも、実際に令状が発付された段階にまで至れば、類型的に留め置きの必要性が高まるということも可能であろうが、令状請求の準備に取り掛かったというだけでは、そうはいえないであろう[18]。そして、そうだとすれば、強制採尿令状の請求手続に着手したことを被疑者に告げるのも、それが、それ以前よりも強度の措置を行うための要件であるというよりも、その場に留まるように被疑者を説得するに際して、状況が変化したことを被疑者に認識させるのが望ましいという観点から要求されるものであるということになろう[19]。

　このように考えると、二分論の意義は、両段階で留め置きの目的に差異があることから、その必要性の内容にも差異があり、それを踏まえて、手続の段階ごとに留め置きの適法性を考えるべきことを示した点にあることになろう[20]。それと同時に、実際上の意義として、強制採尿が最終的手段とされること[21]から、それに先立って尿の任意提出を促すことが必要とされるとしても、被疑者がそれを拒否する場合には、長時間にわたって任意

---

16) 実際、平成21年判決は、両段階で手続の性質が異なるとは述べていなかった。また、平成22年判決後、二分論による判断枠組みを採用していると考えられる裁判例においても、手続の性質の違いに言及しているものはない。

17) 小川・前掲注12) 7。

18) これに対しては、この場合の被疑者の所在確保は証拠隠滅の防止という意味を持つとしたうえで、強制採尿の実体的要件が備わり、かつ、証拠隠滅がなされる危険性が高い状況において、令状請求の準備に取り掛かった後に被疑者を留め置く必要性は、任意同行や任意採尿に応じるように説得するために留め置く必要性よりも、一般的に高いとする理解もある（柳川重規「職務質問のための留め置き」法教446・12）。

19) 植村立郎「判例と捜査手法の適正化」山口厚ほか編『西田典之先生献呈論文集』（有斐閣、2017年）554。

20) 平成21年判決及び平成22年判決では、強制手続への移行段階において、対象者が携帯電話を自由に使用できていたなどの事情が指摘されているが、これは、対象者の所在の確保という留め置きの目的に照らして、不必要な権利制約がなされていないかという観点から問題とされたものと位置づけることができる。

21) 最決昭55・10・23刑集34・5・300。

提出の説得を続けるのではなく、早期に強制採尿令状の請求に切り替えることを捜査機関に促す効果を持ったことが挙げられよう。その場合、どの程度の時間、説得を続けることが許されるのかは、事案によることになろうが、この点については、覚せい剤取締法違反の前科があることが判明した事案では、長くても1時間もあれば、強制採尿令状の請求が可能か否かの見極めが可能であるとの指摘もなされている[22]。

V 立法の要否

以上のとおり、二分論の考え方によれば、強制採尿令状請求の準備に取り掛かった後は、同令状の執行のための被疑者の所在確保という、それ以前とは異なる目的により留め置きが継続できることになる。しかし、その場合にも、強制手段を用いることはできないから、被疑者がその場を立ち去ろうとするのを強制的に阻止することはできず、その結果、その所在を確保することができなくなる事態が生じる可能性は残ることになる。そこで、それに対処するための立法措置を行うことが望ましいとする意見があり[23]、裁判例にも、その旨の言及をしたものがある[24]。

仮に、立法をするとすれば、強制採尿令状の請求ができるだけの客観的な嫌疑が備わっている場合に、同令状を執行するまでの間、無令状で、被疑者を一定の場所に強制的に留めておく処分を創設するということになろう。この措置は、あくまで強制採尿令状を執行するための被疑者の所在確保を目的とした短時間の身体拘束であるから、刑訴法上の逮捕とは異なるということは可能であろうが、未だ強制採尿令状が発付されていない以上、法的には、それを令状の執行のための処分と位置づけることはできない。それは、罪証隠滅の防止を目的とした身体拘束にほかならないから、憲法上は、33条にいう「逮捕」であるといわざるをえないと思われる。そ

---

22) 植村・前掲注19) 544。
23) 大澤・前掲注7) 15、柳川・前掲注18) 15。
24) 東京高判平20・9・25東高刑時報59・1＝12・83。

うすると、仮に、その後の強制採尿令状の発付の際に、留め置き開始時点での嫌疑の有無について事後的に司法審査を行う仕組みにしたとしても、強制採尿令状の発付を基礎づける程度の嫌疑に基づき、「逮捕」にあたる処分を行うことが正当化できるのかという問題が生じる[25]。その意味では、部分的な解決にとどまるが、まずは、捜索差押許可状について緊急執行の規定を設けることを検討すべきであると思われる[26]。

---

[25] 小川・前掲注12) 12。
[26] 小川・前掲注12) 16、植村・前掲注19) 555。

第4講　おとり捜査

I　おとり捜査の規律——最高裁平成16年決定

　おとり捜査とは、「捜査機関又はその依頼を受けた捜査協力者が、その身分や意図を相手方に秘して犯罪を実行するように働き掛け、相手方がこれに応じて犯罪の実行に出たところで現行犯逮捕等により検挙する」捜査手段をいう（最決平16・7・12刑集58・5・333。以下、「平成16年決定」ということがある。）。こうしたおとり捜査は、戦後、GHQの示唆を受けて、麻薬事犯の摘発のために使われるようになったという経緯があり、戦後まもなくはその適法性がしばしば争われた。最高裁においても、この時期におとり捜査について判断を示したものがあったが（最決昭28・3・5刑集7・3・482、最判昭29・11・5刑集8・11・1715）、いずれも、おとり捜査の適法性自体について判示したものではなかった。その後、下級審レベルでは、いくつかの裁判例において、当該事案におけるおとり捜査の適法性を認める判断がなされたが[1]、そうした中で、最高裁が、初めて正面からおとり捜査の適法性につき判断を下したのが、平成16年決定である。事案は、次のようなものであった。

　X（被告人）から、捜査協力者であるAに対して、大麻樹脂の買い手を紹介してくれるように依頼があったため、Aがそれを麻薬取締官事務所に連絡した（Xから上記の依頼があった時点までに、AからXに対して、大麻樹脂の取引に関する働き掛けをしたことはなかった）。同事務所では、Aの情報によっても、Xの住居や立ち回り先、大麻樹脂の隠匿場所等を把握することができず、他の捜査手法によって証拠を収集し、Xを検挙することが困

1）平成16年決定以前の下級審裁判例については、多和田隆史・最判解刑（平16）300以下参照。

難であったことから、おとり捜査を行うことを決めた。そして、同事務所の麻薬取締官とＡが打合せを行い、麻薬取締官をＸに買い手として紹介することが決定された。

Ａの立会いのもと、ホテルの一室で、Ｘと買い手を装った麻薬取締官が会い、その翌日に、Ｘが大麻樹脂を同じ部屋に持参し、取引を行うことが決定された。翌日、Ｘが大麻樹脂２キログラムを同室内に運び入れたところ、予め発付されていた捜索差押許可状によって捜索がなされ、大麻樹脂が発見されたため、Ｘは、その所持の現行犯人として逮捕された。

Ｘは、これは違法なおとり捜査であり、それに基づいて発見された証拠は違法収集証拠として排除されるべきであると主張した。最高裁は、本件において、おとり捜査の手法がとられたことが明らかであるとし、前述のようなおとり捜査の定義を示したうえで、おとり捜査の適法性につき、一般論として、次のように述べた。

「少なくとも、直接の被害者がいない薬物犯罪等の捜査において、通常の捜査方法のみでは当該犯罪の摘発が困難である場合に、機会があれば犯罪を行う意思があると疑われる者を対象におとり捜査を行うことは、刑訴法197条１項に基づく任意捜査として許容されるものと解すべきである。」

そのうえで、これらの要素を本件事案にあてはめ、麻薬取締官において、Ａからの情報によっても、Ｘの住居や大麻樹脂の隠匿場所等を把握することができず、他の捜査手法によって証拠を収集し、Ｘを検挙することが困難な状況にあり、一方、Ｘは既に大麻樹脂の有償譲渡を企図して買手を求めていたのであるから、麻薬取締官が、取引の場所を準備し、Ｘに対し大麻樹脂２キログラムを買受ける意向を示し、Ｘが取引の場に大麻樹脂を持参するよう仕向けたとしても、おとり捜査として適法というべきであると判示した。

このように、本決定は、おとり捜査の適法性について一般的な判断基準を示すことなく、少なくとも上記の３つの要素が備わっている場合に行われるおとり捜査は、任意捜査として許容されるとするにとどめている。その判断枠組みは、基本的に、本件の控訴審（大阪高判平15・7・7刑集58・

5・351）が示した、おとり捜査によることの必要性とおとり捜査の態様の相当性を総合して、その適法性を判断するという枠組みと同様のものと考えられるが、これ自体も、個々の事案に応じた判断を必要とする内容であるため、本決定が示した3つの要素があてはまる事案以外に、いかなる場合におとり捜査が許されるかは、以後の裁判所の判断に委ねられることになったのである。

II　平成16年決定以後の裁判例

　平成16年決定後、いくつかの下級審裁判例において、おとり捜査の適法性について判断が示されている。そこで扱われた事案には、平成16年決定の事案と同様に、おとり捜査の結果、犯罪を行い、検挙された者の刑事責任との関係で、おとり捜査の適法性が問題とされたものと、それ以外のかたちで、その適法性が問題とされたものとがある。以下では、これらの裁判例を、おとり捜査を適法としたものと違法としたものに区分したうえで、いかなる場面でおとり捜査の適法性が問題とされたのかに着目しつつ検討を行うことにする。

1　おとり捜査が適法とされた事案

　(1)　おとり捜査の対象者の刑事責任の有無を判断するにあたって、その適法性が問題となった事案において、当該おとり捜査を適法とした裁判例の一つが、東京高判平19・6・1高検速報（平19）240である。事案は、次のようなものであった。

　薬物密売人が大量の大麻樹脂を所持し、その売却を急いでいるとの情報を入手した警察官が、おとり用の携帯電話の番号が密売人に伝わるように手配したところ、密売人との連絡が可能となり、その後、密売人（被告人）との間で、平成18年某月17日に、都内のホテルの喫茶店内で、捜査員2名が被告人と共犯者に会い、同月19日にサンプルとして大麻樹脂1包（約1kg）を受け取ること、サンプルを含めて30包（約30kg）を2千万円で買うことが確認された。その際の会話では、被告人らは100包もの大量の大麻

樹脂を売却可能であるかのような発言もしていた。

　その後、19日に、前記ホテルの駐車場で、前記4名が落ち合い、捜査員側が、サンプルとして大麻樹脂1包を被告人らから受け取った後、残りの29包は22日に受け取り、30包分の代金全額をそのときに支払うことで合意した。そして、22日、被告人らは、前記ホテル駐車場に現れたところを、19日のサンプル大麻所持について既に発付されていた逮捕状に基づき、通常逮捕された。その際、被告人らが乗っていた自動車内から大麻樹脂29包が発見されたことから、被告人らは、それらの大麻の所持についても現行犯逮捕された。

　東京高裁は、このような捜査経緯によれば、被告人らは、当初から大量の大麻樹脂の売却を企図しており、19日のサンプル交付は、その後の大量の大麻樹脂の売却のための準備行為であると認められるから、捜査機関が、19日に被告人らをサンプル大麻の所持について現行犯逮捕等しなかったからといって、それにより被告人らの22日の本体大麻所持の犯罪行為が誘発されたといった関係にないことは明らかであるとして、被告人の大麻所持を対象とした本件おとり捜査が、平成16年決定がいう「機会があれば犯罪を行う意思があると疑われる者」を対象にしたものであったとした。

　また、本件では、被告人側が、捜査機関が17日から22日まで、被告人らの滞在先のみならず、逮捕しようと思えばいつでもそれが可能な程度にその動静を十分に把握していたから、22日のおとり捜査は違法である旨の主張も行った。これに対し、本判決は、本件が、被告人らが大量の大麻樹脂の売却を望んでいた事案であることを考慮すると、17日から22日までの6日間の捜査経過は、一連のおとり捜査であるから、それが任意捜査として許容されるおとり捜査の範囲を逸脱したものではないし、また、サンプル大麻の所持で被告人らを現行犯逮捕することは可能であったが、それを行わずに、本体の大麻所持まで待って現行犯逮捕等の強制捜査を行うことは、捜査機関に許容されている、捜査手段に関する裁量の範囲内のものであるとした。

　仮に、上記の被告人側の主張が、サンプル大麻の所持で被告人らを逮捕

することができる以上、それよりも重い本体の大麻所持を対象としておとり捜査を行う必要性は認められないという趣旨のものであるとすれば、本件のおとり捜査の目的は、被告人らが売却を企図していると予想される大量の大麻樹脂の所持をあぶりだし、それによって被告人らを検挙することにあるから、サンプル大麻の所持で被告人らを逮捕することができたとしても、さらに継続しておとり捜査を行う必要性が否定されるものではない。このことは、本判決が述べるとおりであろう[2]。

これに対し、被告人側の主張は、捜査機関が、17日から22日までの間に、被告人らの動静を十分に把握しており、大麻樹脂の隠匿場所についても把握が可能であったから、22日のおとり捜査は、平成16年決定がいう「通常の捜査方法のみでは当該犯罪の摘発が困難である場合」にあたらないという趣旨のものであるとも考えられる。本判決は、この点についても、捜査員が17日に被告人らと接触した以降は、被告人らを追尾するなどの捜査手法を実施することによって、被告人らの滞在場所、大麻樹脂の隠匿場所等を発見する可能性はあったといえるものの、22日までの捜査によって、被告人らの滞在場所や大麻樹脂の隠匿場所を確実に把握できたとか、そのことを可能とするような有力な捜査情報が得られていたなどといったことまでは、本件証拠上うかがわれないとしており、この面からも被告人側の主張は成り立たないとしている。

したがって、本件が薬物事犯であったこともあわせて考えれば、本件は、平成16年決定が示した3つの要素がすべて備わったものであり[3]、それゆえに適法とされたものであるといえよう。

---

2) おとり捜査の手法をとらざるをえないという意味での補充性は、おとり捜査の適否に関わる一要素であるが、犯罪・犯人摘発の必要性・利益と相関させて考慮されるべきであり、事態が流動的な捜査段階では、既に行われた犯罪の嫌疑で検挙するか、それを保留しておとり捜査を行うかは、捜査官の裁量判断に委ねられているとされる(多和田・前掲注1)283)。本件では、既に行われた犯罪自体もおとり捜査によってなされたものであるという特殊性があるが、捜査機関がターゲットとした犯罪との関係では、上記の指摘が同様にあてはまるであろう。
3) 宮木康博「大麻取締法違反被告事件について、おとり捜査が適法とされた事例」刑ジャ11・138。

(2) おとり捜査を適法と判断し、被告人を有罪としたもう一つの裁判例が、東京高判平20・7・17東高刑時報59・1＝12・69である。事案は、以下のようなものであった。

X（被告人）は、平成19年2月に、覚せい剤密売の目的で、インターネット上にホームページを開設した。同ホームページには、覚せい剤密売のための広告が掲載されるとともに、そこにある注文フォームを利用して、覚せい剤の購入希望者が購入申込みを行うことができた。Xは、その注文フォームを利用して申し込んできた購入希望者らに対し、電子メール等を用いて覚せい剤の密売を行っていた。

こうした方法で違法薬物の売買が敢行されていることを把握した神奈川県警薬物銃器対策課の警察官は、上記掲示板に違法薬物を注文して買受けるなどの捜査を実施した結果、密売人としてXを割り出した。そして、警察官は、Xに対して電子メールで覚せい剤の購入を申し込み、それに応じてXが売却した覚せい剤の営利目的所持及び広告制限違反（覚せい剤取締法20条の2）を被疑事実として、Xに対する逮捕状とX方居室等の捜索差押許可状の発付を受けた。警察官は、平成20年1月31日に、上記の各令状の執行のためにX方居室に赴き、同居室のあるマンションから出てきたXを通常逮捕し、引き続き、同所における覚せい剤粉末の営利目的所持で現行犯逮捕し、さらに、X宅における覚せい剤粉末の営利目的所持等で現行犯逮捕した。

Xは、上記の現行犯逮捕に係る覚せい剤の営利目的所持及び同日における覚せい剤の使用の事実で起訴されたが、本件が検挙される端緒となった捜査機関の活動は、捜査機関自身によるインターネット掲示板での覚せい剤の購入申込みであり、捜査機関からXを犯人に陥れるきっかけが提供されたのであって、このような違法なおとり捜査に基づいて得られた証拠はすべて違法収集証拠であり、その証拠能力は否定されるべきであると主張した。

これに対し、本判決は、本件においては、前記の方法以外の捜査方法によっては密売人の特定が容易ではなく、他方で、Xは既に覚せい剤の密売

を繰り返し、その犯意を有していたところ、警察官がホームページの掲示板を利用するなどしてXに対し覚せい剤を買い受ける意向を伝え、Xがこれに応じて覚せい剤を密売することとし、現に密売をした結果、捜査機関において密売人が特定され、その後、前述のような経緯をたどってXが検挙されるに至ったものであって、このような捜査方法は、本件のような覚せい剤事犯における捜査方法としては適法というべきであるとして、Xの主張を退けた。

本件も、平成16年決定が挙げた3つの要素がすべて揃っていた事案であり[4]、本件おとり捜査が適法であるという結論には異論のないところであろう。

2 おとり捜査等が違法とされた事案

(1) 犯意誘発型の事案

(ア) 平成16年決定後、当該事件におけるおとり捜査を違法と判断した裁判例として、札幌地決平28・3・3判時2319・136がある。本件は、けん銃加重所持罪により有罪判決が確定した者（Y）が、有罪とされたけん銃の所持は違法なおとり捜査によるものであったとして、再審請求を行った事件である。確定判決では、そもそもおとり捜査が存在しなかったという判断がなされていたのに対し、本決定は、以下のような事実を認定した。

北海道警察本部の銃器対策部門に所属していた警察官Kは、ロシア人相手に中古車販売業を営むAを銃器犯罪摘発のための捜査協力者として用いるようになり、日頃から、Aに対し、「何でもいいからけん銃を持ってこさせろ」と指示をしていた。

他方、Yは、事件当時、ロシアの船員として稼働していた者であり、ロシア本国における前科前歴はなく、ロシアマフィアとの関係や銃器取引への関与を窺わせるような事情もなかった。

Yが、平成9年8月頃に初めて来日した際、Aの従弟でやはり捜査協力者であるBから、「けん銃があれば欲しい中古車と交換してやる」などと

4）宮木康博「インターネット上の薬物事犯に実施されたおとり捜査が適法とされた事例」刑ジャ20・103。

持ち掛けられた。その後、Yは、ロシアに帰国したが、同年11月11日頃に再び日本に向けて渡航することになった。Yは、たまたま父の遺品であるけん銃等を所持していたことから、タダ同然のけん銃と中古車を交換できればラッキーだと考え、本件けん銃等を日本に持ち込むこととした。同月13日、来日したYは、Bに本件けん銃のポラロイド写真1枚を渡した。

同日夜、Kのもとに、Yが日本にけん銃を持ち込み、Bに売り込んでいるとの情報がもたらされた。これを受けて、銃器対策課において捜査会議が開かれ、翌朝に、Aらを使って、Yが船外へ本件けん銃等を持ち出すように仕向けたうえ、Yを現行犯逮捕するという方針が決定された。

翌日午前8時頃、Yは、Bから、「Aにピストルが必要なので、本件けん銃と日産サファリを交換する」旨の話を告げられた。その後、Yは、Aの経営する中古車販売店に向かい、実際にAから1万ドルの値札が付けられた日産サファリを見せられた。

Aと共に港に戻ったYは、Aからけん銃を船から持って来るよう言われたため、船からこれを持ち出し、Aに手渡そうとしたところを、その場で待機していた警察官らによって取り囲まれ、現行犯逮捕された。

本決定は、以上の事実を認定したうえで、本件においては、平成9年8月にBがYに対して働き掛けを行った時点から、同年11月14日にYが現行犯逮捕されるまで、銃器対策課によるおとり捜査が実施されたとした。そして、おとり捜査の適法性につき、一般論として、次のように述べた。

「一般に、おとり捜査は、密行性の高い犯罪を摘発するのに有用である一方、捜査機関又はその依頼を受けた捜査協力者が相手方に犯罪を実行するよう働きかけることにより、刑事実体法で保護しようとする法益を国家が自ら危険にさらすという側面も有しているため、常には許されるべきものではないといえる。とりわけ、本件おとり捜査は、……典型的な犯意を誘発するタイプのものと位置づけられるので、その適否を慎重に見極める必要がある。」

そのうえで、まず、捜査機関による誘引の強さがどの程度のものであったのかについて、本件においては、捜査協力者からYに対して、日本にけ

ん銃を持ってくれば欲しい中古車と交換するという働き掛けがなされており、これは、その内容からして、Yにとって、それなりに誘引力の強いものであったと認められ、このことは、Yのように、これまで銃器犯罪に縁のない者であっても、新たに犯意を誘発されるだけのものであったことからも肯定されるとする。そして、本件では、警察官であるKが、捜査協力者に対し、「何でもいいからけん銃を持ってこさせろ」と指示しており、これは、捜査協力者に対してフリーハンドで誘引等を任せきりにし、その中に国家が犯罪を作出するような違法なものが混じっていたとしても、それはそれで構わないという態度が現れているから、捜査機関の関与が希薄とはいえないとする。

　次に、おとり捜査の必要性については、本件では、ロシアからの銃器の密輸入が多数に上るなど、おとり捜査をしてでも密輸ルートを解明することが喫緊の課題であったというような事情は何ら窺われないうえに、Yにはロシアマフィアや銃器犯罪への関与を示す事情などは全く存在せず、銃器犯罪の具体的嫌疑は何ら認められなかったから、Yのように元々銃器犯罪を行う意図のない者に対してまで犯意を誘発するような強い働き掛けを行う必要性は到底認められず、かえって、それにより、けん銃という危険物を本邦内に招き入れ、国民の生命、身体を殊更危険にさらしたものといえるとする。

　そのうえで、結論として、本件おとり捜査は、その必要性が認められず、かえって、具体的な嫌疑もない者に対して犯意を誘発するような働き掛けを行うことで、犯罪を抑止すべき国家が自ら新たな銃器犯罪を作出し、国民の生命、身体の安全を脅かしたものであるから、違法であるとした。

　そして、本件においては、銃器対策課の捜査官らが、事件後、こぞって内容虚偽の捜査書類を作成したうえ、裁判でおとり捜査の違法性が争われるや、内部で口裏合わせをし、AやBは捜査協力者ではなく、おとり捜査は行っていないなどと全く真実に反する証言をし、組織ぐるみで本件おとり捜査の存在を隠蔽していることをも考慮すると、本件おとり捜査には、令状主義の精神を潜脱し、没却するのと同等ともいえるほど重大な違法が

あると認められるから、本件おとり捜査によって得られた証拠は、将来の違法捜査抑止の観点からも、司法の廉潔性保持の観点からも、証拠能力を認めることは相当ではないとした。

そうすると、Yが真正なけん銃やこれに適合する実包を所持していたことは、Y自身が認めているものの、この自白を補強すべき証拠がないため、結局、刑訴法319条2項により犯罪の証明がないことに帰するから、Yに対し無罪の言渡しをすべきことになる。それゆえ、本件再審請求は、刑訴法435条6号所定の有罪の言渡しを受けた者に対して無罪を言い渡すべき明らかな証拠を新たに発見したときに該当するから、本件について再審を開始すると判示したのである[5]。

(イ)　前述のとおり、平成16年決定は、少なくとも、①直接の被害者がいない薬物犯罪等の捜査において、②通常の捜査方法のみでは当該犯罪の摘発が困難である場合に、③機会があれば犯罪を行う意思があると疑われる者を対象におとり捜査を行うことは、任意捜査として許容されるとした。それゆえ、③との関係でいえば、平成16年決定は、機会提供型に限って適法となるとしたものではなく、判示の文言だけからは、犯意誘発型であっても適法とされる余地は残されている[6]。本決定が、本件おとり捜査は典型的な犯意誘発型であると認定したうえで、さらに、捜査機関による誘引

---

5) 本決定に対しては、検察官から即時抗告がなされた。即時抗告審（札幌高決平28・10・26判タ1436・133）は、刑訴法435条6号の再審事由は、確定判決における犯罪事実の認定自体の実体的な瑕疵が問題になる場合を想定しており、本件のように、新証拠によって不公正な捜査が行われた疑念が生じ、その結果として、確定判決の犯罪事実の認定に供された証拠の証拠能力の判断に影響の生じることが判明するなど、訴訟法上の事実の認定の瑕疵につながる新証拠は、同号所定の新規かつ明白な証拠にはあたらないとして、その点において、原判断は、同号の解釈及び適用を誤ったものといわざるを得ないとした。しかし、そのうえで、本件確定審で取り調べられるなどした証拠書類について、警察官が虚偽有印公文書作成罪を犯した事実が本件確定判決後に判明したことから、同条7号本文にいう、原判決の証拠となった書面を作成した司法警察職員が本件被告事件について職務に関する罪を犯した場合に該当するとして、結論としては、原審の再審開始決定を維持した。このように、即時抗告審は、証拠能力の存否に係る事実に関する新証拠は刑訴法435条6号の証拠には該当しないという立場をとったため、本件おとり捜査の適法性については判断を示していない。

6) 多和田・前掲注1) 290。

の強さ、つまり、捜査機関による働き掛けの態様と、おとり捜査を行う必要性を検討しているのは、そのためであろう。

　もっとも、おとり捜査の適法性を、おとり捜査によることの必要性とおとり捜査の態様の相当性を総合して判断するという枠組みによる場合、機会があれば犯罪を行う意思がない者については、自ら犯罪を行う蓋然性は低いわけであるから、そもそもおとり捜査を行う必要性が認められないのではないか7)、また、そのような者に犯行を決意させ、犯罪を実行させようとすれば、自ずから働き掛けが強度にならざるをえないがゆえに、おとり捜査の態様が類型的に相当性を欠くのではないかという疑問も生じる。本決定は、あくまで事例判断ではあるが、「元々銃器犯罪を行う意図のない者に対してまで犯意を誘発するような強い働きかけを行う必要性は到底認められない」というその判示からは、これと共通する思考が読みとれる。本件のような事案を想定するかぎり、平成16年決定を前提にしても、犯意誘発型のおとり捜査が実際に適法に行いうる場合は考えにくいと思われる8)。

(2) **機会提供型の事案**
　(ア) 犯意誘発型ではない事案で、問題とされた捜査手法を違法としたも

---

7) 大澤裕「おとり捜査の許容性」平成16年度重要判例解説192。おとり捜査は、ある犯罪が行われると、その密行性などのゆえに、通常の捜査方法によってはその摘発が困難であると考えられる場合に、対象者がこれから行おうとしている犯罪を、捜査機関が把握できるかたちで行わせることによって、その対象者を検挙することを狙いとした捜査手法である。そうだとすれば、「犯意」のない者、つまり、これから犯罪を行う計画や意図さえない者について、犯罪を行わせてその者を検挙する必要性は認められないであろう。

8) 静岡地判平27・2・19 LEX/DB25505953は、警察官である被告人が、情報提供者である共犯者（Ａ）からの提案により、検挙実績を挙げる目的で、Ａが捜査費を原資として入手した覚せい剤を、Ａから後輩であるＢに無償で譲渡させたとして、覚せい剤取締法違反で起訴された事案である。静岡地裁は、被告人を有罪としたうえで、本件が、「犯意のない者に対し、捜査機関からの働きかけによって覚せい剤所持ないし使用の犯意を生じさせ、犯行に及んだところを検挙するという強度な犯意誘発型のおとり捜査である」との認定を行っている。仮に本件おとり捜査が適法であれば、本件譲渡行為は正当行為として違法性が阻却されることになるから、被告人を有罪とした本判決は、犯意誘発型の本件おとり捜査が違法であることを前提としたものといえよう。

のとして、鹿児島地加治木支判平29・3・24判時2343・107がある。事案は、以下のようなものであった。

　X（被告人）の自宅がある甲市付近で、平成28年3月から8月の間に、無施錠の自動車から現金等が盗まれる被害が10件発生した。捜査の結果、警察官らは、Xがこれらの車上狙いの犯人であるとの疑いを抱き、同年8月30日から9月3日までの間に、4回にわたり、警察官3、4名の態勢で、Xが徘徊する深夜に、張込みや尾行等による行動確認捜査を行った。それにより、Xが、午前3時30分頃に自宅を出て、徒歩又は婦人用自転車で付近を徘徊し、遅くとも午前6時30分頃までには帰宅すること、外出の際に、自宅から百数十メートルの位置にあるスーパーマーケットの駐車場付近をよく通ること、自動販売機の釣り銭口に手を入れたり、駐車中の他人の自動車の中を覗き込んだりすることがあること、といった行動が観察された。

　その後、9月6日の深夜に、警察官らは、4名態勢で、上記の駐車場において張込みを行うとともに、同駐車場に軽トラック1台を駐車した。同トラックは、無人であり、施錠もされておらず、その助手席上には発泡酒1箱とパンの入ったビニール袋が置かれていた。警察官らが張り込んでいたところ、午前3時30分頃、Xが自宅方面から徒歩で現れ、本件駐車場において上記軽トラックの車内を運転席ドアの窓越しに覗き込んだが、そのドアを開けることなく、そのまま駐車場を出て自宅方面へ立ち去った。午前6時25分頃、Xが自転車に乗って再び駐車場に現れ、上記軽トラックの運転席ドアを開けて上半身を同車内に入れ、助手席にあった発泡酒を両手で持ってそれを車外に持ち出したところで、警察官らは、その場でXを窃盗の現行犯人として逮捕した。

　こうした事案につき、弁護人は、本件において、警察官らは、警察官の使用車両であることを秘した自動車内に経済的に困窮していたXが盗みたくなるような本件発泡酒等を配置することにより、Xに車上狙いの実行を働き掛け、Xがこれに応じてその実行に出たところを現行犯逮捕したものであり、そのような捜査手法は、国家が犯罪を作り出し、また捜査の公正

を害するものであって違法であると主張した。それに対し、検察官は、本件発泡酒は、警察官が本件軽トラックを借用した謝礼としてその車内に積載していたものにすぎず、警察官はXに車上狙いの実行を働き掛けていないとして、弁護人の主張する事実関係自体を否定する反論を行った。

　本判決は、まず、警察官らは、本件当日、Xを車上狙いの現行犯で検挙する目的のもと、本件軽トラックを無人かつ無施錠の状態で駐車し、その助手席上に発泡酒やパンが放置された状況を作出したうえで、Xがこれに対して車上狙いの実行に出るのを待ち受けていたものと認められるとして、弁護人の主張に沿った事実を認定した。そのうえで、本件捜査のように、捜査機関又はその依頼を受けた捜査協力者が、捜査対象者が自己等に対する犯罪を実行しやすい状況を秘密裡に作出したうえで、同対象者がこれに対して犯罪の実行に出たところで現行犯逮捕等により検挙する捜査手法を、「なりすまし捜査」というとし、それは、任意捜査の一類型として位置付けられるとする。そして、こうした捜査手法が許容されるか否かは、本件捜査の必要性やその態様の相当性等を総合的に考慮して判断するのが相当であるとした。

　このように、本判決は、本件捜査について、「なりすまし捜査」という新たな概念を提示しているが、それは、平成16年決定によって、おとり捜査が、「捜査機関又はその依頼を受けた捜査協力者が、その身分や意図を相手方に秘して犯罪を実行するように働き掛け、相手方がこれに応じて犯罪の実行に出たところで現行犯逮捕等により検挙するもの」と定義されており、相手方に対する犯罪実行の働き掛けがその要素とされているのに対して、本件捜査においては、そうした働き掛けが行われておらず、おとり捜査には該当しないからであるとされている。もっとも、本判決は、そのうえで、両捜査手法は、いずれも、本来犯罪を抑止すべき立場にある国家が犯罪を誘発しているとの側面があり、その捜査活動により捜査の公正が害される危険を孕んでいるという本質的な性格は共通しているから、平成16年決定の示した前述の3つの要素は、「なりすまし捜査」の必要性及びその態様の相当性に関する判断のあり方を具体化するものとして、なお有

用であると解されるとする。

　それを前提に、本判決は、警察官らの尾行等によって把握されたＸの行動からすれば、Ｘは、機会があれば車上狙いを行う意思があると疑われる者にあたるといえるが、他方で、その犯罪傾向は、本件捜査を行わなくても早晩別の車上狙いを行うはずであるといえるほど強いものではないとする。そのうえで、本件における「なりすまし捜査」の必要性については、まず、そもそも、密行性が高く犯罪事実の把握すら困難な薬物犯罪等とは異なり、車上狙いは、被害者の申告等により捜査機関が犯罪の発生をほぼ確実に把握できる種類の犯罪であって、証拠の収集や犯人の検挙が困難な犯罪類型ではないとする。また、本件事案についてみても、警察官らにおいてＸの行動を追跡することは比較的容易であったことに加え、車上狙いは、一般に他者から観察しやすい犯罪であるから、仮にＸが車上狙いの実行に出た場合、行動確認捜査中の警察官らにおいてその犯行を現認することは十分可能であったこと、その一方で、Ｘに嫌疑が掛けられていた車上狙いの内容は、その被害額は概して少額であるうえに、その手口も単純なものであり、犯行頻度も約半年間に10件といった程度であったから、Ｘに対して「なりすまし捜査」を行わない場合に生じ得る害悪は大きなものとはいえないとする。これらの点を考慮すると、本件では、Ｘに機会があれば車上狙いを行う意思があると疑われることを踏まえても、「なりすまし捜査」を行うべき必要性はほとんどなかったと評価するのが相当であり、そうである以上、その捜査の態様のいかんにかかわらず、任意捜査として許容される範囲を逸脱しており、違法であるといわざるをえないとした。

　そして、①本件では「なりすまし捜査」を行うべき必要性がほとんどなく、適法手続からの逸脱の程度は大きいといえること、②本件捜査により国家が犯罪の発生を一定程度促進する結果となってしまっていること、③警察官らは、地道な捜査を厭い、手っ取り早くＸを検挙しようと考えて安易に本件の違法捜査に出たものであり、同警察官らには捜査方法の選択につき重大な過失があったといえること、④本件がそれほど重大な犯罪に関するものではないこと、⑤警察官らには、Ｘの検挙においてなりすまし捜

査を行った事実を捜査書類上明らかにせず、また公判廷においても同事実を否認する内容の証言をするなど、本件捜査の適法性に関する司法審査を潜脱しようとする意図が見られること等に照らすと、本件捜査の違法は重大であり、本件捜査により獲得された証拠を許容することは、将来における違法捜査の抑制の見地からして相当でないというべきであるとした。そして、本件捜査と直接かつ密接な関連性を有する証拠については、いずれも証拠能力を欠くものとして、証拠から排除するのが相当であるとし、そうすると、本件公訴事実については、Xの自白を補強すべき証拠がないとして、Xに無罪判決を言い渡した。

(イ) 本件のように、捜査機関が、対象者に対して犯罪を行うように直接に働き掛けるのではなく、対象者が犯罪を行いやすい状況を作り出したにとどまる場合、それが、平成16年決定がいうところの「犯罪を実行するように働き掛けた」ことにあたるのかについては、意見が分かれている[9]。もっとも、仮に、それには該当せず、おとり捜査にはあたらないとしても、本判決が述べるとおり、こうした捜査手法は、国家が一種の詐術を用いて相手方を犯行に導いているという点では、おとり捜査と共通の側面を有している。それゆえ、おとり捜査の違法性の実質的根拠を、本来、犯罪を取り締まるべき国家が、一種の詐術を用いて相手方を犯罪へと導く点において、捜査の公正さに反するという点に求める見解であれ、おとり捜査によって、刑事実体法が保護する法益の侵害が生じることに求める見解であれ、その根拠は、本判決がいう「なりすまし捜査」にも同様に妥当する[10]。それゆえ、当該捜査の適法性は、おとり捜査と同様に、上記の2つの要因の存在を前提としたうえで、なお当該捜査を行うべき必要性があり、かつ、2つの要因を考慮したうえで、当該捜査の具体的な態様が相当

---

9) 中島宏「おとり捜査に類する捜査手法の適法性」法セ750・110、丸橋昌太郎「違法な『なりすまし捜査』(おとり捜査)であるとして証拠排除して無罪とした事例」刑ジャ56・130。
10) 渡辺裕也「警察官が、車上狙いの犯人を検挙するために、助手席に発泡酒等を置いた無施錠の車両を駐車し、同車両の車上狙いに及んだ被疑者を現行犯逮捕した行為は、違法『なりすまし捜査』であるとされた事例」研修841・33。

であるといえるか否かで決まることになる。

　この基準に照らした場合、本件で行われたような「なりすまし捜査」は、捜査機関又は捜査協力者による相手方への積極的な働き掛けが行われていない点で、おとり捜査と比べて、国家機関による犯行の誘引の度合い、つまり、犯行への関与の程度が弱く、そのことが、態様の相当性を肯定する方向に働く。また、当該捜査によって引き起こされる法益侵害が人の生命や身体のような重大なものでなければ、その側面から直ちに相当性が否定されることもない。それゆえ、その適法性に関して実際に問題となるのは、まさに本件がそうであったように、当該事案において、こうした捜査を行う必要性がどの程度認められるかであろう。

　一般論としていえば、ここで問題となる当該捜査の必要性と態様の相当性は相関関係にあると考えられるから[11]、おとり捜査とは異なり、捜査機関による積極的な働き掛けのない「なりすまし捜査」については、同じ法益侵害が問題となる場合には、おとり捜査ほどの必要性は要求されないということができよう[12]。本判決も、このこと自体を否定しているわけではないと思われるが、本件では、①Xの犯罪傾向は、本件捜査を行わなくても早晩別の車上狙いを行うはずであるといえるほど強いものではないこと、②通常の捜査手法ではその捜査を遂げるのが特に困難であると認めるべき事情は見あたらないこと、③Xに嫌疑が掛けられていた車上狙いの内容は重大なものではないことから、「なりすまし捜査」を行うべき必要性はほとんどなかったとした。必要性を否定する判断においては、前述のとおり、②に関わる事情が詳細に認定されており、本判決は、この点を特に重視したものと考えられる。そして、必要性がほとんど認められない以上、態様の相当性を問題とするまでもなく、本件捜査は違法であると判示したのである。

　本判決のこの判断に対しては、「なりすまし捜査」についても、おとり

---

11) 池田修「いわゆるおとり捜査の適否」新関雅夫ほか『増補 令状基本問題（上）』（一粒社、1996年）41。
12) 渡辺・前掲注10) 37。

捜査について平成16年決定が適法性判断の一要素とした「通常の捜査方法のみでは当該犯罪の摘発が困難である」という基準と同様の基準が用いられている点を批判する意見もある[13]。しかし、国家が犯罪を誘引し、法益侵害の危険を惹起するという、おとり捜査と「なりすまし捜査」に共通する問題点からすれば、通常の捜査方法のみでは当該犯罪の摘発が困難であるという点は、当該捜査の必要性を基礎づける不可欠の要素として、「なりすまし捜査」にも求められるべきものであろう。両者に違いがあるとすれば、どのような場合に通常の捜査方法のみでは当該犯罪の摘発が困難であるといえるかの判断基準であり、「なりすまし捜査」の場合は、その認定がおとり捜査ほどには厳格でなくてもよいと考えられる。本件についても、警察官らが、本件「なりすまし捜査」の実施までに、4回にわたり、Xの行動確認捜査を行ったにもかかわらず、犯行場面を現認できなかったわけであり、その意味で、通常の捜査方法のみでは当該犯罪の摘発が困難であるという認定が可能であったともいえるのではないかと思われる。

(3) その他の事案

(ア) 以上の2つの事案は、おとり捜査ないし「なりすまし捜査」の対象者との関係で、それらの捜査が違法とされたものであった。これに対し、捜査機関が、捜査協力者に対して、犯罪計画の実行を要請し、それに着手させたことが、捜査協力者との関係で違法であると判断した裁判例が、福岡高判平23・2・3判タ1372・101である。事案は、以下のようなものであった。

暴力団幹部であるAは、平成19年7月21日深夜から翌22日未明にかけて、X、Yほか2名を集めて、佐賀市内にあるV宅を下見するとともに、同宅に押し入り強盗する計画を伝え、その謀議を行い、22日の昼間に計画を実行することを決めた。ところが、Xの都合が悪くなり、本件強盗計画の実行は延期となった。その後、Xの代わりにZが実行役として加わり、同月28日に、本件強盗計画を実行することが決まった。

---

13) 渡辺・前掲注10) 43。

28日午前9時過ぎ頃、Yは、かねて面識のあった警察官に電話し、本件強盗計画について話した。その後、佐賀警察署から呼び出しがあったため、Yが出頭したところ、警察官による取調べが行われ、強盗予備事件の自白調書が作成された。

　佐賀警察署刑事第一課長であるKらは、「Yが犯行使用予定車両であるワゴンにて共犯者を迎えに行き、共犯者と犯行現場に臨場した時点で身柄確保する」という捜査方針を決定し、Yは、本件捜査に協力することとなった。

　Yは、佐賀警察署を出ていったん自宅に戻り、ワゴンに乗り換えて自宅を出発し、甲駅付近で共犯者2名を、V宅近くのスーパーマーケットの駐車場で共犯者1名をそれぞれ乗せ、V宅に向かった。そして、本件車両がV宅前に停車したところで、Yら4名は、配備中の警察官から職務質問を受け、佐賀警察署に任意同行され、その後、強盗予備の嫌疑で逮捕された。Yの逮捕の被疑事実は、7月28日より前の予備行為であり、他の共犯者3名の被疑事実とは異なっていた。また、翌29日に、Aが強盗予備の嫌疑で逮捕された。

　その後、Yは、上記強盗予備の被疑事実で勾留されたが、8月17日に不起訴処分（起訴猶予）となり、釈放された。Yは、佐賀警察署により、おとり捜査（Yに計画どおり行動させることにより、共犯者を特定し、検挙する方法による。）に協力させられたうえ、身柄拘束までされ、精神的苦痛を受けたなどと主張して、国家賠償請求訴訟を提起した。

　これに対し、本判決は、本件のような捜査手法が違法となりうるかにつき、一般論として、次のように述べた。

　「警察は、個人の生命、身体及び財産の保護に任じ、犯罪の予防及び鎮圧等に当たることをもってその責務とするところ（警察法2条1項）、警察官が、犯意を喪失して警察に犯罪計画を申告した者（以下、単に「協力者」ともいう。）に対して当該犯罪計画の実行又は続行を要請してこれに着手させることは、実質的に当該犯罪行為を教唆し犯罪を作出するものであるから、それが犯罪の予防及び鎮圧等にとって必要であり、かつ、ほかに採

り得る方法がないという場合でない限り、警察官としての職務上の義務に反するものというべきである。

　他方、協力者は、犯意を喪失して、犯罪を予防し鎮圧すべき警察に犯罪計画を申告しているのであるから、警察官がそのような協力者に対して当該犯罪計画の実行又は続行を要請してこれに着手させることは、協力者の側から執拗にこれを申し出るなどしたために警察官においてやむを得ず行ったなどの特段の事情がない限り、犯意を喪失した協力者が犯罪をするよう翻意させられないという利益を不当に損なうものといわなければならない。そして、上記警察法の趣旨及び刑罰法規が法益侵害の抑止を目的としていることなどにかんがみると、協力者の上記利益は、法的保護に値する人格的利益であると解するのが相当である。

　したがって、警察官が、その職務上の義務に反し、協力者に対して当該犯罪計画の実行又は続行を要請してこれに着手させたときは、上記特段の事情がない限り、協力者の上記人格的利益を侵害するものとして国家賠償法上違法となるというべきである。」

　そのうえで、本判決は、まず、本件の事実関係として、Ｙは、警察に本件強盗計画を申告し、自首しており、７月28日の本件強盗計画に係る強盗行為を行う意思はなかった（犯意を喪失した）にもかかわらず、捜査官は、Ｙに対して本件強盗計画の続行を要請してこれに着手させたものであると認定した。そして、警察は、Ｙからの事情聴取等により被害者宅を特定していたのであるから、被害者宅を警備することなどにより28日の本件犯行を阻止することができたこと、また、警察は、その後も、被害者宅の警備を継続しつつ、Ｙをさらに取り調べるなどして共犯者についての捜査を進めることで本件強盗計画に基づく犯行を抑止しつつ共犯者を検挙することができたものと考えられることから、Ｙに対して本件捜査協力を要請してこれに着手させることが犯罪の予防及び鎮圧等にとって必要であったということはできず、それゆえ、本件の捜査官は、警察官としての職務上の義務に反して、Ｙの前記人格的利益を違法に侵害したものといえるとして、Ｙの請求を認めた。

(ｲ) 本件は、共犯事件において、犯罪を行う意思を喪失して、犯行計画を警察官に知らせた者に対して、その他の共犯者を確実に検挙するために、当該犯罪計画の続行を要請し、それに着手させた捜査手法につき、その適法性が、捜査協力を求められた者との関係で問題とされたという特殊な事案である。Y以外の共犯者との関係では、それらの者が知らない間に、Yが捜査に協力する立場に変えられているという意味で、捜査機関による一種の詐術が用いられているとはいえ、捜査機関が行ったことは、既に存在した犯行計画の遂行を止めないというものであって、それは一種の泳がせ捜査にあたる。この場合、捜査機関は、犯罪の実行を積極的に働き掛けてもいなければ、犯行を誘引するような状況を作り出してもいない[14]。それゆえ、他の共犯者を特定し、確実に検挙するために本件捜査が必要であると認められるのであれば、Y以外の共犯者との関係で、本件捜査が違法となることはないと考えられる。

問題は、捜査協力を要請されたYとの関係であるが、Yは事情を知ったうえで捜査に協力しているわけであるから、そこに詐術的要素は存在しない。また、泳がせ捜査の過程で関係者に捜査協力を求めることは、しばしば行われることであり、それが真に同意に基づくものであれば適法といえる。したがって、ここでの問題は、対象者が犯罪を行うことになるような捜査協力を求めることの適否ということになろう。本判決の述べる「犯意を喪失した協力者が犯罪をするよう翻意させられない利益」というものを想定するか否かにかかわらず、国家機関が、捜査協力者に犯罪を行わせていることは間違いないから、それ自体の当否が問題となりうるからである。

この点については、おとり捜査の過程で、捜査協力者が犯罪にあたる行

---

14) 第1審において、被告（佐賀県）は、本件で行われたような捜査手法は、「犯行が生じること（おそれ）が明らかであるが、被疑者が不明・所在不明等である場合に、被害者や関係者にあえて被疑者の指示どおりに行動してもらい、被疑者が臨場し犯行に着手したところを現認の上摘発する」という、実務上「現場設定」と呼ばれているものであり、任意捜査として当然に許容されるものであると主張していた。

為を行う場合を想定すれば明らかなように、犯罪行為を伴う捜査協力を要請することが当然に違法となるというものではない。それゆえ、その適否は、そのような捜査協力の要請を含む捜査全体の適法性にかかることになろう。本件の事案に即していうなら、本判決が述べるように、Yに対して本件捜査協力を要請してこれに着手させなくても、本件強盗計画に基づく犯行を抑止しつつ共犯者を検挙することができたといえるかどうか、裏返していえば、本件捜査方法が、本件犯行の抑止と共犯者の検挙に必要であったと評価できるかによることになる。

第5講　サイバー犯罪の捜査

I　はじめに

　一般にサイバー犯罪と呼ばれるものの中には、コンピュータ・電磁的記録対象犯罪（電磁的記録不正作出・毀棄、電子計算機使用詐欺、不正指令電磁的記録作成等）、支払用カード電磁的記録に関する罪、不正アクセス禁止法違反、ネットワーク利用犯罪などが含まれる[1]。このうち、ネットワーク利用犯罪とは、インターネットを利用した詐欺や児童買春・児童ポルノ禁止法違反等の、コンピュータ・ネットワークを不可欠な手段として利用した犯罪をいい、その検挙件数は全体として増加傾向が続いている[2]。

　こうした犯罪を指し示すものとして、かつては、コンピュータ犯罪ないしハイテク犯罪という言葉が用いられることが多かった。これは、コンピュータの普及に伴い、それまでとは異なる形態の犯罪が発生するようになったことに対応したものであり、それらは、大きくは、①コンピュータを対象とする犯罪、②コンピュータを手段とする犯罪、③コンピュータが付随的役割を担う犯罪の3つに分類できるとされた[3]。その後、コンピュータという装置自体だけでなく、インターネットに代表される、コンピュータ・ネットワークが急速に発展することになり、それを不可欠な手段として利用する犯罪が増大することになった。サイバー犯罪という用語は、まさにそれに呼応するかたちで登場してきたものである。

　こうした犯罪情勢の変化に対応して、実体法上は、まず、昭和62（1987）

---

1)「平成30年版犯罪白書」161以下。
2) 前掲注1) 162。
3) 安東美和子＝遠藤隆行「米国におけるコンピュータ犯罪の捜査（法務総合研究所研究部資料48）」12。

年に、電磁的記録不正作出罪や電子計算機使用詐欺罪等を創設する刑法の改正がなされた。さらに、平成23(2011)年には、欧州評議会のサイバー犯罪条約を批准するための法整備の一環として、刑法の改正がなされ、不正指令電磁的記録（コンピュータ・ウイルス）作成等に対する処罰規定が置かれることになった。他方、手続法上の対応としては、同年に、上記の刑法改正とあわせて、サイバー犯罪に対処するための捜査手段を導入する刑訴法の改正がなされた。

II　平成23年刑訴法改正

1　改正の背景

　サイバー犯罪は、それを立証するための有力な証拠となるのが、主に電磁的記録（電子データ）であるという特色を有している。そして、このことは、その捜査にあたって、次のような、従来とは異なる取扱いの必要性を生じさせる。

　第1に、電磁的記録は、例えば紙面に印刷された文字情報とは異なり、記録媒体と物理的に結合していないため、容易に当初の記録媒体から離れてその所在場所が変動する。加えて、コンピュータ・ネットワークの拡大とクラウドの普及により、証拠となる電磁的記録が、被疑者等の生活圏を離れたサイバー空間に存在することが一般的になってきた。しかも、クラウドでは、ある時点で、特定のデータがどのハードウェアに記録されているのかが直ちにはわからないのが通常である。こうした状況のもとでは、有体物たる記録媒体とは別に、電磁的記録そのものを対象とする処分を想定しやすいし、また、その実際上の必要性も高まることになる。

　第2に、電磁的記録は、それ自体としては可視性、可読性を欠くものであるため、それを実際に捜査に利用するためには、何らかのかたちで可視性、可読性のある状態に変換しなければならない。しかし、その一方で、電磁的記録は、様々な技術的手段によってそれへのアクセスを困難にすることが可能であり、その結果、事案によっては、捜査機関自らが、その障

害を除去し、電磁的記録を可視性、可読性のある状態にすることが不可能ないし著しく困難な場合も生じる。このような状況のもとでは、既存の強制処分の枠組み、すなわち、捜査機関が対象者の意思に反してでも一定の処分を行うことができ、対象者はそれを受忍しなくてはならないという枠組みでは、証拠の効率的かつ十分な収集と保全がなしえない事態が生じてくる。

　第3に、電磁的記録は、瞬時にして、消去、改変が可能なものであるうえに、その痕跡が残らない。それゆえ、それを緊急に保全する必要性が、文書などに比べて類型的に高いといえる。

　そして第4に、コンピュータ・ネットワークないしサイバー空間は、国境のない世界である。そこでは、電磁的記録が容易に国境を越えて移動するため、証拠となるべき電磁的記録が外国の領域内にあるハードウェアに記録されており、それを捜査のために獲得する必要が生じる度合いが高くなる。他方で、目的とする電磁的記録の獲得は、有体物を取得する場合とは異なり、場合によっては、他国の領域内に物理的に侵入することなく、ネットワークを通じてもなしうる。そこから、国境をまたいだ捜査権限の行使について、これまでとは異なる規律が必要とされるのではないかという問題が生じてくるのである。

　このように、主たる証拠が電磁的記録であるサイバー犯罪に対しては、有体物を対象とした既存の刑訴法の規定によっては対応が困難な事態、あるいは的確な対応ができない事態が生じることは避け難いものであった。そこで、こうした事態に対応することを目的として、平成23年に刑訴法の改正がなされることになった。

2　改正の内容

(1)　電磁的記録に係る記録媒体の差押えの執行方法

　犯罪事実の立証のために特定の電磁的記録が必要であるという場合、現行法では、有体物しか差押えの対象とならないため、その電磁的記録が記録された記録媒体を差し押さえるかたちがとられる。しかし、例えば、プロバイダーが管理するサーバに当該電磁的記録が記録されている場合を想

定すれば明らかなように、記録媒体の差押えがなされることにより、被処分者に極めて大きな不利益が生じる一方で、捜査機関としても、記録媒体を差し押さえなくても、電磁的記録さえ取得できれば十分であるという場合もある。

　従来は、こうした事例では、捜査機関から、予めプロバイダーに連絡して、必要な電磁的記録を他の記録媒体に複写又は印刷しておいてもらい、その記録媒体を差押対象物とした令状を得たうえで、それを差し押さえるという運用がなされていた[4]。これにより、上記の問題は解決できるわけであるが、こうした対処が可能なのは、あくまで被処分者が協力的な場合に限られる。

　そこで、刑訴法の改正により、一般的に、差し押さえるべき物が電磁的記録に係る記録媒体であるときは、その差押えに代えて、そこに記録された電磁的記録を他の記録媒体に複写等したうえで、その記録媒体を差し押さえることを認める規定が置かれた（110条の2・222条1項）。つまり、コンピュータ等の記録媒体を対象とした差押令状が発付されている場合に、捜査機関が、その執行に際して、それを差し押さえることは不要で、そこに記録された電磁的記録さえ取得できれば十分であると判断したときに、特別な執行方法を認めるものである。元々の令状は、コンピュータ等を差押対象物としたものであり、それによって、差押対象物として記載されたコンピュータ等とは異なる記録媒体を差し押さえることはできないため、こうした規定を設ける意味があることになる。そして、この措置は、被処分者が電磁的記録の複写等に応じない場合であっても、捜査機関自らがそれを行ったうえで実施することができる。

(2) 記録命令付差押え

　捜査機関が、犯罪事実の立証のために必要な電磁的記録が記録された記録媒体を特定することができれば、それを差押対象物とする令状を取得し、その差押えを通じて、又は、前記のとおり、当該電磁的記録を複写等

---

4) 杉山徳明＝吉田雅之「情報処理の高度化等に対処するための刑法等の一部を改正する法律について（下）」曹時64・5・57。

した記録媒体を差し押さえることにより、目的とする電磁的記録を取得することができる。しかし、事案によっては、必要な電磁的記録が記録された記録媒体を特定することができないこともある。こうした場合にも、従来は、(1)の場合と同様に、捜査機関から、予めプロバイダー等に連絡して、必要な電磁的記録を他の記録媒体に複写等しておいてもらい、その記録媒体を差押対象物とした令状を得たうえで、それを差し押さえるという運用がなされていた。しかし、こうした措置が可能なのは、相手方が協力的な場合に限られるし、(1)の場合とは異なり、当該電磁的記録が記録された記録媒体を特定できないと、差押令状自体を取得することができないため、その発付の可能性を背景にプロバイダー等の協力を得ることも難しくなる。

　そこで、刑訴法の改正により、記録命令付差押えの制度が導入されることになった（99条の2・218条1項）。これは、電磁的記録を保管する者その他電磁的記録を利用する権限を有する者に命じて、必要な電磁的記録を他の記録媒体に記録させ、又は印刷させたうえで、その記録媒体を差し押さえるというものである。令状には、「記録させ若しくは印刷させるべき電磁的記録」を特定して記載することが必要とされる（219条1項）。この処分の導入により、例えば、複数の記録媒体に分散して保管されている電磁的記録から、必要な電磁的記録を作成させたうえで、それを記録した記録媒体を差し押さえるといったことも可能となった。

　本処分は、記録命令付差押えという名称が示すように、現行法の強制処分の枠組みになるべくあわせるという観点から、最後は、有体物たる記録媒体の差押えというかたちをとっているが、その実質は、電磁的記録の提出命令と位置付けられるものである。ただし、この記録命令は、それを物理的に強制できるものではないし、相手方がそれに応じない場合の制裁規定も置かれていない。

　以上の2つの規定は、捜査機関として、コンピュータ等の記録媒体ではなく、そこに記録された電磁的記録のみを取得すれば捜査目的を達成できるという場合にとりうる新たな措置を、明文で認めたものである。サイ

バー犯罪の捜査においては、有体物である記録媒体とは独立に、電磁的記録そのものを対象とする処分が想定しやすいという特色から生じる問題の一つに対応したものといえるが、差押えの対象は有体物であるという前提はなお維持されている。

(3) **電磁的記録に係る記録媒体の差押えを受ける者等への協力要請**

電磁的記録は、それを実際に捜査に利用するためには、何らかのかたちで可視性、可読性のある状態に変換しなければならない。しかし、例えば、電磁的記録が記録されたコンピュータ等について、ログインのためのIDやパスワードが設定されており、それを直ちに解読することができない場合など、事案によっては、捜査機関自らが、電磁的記録を可視性、可読性のある状態にすることが不可能ないし著しく困難な場合もある。こうした事態に対処するために導入されたのが、電磁的記録媒体の差押えを受ける者等への協力要請の規定である（刑訴法111条の2・142条・222条1項）。

これまでは、刑訴法上の強制処分は、被処分者に受忍を強いるだけのものであったが、この規定により、限定された範囲ではあるものの、被処分者に積極的な行為を求めることができるようになった[5]。協力要請がなされた場合、相手方は協力をする法的義務を負う[6]。ただし、協力を物理的に強制することはできないし、協力を拒否した場合に罰則等の制裁が科されるわけではない。

(4) **通信履歴の保全要請**

コンピュータ犯罪やサイバー犯罪については、その匿名性ゆえに、犯人の特定等のために、電気通信の送信元、送信先、送信日時等の通信履歴を取得する必要性が高い。その一方で、通信履歴についても通信の秘密の保障が及ぶとされていることから、例えば、プロバイダーは、課金業務のために必要な一定の期間が過ぎれば、それを消去するという運用を行ってい

5）通信傍受法には、捜査機関が、通信事業者等に対して、傍受の実施に関し、傍受のための機器の接続その他の必要な協力を求めることができるとする、通信事業者の協力義務を定めた規定が置かれている（12条）。

6）杉山＝吉田・前掲注4）96頁。

る。そこで、捜査機関が、後に、差押えや記録命令付差押えをするため必要がある場合に、通信事業者等に対し、その業務上記録している通信履歴の電磁的記録のうち必要なものを特定したうえで、30日を超えない期間（通じて60日を超えない範囲で延長も可能）を定めて、これを消去しないよう求めることができるものとされた（刑訴法197条3項・4項）。これは、通信事業者に暫定的に通信履歴の保管をしておいてもらうものであり、実際に通信履歴を取得する必要が出てきた場合には、令状を得たうえで、差押え又は記録命令付差押えを行うことになる[7]。

(5) リモートアクセス

ア　制度の概要

平成23年の刑訴法改正で導入されたもう一つの制度が、いわゆるリモートアクセスである（99条2項・218条2項）。こうした制度が創設された背景には、コンピュータ・ネットワークの発展により、ネットワークに接続したかたちでコンピュータを利用することが一般的になっており、それに伴って、コンピュータで処理すべき電磁的記録を、ネットワークを利用することにより、物理的に離れた様々な場所にある記録媒体に送って保管す

---

7) 通信履歴（ログ）の保存については、個別の事件において捜査に必要がある場合に保存を要請することとは別に、将来、捜査に必要となる場合に備えて、恒常的に、通信事業者に一定期間の保存を義務付ける制度の導入が問題とされている。平成25年12月に閣議決定された「『世界一安全な日本』創造戦略」においても、「サイバー犯罪に対する事後追跡可能性を確保するため、……関係事業者における通信履歴等の保存の在り方について、所要の措置を講ずることができるよう検討を行い、可能な範囲で速やかに一定の結論を得る」との規定が置かれていた。その後、関係する官庁等で検討がなされたが、具体化には至らず、その結果、現時点では、犯罪捜査目的か否かを問わず、ログの保存義務を定めた法令の規定は存在していない。「電気通信事業における個人情報保護に関するガイドライン」において、電気通信事業者は、通信履歴については、課金、料金請求、苦情対応、不正利用の防止その他の業務の遂行上必要な場合に限り、記録することができる旨が規定されており（32条1項）、その解説においては、例えば、通信履歴のうち、インターネット接続サービスにおける接続認証ログの保存については、電気通信事業者が業務の遂行に必要とする場合、一般に6か月程度の保存は認められ、適正なネットワークの運営確保の観点から年間を通じての状況把握が必要な場合など、より長期の保存をする業務上の必要性がある場合には、1年程度保存することも許容されるとされている。

るとともに、ネットワークを通じて、その変更や消去をすることが一般化しているという状況がある[8]。こうした場合、それらの電磁的記録は、元々のコンピュータとは別の記録媒体に記録されているものであるため、元々のコンピュータを差押対象物とする差押令状によっては、それを取得することはできない。その取得のためには、当該電磁的記録が記録されている記録媒体を差し押さえる必要があるが、その特定が困難な場合も多いうえに、仮にそれを特定できたとしても、様々な場所にある多数の記録媒体について差押えを行うことが求められる事態も生じうる。さらに、強制捜査に着手したことが被疑者に察知されると、前述した電磁的記録の性質から、証拠となる電磁的記録が瞬時にして移転又は消去されるというおそれもある。

　捜査機関が取得しようとする電磁的記録が記録された記録媒体を個別に差し押さえるという従来の方法では、こうした問題があったため、新たに、差押対象物が電子計算機であるときは、当該電子計算機とネットワークで接続された他の記録媒体に記録されている電磁的記録を当該電子計算機又は他の記録媒体に複写したうえ、これを差し押さえることができる処分（リモートアクセス）が導入されることになった[9]。

　ここで想定されている処分は、例えば、被疑者が勤務先等で使用しているコンピュータに対する差押令状を得た場合に、そのコンピュータと社内LANでつながっているファイルサーバであって、令状に記載された差押対象物であるコンピュータで作成・変更をした電磁的記録又は当該コンピュータで変更・消去をすることができることとされている電磁的記録を保管するために使用されていると認めるに足りる状況にあるものから、そこに記録された電磁的記録を、ネットワークを通じて差押対象物であるコンピュータにダウンロードしたうえで、そのコンピュータを差し押さえるというものである。ただし、この処分を行うためには、令状に、差し押さえるべきものとして、元々のコンピュータを特定して記載することに加え

8）杉山＝吉田・前掲注4）95。
9）杉山＝吉田・前掲注4）96。

て、接続先のコンピュータであって、電磁的記録を複写すべきものの範囲を記載する必要がある（刑訴法219条2項）。それによって、その部分に、被疑事実と関連する電磁的記録が記録されている蓋然性があるかどうかの司法審査がなされることになる。

接続先の記録媒体をどのように特定するかについては、サーバ自体が特定されている場合には、例えば、「当該サーバの記録領域であって、被疑者が使用するパソコンにインストールされている、そのサーバにアクセスするためのアプリケーションソフトに記録されているIDに対応するもの」といった記載がなされることになろう。サーバが特定されていない場合には、IDのみによって特定することになる。また、具体的なIDが事前に判明していない場合は、令状には「被疑者が使用するID」と記載するしかないが、こうした記載も、差押えの現場で被処分者から説明を受けてそれを具体的に特定できるような場合には許されると考えられている[10]。

イ　複写可能な電磁的記録

本処分は、電子計算機で処理すべき電磁的記録を物理的に離れた場所にある記録媒体に保管することが一般的になっている現状にかんがみて、コンピュータ等の差押えにあたり、その範囲をそれと一体的に使用されている記録媒体にまで拡大するというものである[11]。そこから、それは、いわば、当該記録媒体をネットワークを通じて差し押さえるものであると捉えたうえで、令状に記載された、接続先の記録媒体であって、その電磁的記録を複写すべきものの範囲に記録されている電磁的記録については、それらを一括して、差押対象物であるコンピュータ等に複写することが認められるという解釈もありえないではない。しかし、本処分は、あくまで個々の電磁的記録の複写を認めたものであるということから、接続先の記録媒体から複写が可能なのは、被疑事実との関連性があるものに限られるとされている[12]。

もっとも、そのうえで、本処分の対象となるのは、差押えの対象である

---

10) 杉山＝吉田・前掲注4）109。
11) 杉山＝吉田・前掲注4）103。

コンピュータで作成もしくは変更をした電磁的記録又は当該コンピュータで変更もしくは消去をすることができることとされている電磁的記録に限られており、このような電磁的記録については、通常、被疑事実との関連性があると考えられるうえに、差押えの現場において、被疑事実との関連性の有無を逐一確認することを要求するのは、捜査における迅速性の要請に反するだけでなく、不可能を強いることにもなりかねないから、個々の電磁的記録について、個別に被疑事実との関連性の有無を判断しなければならないわけではないとされる[13]。

この点に関し、大阪高判平30・9・11裁判所ウェブサイトでは、「差し押さえるべき電子計算機に電気通信回線で接続している記録媒体であって、その電磁的記録を複写すべきものの範囲」として、「1　差し押さえるべきパーソナルコンピュータ及びスマートフォン、タブレット端末からの接続可能なファイル保管用のサーバの記録媒体の記録領域であって、当該パーソナルコンピュータ等の使用者に使用されているもの　2　差し押さえるべきパーソナルコンピュータ及びスマートフォン、タブレット端末からの接続可能なメールサーバの記録媒体の記録領域であって、当該パーソナルコンピュータ等の使用者のメールアドレスに係る送受信メール、その他の電磁的記録を保管するために使用されているもの」との記載がなされている令状に基づき、捜査機関が、対象となる記録領域内に保存されている電磁的記録について、被疑事実との関連性の有無を個別に確認することなく一括して複写した措置の適法性が問題とされた。大阪高裁は、上記の見解に依拠して、一般論として、そのような措置も許されるとしたうえで、本件においても、本件捜索差押許可状において、リモートアクセスによる電磁的記録の複写の処分が許可されている記録媒体の記録領域については、被疑事実との関連性を有する情報が記録されている蓋然性が相当高かったといえるうえに、当該記録媒体の記録領域については、保存されている情報が極めて多量に上ることも考えられ、複写に先立って被疑事実と

12）杉山＝吉田・前掲注4）103。
13）杉山＝吉田・前掲注4）103。

の関連性を個別に確認しようとすれば、それ自体に相当長時間を要するのみならず、本件の証拠構造上、捜査官らがその場で直ちに当該情報の収集の要否を判断することは困難であったといえ、さらに、確認作業を行う間に情報の毀損、改変が生じるおそれも大きかったといえるから、それは適法であったとした。

Ⅲ　その後の展開

1　リモートアクセスの限界

　平成23年改正法の施行後も、スマートフォンの普及などと相まって、コンピュータ・ネットワークの利用は拡大の一途をたどっている。改正法で導入された新たな制度のうち、リモートアクセスについていえば、例えば、メールに係る電磁的記録に関しては、それを手元のパソコンやスマートフォンでなく、サーバで処理するのがむしろ一般的になっている。こうした現状にあわせて、捜査実務においては、コンピュータを差押対象物とする場合には、同時にリモートアクセスの許可も得ておくのが一般的な運用となっている。

　前述のとおり、リモートアクセスは、捜査機関が、捜索・差押えの現場で、差押えの対象とされているパソコン等を起動させたうえで、そこから、電気通信回線でつながったサーバ等の記録領域にアクセスできることを前提としたものである。しかし、通常、パソコンにログインするためにはIDやパスワードを入力する必要があり、また、サーバの記録領域にアクセスするためにも、IDやパスワードの入力を求められる。それが予め判明している場合や、そうでなくとも、現場で被処分者等からそれを聞き出すことができる場合はよいが、それを拒否された場合、現行法上その開示を強制する手段はないから、捜査機関がリモートアクセスを実施できないという状況も生じうる。こうした事案で、捜査機関がとった措置が問題とされたのが、東京高判平28・12・7東高刑時報67・1＝12・177である。事案は、以下のようなものであった。

神奈川県警察本部の警察官らは、平成24年9月18日、いわゆる携帯電話不正利用防止法違反及び偽造有印公文書行使幇助を被疑事実とする捜索差押許可状（以下、「本件捜索差押許可状」という。）に基づき、X（被告人）方等を捜索し、ノート型パソコン（以下、「本件パソコン」という。）等を差し押さえた。

　本件捜索差押許可状には、刑訴法219条2項の「差し押さえるべき電子計算機に電気通信回線で接続している記録媒体であって、その電磁的記録を複写すべきものの範囲」として、「メールサーバの記録領域」等が具体的に記載されており、リモートアクセスによる複写の処分が許可されていた。しかし、本件捜索・差押えの時点では、本件パソコンにログインするパスワードが判明していなかったため、警察官らは、リモートアクセスによる複写の処分を行うことができなかった。

　その後、警察官らが、差し押さえた本件パソコンを解析したところ、偽造文書を作成、販売するとしている「M」と称するインターネットサイト（以下、「Mサイト」という。）によって、注文の連絡先とされていたメールアドレス（以下、「Mメールアドレス」という。）のアカウント（以下、「Mアカウント」という。）へのアクセス履歴の存在等が認められた。そこで、警察官らは、本件パソコンからインターネットに接続し、メールサーバにアクセスすることを検討し、その結果、メールサーバにアクセスしてログイン状況等の証拠を保全することは、本件パソコンを操作した結果を検証するものであり、メールサーバへのアクセスも検証のために必要な処分として許容されるとの結論に至った。

　また、警察官らは、Mアカウントに係るメールサーバが米国法人であるG社のものであることから、これにアクセスすることの当否についても検討し、G社に対してサーバの所在地がどこであるかの確認をした。しかし、同社からは、サーバの所在地を明らかにすることはできないとの回答があったため、さらに検討し、サーバは必ずしもアメリカ合衆国にあるものではないので、その点についても問題ないとの結論に至った。

　こうした経緯を経て、警察官らは、11月16日に、Mアカウントにログイ

ンする旨も記載した捜査報告書を添付して、前記の事実を被疑事実とする検証許可状の発付を請求し、同日、本件パソコンを「検証すべき物」とする検証許可状（以下、「本件検証許可状」という。）の発付を得た。

　警察官らは、本件パソコンを解析することによりMアカウントにログインするためのパスワードを把握したうえで、同月18日、本件検証許可状に基づき、本件パソコンの内容を複製したパソコンからインターネットに接続し、Mアカウントにログインし、Mメールアドレスに係る送受信メールを抽出してダウンロードし、保存するという本件検証を行った。

　その後、Xは、①有印公文書である国立大学の学生証2通、危険物取扱者免状1通、自動車運転免許証2通及び有印私文書である私立大学の卒業証明書2通をそれぞれ偽造した事実、並びに②共犯者らと共謀のうえ、建造物損壊3件及び非現住建造物等放火1件を行った事実により起訴された。このうち、①の偽造関係事件は、Mサイトを閲覧した者が、同サイトの注文者連絡先に記載されたMメールアドレスに宛てて、偽造文書の作成を依頼し、その依頼を受けたXが、依頼に係る各文書を偽造したというものであり、②の建造物損壊・放火関係事件は、Mサイトのスタッフ募集の記事を閲覧したAらが、それぞれMメールアドレス宛てに仕事の応募をしたところ、Xから、各建物への放火等を指示され、Aらが、これに応じて、各犯行の実行に及んだというものである。Xは、いずれの事件についても犯行への関与を否定するとともに、警察官らが行った本件パソコンの検証が違法であるとして、検証の結果及び関連する証拠の排除を主張した。

　これに対し、第1審判決（横浜地判平28・3・17判時2367・115）は、まず、本件検証が許されるかについて、概ね次のように述べた。

　捜査の対象とされたコンピュータから、インターネットによって接続されているメールサーバにアクセスすることは、当該メールサーバの管理者等の第三者の権利・利益を侵害し得るものであることを踏まえて、刑訴法218条2項において、電子計算機の差押えの際におけるいわゆるリモートアクセスによる複写の処分が認められている。このリモートアクセスによる複写の処分は、電子計算機の差押えに先立って行われるものであり、差

押終了後に行うことは想定されていない。しかるに、本件では、リモートアクセスによる複写の処分が記載された本件捜索差押許可状の執行を終了した後に、本件パソコンを「検証すべき物」とする検証許可状に基づく検証における必要な処分としてリモートアクセスを行っている。しかし、捜査機関が検証許可状に基づいてパソコンの状態を検証する権限を有することとなったとしても、そのパソコンからインターネットに接続し、メールサーバにアクセスすることが当然に認められるものでないことは、前述の刑訴法の規定の趣旨からしても明らかである。そして、メールサーバ上のメール送受信履歴及び内容は、メールサーバの管理者等以外の他人に閲覧されることを予定しないものであり、捜査機関が、それを閲覧したうえ、内容を保存するという本件検証は、メールサーバの管理者等の第三者の権利・利益を侵害する強制処分にほかならず、捜査機関が、このような強制処分を必要な司法審査を経ずに行ったということは、現行の刑訴法の基本的な枠組みに反する違法なものであったといわざるを得ない。

　第1審判決は、これに加えて、本件検証においてアクセスしたサーバが外国にある可能性が高く、それにアクセスすることは他国の主権に対する侵害が問題となり得るものであったことからすると、警察としては、国際捜査共助を要請する方法によることが望ましく、本件のようにリモートアクセスによる複写の処分を行うことは避けるべきであったとの指摘も行った。

　そのうえで、本件検証は、刑訴法の基本的な枠組みに反して、第三者の権利・利益を司法審査を経ずに侵害したもので、違法性が大きいうえに、そのような違法な捜査を行った警察官らの姿勢においても、主権侵害の問題などの様々な問題点に適切な配慮をすることなく、捜査の目的を優先させたものであって、令状主義に関する法令を遵守する姿勢が欠けていたことは否定できないから、本件検証の違法性の程度は重大なものであり、令状主義の精神を没却するとの評価を免れないとして、検証調書及び本件検証の結果得られたデータ等をまとめた各捜査報告書の証拠能力を否定した。ただし、その余の証拠によっても起訴事実は認定できるものとして、

Xに有罪判決を言い渡したため、弁護人が控訴を申し立てた。
　これに対し、東京高裁は、次のように述べて、原判決を支持する判断を示した。
　「本件検証は、本件パソコンの内容を複製したパソコンからインターネットに接続してメールサーバにアクセスし、メール等を閲覧、保存したものであるが、本件検証許可状に基づいて行うことができない強制処分を行ったものである。しかも、そのサーバが外国にある可能性があったのであるから、捜査機関としては、国際捜査共助等の捜査方法をとるべきであったともいえる。そうすると、本件パソコンに対する検証許可状の発付は得ており、被告人に対する権利侵害の点については司法審査を経ていること、本件パソコンを差し押さえた本件捜索差押許可状には、本件検証で閲覧、保存したメール等について、リモートアクセスによる複写の処分が許可されていたことなどを考慮しても、本件検証の違法の程度は重大なものといえ、このことなどからすると、本件検証の結果である検証調書及び捜査報告書について、証拠能力を否定した原判決の判断は正当である。」

2　記録媒体の差押え後のリモートアクセス

(1)　本件検証の適法性

　リモートアクセスは、前述のとおり、平成23年の刑訴法改正で導入されたものであるが、それ以前には、同様の処分を明文の規定なしに行いうるとする見解もあった。例えば、検証すべき物として被疑者のコンピュータAが令状に記載されている場合に、それがネットワークで他のコンピュータBとつながっており、そのコンピュータBに記録されているデータへのアクセス権限をコンピュータAの利用者である被疑者が有しているときには、コンピュータAが検証の対象となることによって、その管理権が捜査に必要な範囲で制限されるのであるから、捜査機関が、その管理権の一つであるコンピュータBへのアクセス権限を利用して、そこにアクセスし、コンピュータBに記録されたデータをコンピュータAにダウンロードしてそれを確保することも、当初の検証許可状の効力の範囲内の行為として許されるというのである[14]。

しかし、この見解に対しては、強制処分に伴って対象物の管理権が制限されるということと、その制限された管理権がどの範囲で捜査機関に移るかということは別の問題であって、両者は必ずしも一致しないという批判や、上記の例でいえば、コンピュータＢに記録されているデータへのアクセス権限は、その利用者たる人に帰属する権限であって、コンピュータＡという物に備わったものではないと考えられるから、そもそも、コンピュータＢへのアクセス権限が、コンピュータＡの管理権ないし利用権の一つであるとはいえないという批判がなされた。こうした理由から、コンピュータをその対象物とする強制処分の執行としてリモートアクセスを行うことはできないという考え方[15]に基づいて、刑訴法にリモートアクセスを認める規定が新設されることになったのである。つまり、リモートアクセスに係る刑訴法の規定は、新たな捜査権限を創設したものなのであり、そうである以上、それが認められるのは、そこに規定された形態でのリモートアクセスに限定されることになる。

　この観点から見ると、第１審判決が述べているとおり、現行法のリモートアクセスは、捜索の現場にある差押対象物であるコンピュータからサーバ等の記録領域にアクセスし、そこに記録されたデータをダウンロードしたうえで、そのコンピュータを差し押さえるというものである。サーバへのアクセスとデータのダウンロードは、コンピュータの差押え前に行われることが前提とされており、コンピュータの差押え後にサーバからデータをダウンロードすることが想定されていないことは明らかである。

　そのため、本件において、捜査機関は、差し押さえたコンピュータに対する検証許可状を改めて取得したうえでリモートアクセスを行ったわけである。しかし、検証の対象物は、あくまで、差し押さえたコンピュータであるから、当該コンピュータ内の記録の内容のほか、当該コンピュータのインターネットへの接続状況の認識までは検証として行うことができるとしても、接続先のサーバの記録領域におけるデータの記録状況及びその内

14）貴志浩平「ハイテク犯罪と捜査手続」捜査研究564・21。
15）井上・強制捜査415。

容を認識し、それを複写して保存するのは、そのサーバに対する検証にほかならず、差し押さえたコンピュータに対する検証の枠内には収まりきらないものである[16]。それゆえ、本判決が述べるとおり、こうした措置を、差し押さえたコンピュータに対する検証として行うことは許されないというほかないであろう。

(2) **その他の方法によるリモートアクセス**

それでは、これとは別のかたちで、捜査機関がサーバにアクセスして、そこに記録された関連データを取得する方法はないであろうか[17]。考えられる一つの方法は、差し押さえられたコンピュータについて、改めて、リモートアクセスによる複写の処分を許可した差押令状の発付を受けたうえで、再度の差押えを行うというものである。

同一物に対する再差押えも、その必要性があれば認められないわけではない。ただし、本件の場合、捜査機関は、当該コンピュータを現に占有しており、差押えの本来の目的は達成されている。それを改めて差し押さえる目的は、付随処分であるリモートアクセスを行うことにあり、そのような目的でのコンピュータの差押えは、その必要性を欠くのではないかという疑問がある[18]。第1審判決によれば、本件において、神奈川県警の警察官らは、再差押えの方法を検討したものの、本件パソコンが既に差押え済みであったため、適切でないとして、その方法をとらなかったとのことであり、その判断は、おそらくは、上記のような問題点を意識したものであったと思われる。

そこで、考えられるもう一つの方法は、差し押さえたコンピュータではなく、サーバの記録領域を「検証すべき物」とする検証許可状を得たうえ

---

16) 山内由光「検証許可状に基づき押収済みのパソコンから海外メールサーバに接続した捜査に重大な違法があるとして証拠が排除された事例」研修832・18。
17) リモートアクセスではなく、サーバの管理者に対する記録命令付差押えによって必要な電磁的記録を取得することは可能である（笹倉宏紀「サイバー空間の捜査」法教446・37）。ただし、そのためには、管理者が協力的な事業者であることが前提となる。
18) 笹倉・前掲注17) 34。

で、ネットワークを通じて、その記録領域にアクセスし、そこに記録されているデータの内容を認識し、それを複写するというものである[19]。この場合は、サーバが検証の対象であるから、それへのアクセスのために、差し押さえたコンピュータを用いる必要はなく、アクセスのためのIDとパスワードがわかっていれば、捜査機関のコンピュータから、対象であるサーバにアクセスすることも可能である。

前述のとおり、平成23年改正において導入されたリモートアクセスは、データは差押対象物であるコンピュータに記録されているのが基本であり、それとネットワークでつながったサーバに保存されているのはそのデータの一部にとどまることを前提に、いわば差押えの範囲をサーバの記録領域に拡張するという発想に基づくものであった。しかし、本件で問題とされたウェブメールがまさにそうであるように、クラウドでは、データ処理の主要な部分は、手元のコンピュータではなく、クラウド上のハードウェアでクラウド上のアプリケーションを用いて行われるから、コンピュータは、データが記録されている媒体というよりも、クラウド上でのデータ処理を行うための装置であるという位置付けが強くなっている[20]。それを前提とすれば、サーバの記録領域を検証の対象として行うリモートアクセスのほうが、現行法のリモートアクセスよりも、データ処理の現状に、より適合したものだということもできよう。

問題は、このように、検証の対象物であるサーバを物理的に確認することなく、ネットワークを通じてデータの記録状況及びその内容を認識するという処分が、現行法が予定している検証といえるのかである。

---

19) 山内・前掲注16) 19、笹倉・前掲注17) 35。この場合の「検証すべき物」の記載方法としては、現行法上のリモートアクセスの際の接続先の記載方法と同様に、例えば、「メールサーバのうち、被疑者のアカウントによりアクセス可能な記録領域」といったものが考えられる。アクセス権限による限定がなされていることにより、裁判官による「正当な理由」の存在についての実質的認定を確保し、捜査機関の権限行使をそれが認められた範囲に限定するという、令状における対象の特定の趣旨は満たされているから、メールサーバ自体を、その設置場所等によって特定する必要はないであろう（笹倉・前掲注17) 35）。

20) 笹倉・前掲注17) 34。

まず、対象物を物理的に確認していないという点については、例えば、通信傍受法制定以前に、電話傍受を検証として行うことを認めた判例があるが[21]、そこでは、その検証の際に、捜査機関が、「検証すべき物」とされた電気通信機器を物理的に確認することが要求されていたわけではない。要は、令状に記載された検証対象物を検証していることが担保されればよいのであって、対象物を物理的に確認することそれ自体は、検証の本質的な要素とはいえないであろう。

そうすると、ここで問題とされるべきなのは、ネットワークを通じて検証を行う場合には、サーバの記録領域にアクセスがなされ、そこに記録されていたデータが閲覧、複写されたことを被処分者が知らないままに終わる可能性があることであろう。この点、通信傍受やGPS捜査とは異なり、リモートアクセスは、対象者に処分が行われていることを知らせると処分を行う意味がなくなるというものではない。それゆえ、こうした形態での検証を行う場合には、それが可能な範囲で、サーバの特定の記録領域の利用権者に対して検証許可状を呈示すべきであり、それにより上記の問題は解決できることになろう。

なお、仮に、ネットワークを通じた検証が、現行法上の検証に該当するとしても、現行法上、リモートアクセスは、刑訴法99条2項が定める形態のものに限られており、その結果として、それを検証として行うことはできないのではないかという疑問があるかもしれない。しかし、現行法の規定は、前述のようなデータの記録、保管状況に関する認識を前提としたものであり、それとは異なる場面での、異なる形態でのリモートアクセスを排除する趣旨のものとまではいえないであろう[22]。

---

21) 最決平11・12・16刑集53・9・1327。
22) 笹倉・前掲注17) 36、四方光「押収済みのパソコンから検証許可状に基づき海外メールサーバにリモートアクセスを行った捜査に重大な違法があるとして証拠排除した事例」刑ジャ58・146。

3 国外にあるサーバへのアクセス

(1) リモートアクセスの適法性

　捜査、裁判といった刑事手続は、国家主権の行使の一内容とされているため、その実施は原則として自国の領域内においてのみ許される[23]。それゆえ、ある国の捜査機関が、外国の領域内で捜査を行うことは、その国の承認がない限りはできない。そして、ここでいう外国における捜査には、外国の領域内に捜査官が物理的に立ち入って捜査行為を行う場合だけでなく、例えば、捜査官が、外国にいる参考人に電話をかけて事情聴取するような場合も含まれるとされてきた[24]。この考え方によれば、本件で問題とされたように、捜査機関が、自国内で、インターネットに接続されたコンピュータから外国にあるサーバにアクセスし、そこに記録されているデータを閲覧し、複写する場合も、外国における捜査の実施ということになるから、それを行うためには、相手国の承認を得る必要があり、承認が得られなければ、データを取得して提供してもらえるように捜査共助を要請しなければならないことになる。

　しかし、相手国の承認を得たり、捜査共助を要請したりするためには、データがどこに蔵置されているかがわかっている必要があるが、捜査機関が、目的とするデータが蔵置されているサーバの所在地を突き止めることができない場合もあり、そうした場合には、上記のような方法をとることはできなくなる。他方で、データが蔵置されているサーバが外国にあることが判明したという場合であっても、例えば、誰もがアクセスできるサイトに捜査機関がアクセスして、それを閲覧したり、そこからデータをダウンロードしたりするのに、個別にサーバが所在する国の承認を得なければならないとすることに合理性は見出しがたい。

　こうしたことから、わが国も加盟している欧州評議会のサイバー犯罪条約においては、①当該データが地理的に所在する場所のいかんを問わず、公に利用可能な蔵置されたコンピュータ・データにアクセスすること、及

---

23) 山内由光「国外における捜査活動」実例刑訴(1) 6。
24) 山内・前掲注23) 15。

び②コンピュータ・システムを通じて当該データを自国に開示する正当な権限を有する者の合法的なかつ任意の同意が得られる場合に、自国の領域内にあるコンピュータ・システムを通じて、他の締約国に所在する蔵置されたコンピュータ・データにアクセスし又はこれを受領することは、他の締約国の同意がなくとも行いうるとする規定が置かれている（32条）。

　問題は、これらに該当しない場合である。この点について、条約の注釈書は、上記32条は、締約国が、相互援助を要請することなく、コンピュータ・データに一方的にアクセスできることについて起草者全員が同意した場合を定めたものであり、その他の場合については、さらに経験が蓄積され、それらを踏まえてさらに議論がなされるときになるまで規定しないこととしたものとしている[25]。これによれば、サイバー犯罪条約は、同条に定められた場合以外には、締約国が、他の締約国に所在する蔵置されたコンピュータ・データに、その締約国の同意なしにアクセスすることができないという趣旨を含むものではないことになる。ただ、そうだとして、どのような場合にそれが許されるのかは明らかにされていない。そのため、わが国における対応としては、一般には、32条が定める場合に該当しない以上、外国の主権との関係で問題を生じる可能性があることから、リモートアクセスを行うことは差し控え、当該外国の同意を取り付けるか、捜査共助を要請するのが望ましいとされていた[26]。本件は、条約32条が定めるいずれにもあたらない場合であり、東京高裁が、第１審判決と同様に、メールサーバが外国にある可能性があったのであるから、捜査機関としては、国際捜査共助等の捜査方法を取るべきであったともいえるとしたのは、この考え方に依拠したものといえよう。

　本件と同様に、外国にあるサーバへのリモートアクセスの適法性が問題とされた最近の裁判例として、前掲大阪高判平30・9・11がある。事案は、以下のようなものであった。

　警察官は、インターネット上の投稿サイトや配信サイト等を管理・運営

---

25) Explanatory Report to the Convention on Cybercrime 293.
26) 杉山＝吉田・前掲注４）101。

する甲社の実質的経営者であるX（被告人）と代表取締役であるY（被告人）が、乙社の代表者や投稿者らと共謀の上、自らが管理するサーバコンピュータに、投稿者が送信した無修正わいせつ動画のデータを記録・保存させるなどし、インターネット利用者が無修正わいせつ動画を閲覧できる状態を設定したという、わいせつ電磁的記録媒体陳列等の容疑により、リモートアクセスを許可する内容を含む捜索差押許可状の発付を受けた。もっとも、甲社においてアメリカ合衆国に本社があるG社の提供するメールサービスなどが使用されている疑いがあったことから、捜査官の間で、国外に設置されたメールサーバ等にメール等が蔵置されている可能性があることが判明した場合は、令状の執行としてのリモートアクセスは控え、リモートアクセスを行う場合は、当該パソコンを使用している者の承諾を得て行う旨の事前協議がなされていた。

　甲社の捜索が実施された際には、上記の方針に基づき、令状の執行としてのリモートアクセスは行われず、パソコンの使用者である被告人や甲社の従業員らから承諾を受け、その承諾に基づいて、各人が使用しているパソコンからメールサーバ等にリモートアクセスをし、アクセス先のサーバの記録領域に蔵置されているメール等の電磁的記録を当該パソコンに複写したうえで、そのパソコンの任意提出を受けるかたちがとられた。

　こうした措置につき、大阪高裁は、本件リモートアクセスについて、被告人らの任意の承諾があったとは認められず、実質的には強制捜査としてリモートアクセスが行われたと見るべきであるとした。そのうえで、その適法性については、次のように述べた。

　「我が国の捜査機関が、刑訴法218条2項のリモートアクセス令状に基づいて、外国に存在するサーバ等の記録媒体に対し海外リモートアクセス等の処分を行うことが、当該他国の主権を侵害するか否かについては、国際的に統一された見解があるわけではなく、また、サイバー犯罪に関する条約32条も、どのような場合にこのような処分が許されないこととなるかを明示的に規定しているわけではない。もっとも、電磁的記録を複写すべき記録媒体が他国の領域内にあることが判明した場合において、同条約32条

によりアクセス等をすることが許されている場合に該当しないときは、当該他国の主権との関係で問題を生じる可能性もあることから、この処分を行うことは差し控え、当該他国の同意を取り付けるか、国際捜査共助を要請することが望ましいとの指摘が少なからず存在する。このように、我が国の捜査機関が、国際捜査共助の枠組み等により相手国の同意ないし承認を得ることなく、海外リモートアクセス等の処分を行った場合には、強制捜査であれ、任意捜査であれ、その対象となった記録媒体が所在する相手国の主権を侵害するという国際法上の違法を発生させると解する余地がある。」

このように、本判決においても、前述の東京高裁判決と同様に、強制捜査により外国にあるサーバにリモートアクセスすることは、当該外国の主権を侵害する可能性があるという立場がとられている。

これに対しては、外国の主権の侵害があるか否かは、捜査行為により実質的に外国居住者の権利を侵害しているか否かによって判断すべきだとしたうえで、条約32条に定められている場合だけでなく、サーバ管理者が電気通信事業者であって、データの内容に対して権限を有しない場合には、令状に基づき、被疑者のID・パスワードを用いて行われるデータへのアクセスについても、実質的に電気通信事業者の権利の制約はなく、それゆえ外国の主権の侵害はないとする見解もある[27]。このような解釈も十分成り立つと思われるが、これまでは、国家の主権の行使であるとされる捜査行為を他国の主権が及ぶ地域内で行うこと、あるいは、捜査行為によって他国の領域内に一定の効果を及ぼすことをもって主権侵害があるとされてきており、その際に実質的な権利侵害があったか否かが直接に問題とされてきたわけではない。加えて、条約32条が上記のような場合を含んでいないことから明らかなように、国際的には、こうした解釈は未だ一般的ではない。主権侵害の有無は外国との関係で問題となるものである以上、わが国としては、少なくとも現時点では、それが主権侵害となりうることを前

---

27) 四方・前掲注22) 148-149。

提とした対処をせざるをえないであろう。

　もっとも、条約32条に規定された、捜査機関が、サーバへのアクセス権限がある者の同意を得たうえでアクセスを行う場合と、それとは異なり、法令に従い、権限者のアクセス権限を適式に取得してアクセスを行う場合とを比較すると、アクセスをされる国の側から見れば、いずれも、外国の捜査機関が自国の領域内に及ぶ捜査を行っており、主権侵害という点で本質的な差異はない。つまり、外国にあるサーバへのアクセスが、アクセスする側の国の法制のもとで任意捜査として行われたか、それとも強制捜査として行われたかは、アクセスされる側の国の立場から見た場合、特に意味はないのである。そうすると、サイバー犯罪条約において権限者の同意を得てアクセスを行うことが認められている以上、少なくともその締約国においては、後者の方法によるリモートアクセスについても、同意を求められれば、それに応じることは十分に考えられる。したがって、捜査機関が外国に蔵置されたデータを強制処分により取得しようとするのであれば、まずは、その国の同意を求める手続をとるべきであろう。

　ただし、同意を得るにしろ、国際捜査共助の手続をとるにしろ、データがどこに蔵置されているかを捜査機関が知っていることが前提である。しかし、東京高裁判決の事案がそうであったように、サーバを管理する通信事業者がそれを明らかにしないため、あるいは明らかにできないために、それが判明しない場合もある。そのような場合にまで捜査機関に対し上記のような手続をとることを要求するのは、不可能なことを強いるものであって妥当ではない。それゆえ、そのような場合には、データが外国にあるサーバに蔵置されている可能性があるとしても、捜査機関には、同意を求めたり、捜査共助を要請したりする義務はなく、直ちにリモートアクセスを行うことが認められるべきであろう[28]。

(2)　違法収集証拠排除法則の適用

　横浜地裁及び東京高裁の判決は、いずれも、問題とされた検証の違法性の程度が重大なものであったという結論を導くにあたって、それが外国の主権を侵害する可能性があったことに言及している。しかし、その判示か

らは、その事実が、いかなる意味で、どの程度、検証の違法が重大であるという判断と結びついているのか、必ずしも明らかではない。これに対し、大阪高裁は、この点につき、より踏み込んだ判示を行っている。

同判決は、前述のとおり、外国にあるサーバへのリモートアクセスをその国の同意を得ることなく行った場合には、その国の主権を侵害するという国際法上の違法を発生させると解する余地があるとしたうえで、そうした国際法上の違法があるといえる場合には、この違法が当該捜査手続に刑訴法上も違法の瑕疵を帯びさせることになると考えられるとする。

そのうえで、本件リモートアクセスは、実質的にわが国の刑訴法に則って発付された本件捜索差押許可状に基づいて実施された強制捜査の一環として行われたといえる以上、関係者の権利、利益の侵害は問題とならないから、仮に、本件において外国の主権に対する侵害があったとしても、そのことによる本件リモートアクセスの違法は、それだけで直ちにそれによって得られた証拠の証拠能力を失わせるほどの重大な違法にはあたらないとしたのである。

わが国の捜査機関による行為が、刑訴法上の要件は満たしているものの、外国の主権を違法に侵害している場合に、それが、国際法上違法であるにとどまるのか、それとも、刑訴法上も違法となるのかについては、意見が分かれている。この点については、憲法98条2項が、国の機関に対して確立された国際法規を遵守すべき義務を課していることからすれば、外国の主権を侵害する捜査行為については、そのかぎりで、刑訴法上認められた権限が制限されることになると考えられるから、その制限を逸脱した捜査は、刑訴法上も違法と評価されることになろう[29]。そのうえで、それ

---

28) 同じ結論を、サーバの所在国がリモートアクセスに同意するか否かがわからない以上、主権侵害の有無は相手国が特定されて初めて判明するという理解（笹倉宏紀「クラウド捜査」芝原邦爾＝古田佑紀＝佐伯仁志編著『経済刑法』（商事法務、2017年）570）や、相手国の主権の侵害が相手国によって認識され、国際法的にそれが問題とされ違法と評価されない限り、国際法上は、相手国が主権の侵害を受けなかったと解すべきであるとする理解（山内・前掲注16）22）から導く見解もある。
29) 杉山治樹「国外における捜査活動の限界」新実例刑訴(1)58。

が重大な違法といえるかについては、大阪高裁が述べるとおり、この場合、刑訴法上の要件が満たされていれば、被処分者の権利・利益に対する実質的な侵害はないから、一般には、主権侵害だけで、証拠排除を基礎づけるような重大な違法は認められないであろう[30]。ただし、データの所在国が明確に反対の意思を表明しているにもかかわらず捜査を行ったような例外的な場合には、それが認められる余地があると思われる。

---

30) 山内・前掲注16) 17、杉山・前掲注29) 59。

第6講　接見の際の電子機器の使用

Ⅰ　問題の所在

　近年、弁護人が、接見の際に、面会室（接見室）に電子機器を持ち込み、それを使用することの適否が争われるケースがしばしば見られるようになった。そこでは、①接見の際の遵守事項として、電子機器の使用を禁止したり、一定の条件のもとでのみ使用を許可したりすることができるのか、②弁護人が、遵守事項に違反して電子機器を使用したことが判明した場合に、刑事施設側が、接見を一時停止させたり、終了させたりすることができるのかが問題とされている。

　刑事施設における現在の運用は、法務省の通達[1]に基づいている。それによると、未決拘禁者との面会を申し出る弁護人や弁護人となろうとする者（以下、「弁護人等」という。）に対しては、面会人待合室に掲示する方法等により、①録音機、映像再生機又はパソコンを使用する場合は、予め申し出ること、②カメラ、ビデオカメラ、携帯電話を使用しないこと、を周知するものとされている。これに従い、各刑事施設では、①の機器については、事前又は事後の検査を条件に使用を認め、②の機器については、使用をいっさい認めない対応がとられている。そして、弁護人等がそれに違反した場合には、刑事収容施設法の規定（117条、113条1項1号ロ）に基づき、刑事施設の規律及び秩序を害する行為（以下、「規律等侵害行為」という。）をしたことを理由に、面会の一時停止や終了の措置がなされることになる。

　このように、現在の運用では、電子機器ごとに規律がなされているわけ

1）平成19年5月30日付け法務省矯成第3350号「被収容者の外部交通に関する訓令の運用について（依命通達）」。

であるが、接見の概念との関係、さらには、それがもたらす弊害という観点からは、接見の際に電子機器を何のために使用するのかが問題であるはずである。それゆえ、本来は、使用目的ごとに規律を設けるのが筋であるが、現在では、スマートフォンに代表されるように、一つの電子機器が多様な機能を備えており、それを様々な用途に用いることが可能であるため、電子機器ごとの規律をせざるをえないのである。そこで、以下では、まずは、関連する裁判例に触れつつ、電子機器の使用目的ごとにその規律を検討し、それを踏まえて、電子機器自体に対する規律の在り方を検討することにしたい。

II　接見内容の記録化

1　備忘のためのメモとり

　弁護人等が、接見の際に、その記録を残す目的で、手書きによりメモをとることは、当然に認められる。接見の意義を口頭でのやり取りに限定するのであれば、メモとりはその付随行為ということになろうが、やり取りの内容を記憶にとどめることとメモをとることに本質的な違いはないとすれば、それは接見そのものということもできよう。いずれにしても、メモをとることが認められるのであれば、その方法が手書きに限定される理由はないから、そのためにパソコン等の電子機器を用いることも同様に認められるべきことになろう[2]。実務上も、記録目的でのパソコン等の使用は認められている[3]。

  2）田淵浩二「接見時における電子機器の使用と弁護活動の自由」葛野尋之＝石田倫識編著『接見交通権の理論と実務』（現代人文社、2018年）61。
  3）松田治「接見時の機器等の持込みの運用」刑ジャ46・51。もっとも、パソコンには筆記機能以外の多様な機能が備わっているため、それを用いることがないように、弁護人等が面会室にパソコンを持ち込もうとする場合には、予め刑事施設の職員にその旨を申し出たうえで、記録目的でのみ使用することが条件とされている（平成13年11月30日付け法務省矯保第4001号矯正局保安課長通知「弁護人が被告人との接見時に携帯型パソコン等の使用を願い出た場合の取扱いについて」）。

2　接見内容の録音

　それでは、メモをとるにとどまらず、接見の際のやり取りを録音することはどうであろうか。接見の記録化という観点から見れば、録音は、接見の内容をメモとりよりも正確に記録するものであるから、それ自体が否定される理由はないであろう。もっとも、録音を認めると、接見時に被疑者・被告人（以下、「被疑者等」又は「被告人等」という。）が話したことを、そのまま第三者に聞かせることができることになり、それは、未決拘禁者が作成した書面や信書の発受に代替する機能を果たしうる。そこから、実務上は、録音については、それを書類等の授受に準ずるものとして取り扱うという考え方に基づき、接見終了後、弁護人等の立会いのもとに、録音を再生のうえ内容を検査し、未決拘禁の目的に反する内容の発言や、戒護に支障を生ずるおそれのある内容の発言等が録音されている場合には、その部分を消去するという運用がなされている[4]。

　しかし、録音された内容が上記の場合にあたるかどうかを確認しようとすれば、施設側としては、事実上、録音内容をすべて聞かざるをえない。そうなると、接見の秘密性が失われてしまうから、弁護人等としては、少なくとも防御上重要なやり取りをしている部分については録音をしようとはしないであろう。そうすると、最も録音が必要な部分が録音されないという矛盾した結果が生じる。

　改めて考えてみると、接見の際に、被疑者等が、弁護人等に対して、第三者への伝言を依頼することはありうるし、そのこと自体が許されないわけではないであろう。そして、その内容が、例えば、第三者に証拠の隠滅を依頼するものであるなど、未決拘禁の目的を阻害する危険のあるものであったような場合には、弁護人等の判断で、それを第三者に伝えないことが期待されているものと考えられる。そこが、弁護人等の判断が介在することのない第三者宛の信書の発信とは異なるところである。そうだとすれ

---

[4] 昭和45年10月8日付け法務省矯正甲944矯正局長通達「弁護人が被告人との接見内容を録音することについて」。そこから、録音内容の的確な検査が困難なパソコン等による録音は認めていないとされる（松田・前掲注3）51）。

ば、接見の際の被疑者等の発言の録音についても、それを第三者に聞かせるかどうかにつき弁護人等の判断が介在するわけであるから、弁護人等を信頼して、接見後に録音内容の検査をしないという運用の仕方も十分ありうる。しかし、現在は、そのような運用にはなっていないわけであり、それは、弁護人等と施設側で未だ十分な信頼関係が構築できていないことの現れともいえよう[5]。

　なお、実務では、録音機器については、接見後だけでなく、接見前にも、その内容の検査を行うものとされている[6]。その目的は、弁護人等以外の第三者による、未決拘禁の目的に反する内容の発言や、戒護に支障を生ずるおそれのある内容の発言が記録されていないかをチェックすることにある。それゆえ、検査の目的は、接見の際の被疑者等の発言の録音の場合と共通するが、ここで問題とされているのは、録音の当否ではなく、録音された内容を接見の際に再生することの当否であるから、それは、後述する再生機器の使用の問題の一部ということになろう[7]。

Ⅲ　接見における証拠の提示

1　問題の所在

　弁護人等が、接見において、検察側から開示された証拠書類や証拠物に言及しながら、被疑者等と防御方針について打合せをするという場合、それらの証拠を実際に被疑者等に示しながら説明すれば、被疑者等も理解がしやすく、打合せがスムーズに進むことは明らかである。証拠書類や、その存在自体が問題となる証拠物については、そのまま被疑者等に提示する

　5）刑事収容施設法では、未決拘禁者が弁護人等から受ける信書については、それに該当することを確認するために必要な限度において検査を行うものとする一方で、未決拘禁者から発信される信書については、宛先が弁護人か否かを問わず、原則としてその内容を検査するものとしている（135条）。接見の際の録音の内容を検査するという現在の運用は、この規定の考え方に則ったものともいえよう。
　6）松田・前掲注3）50。
　7）田淵・前掲注2）59。

ことになるが、例えば、証拠書類をスキャンしてデータ化した場合には、それが記録されたパソコン等からデータを読み出して、また、証拠物がDVDである場合には、DVDプレーヤー等でそれを再生して、被疑者等に示すことになるため、接見の際にそうした機器の使用が許されるのかが問題となる。この問題に関して、刑事収容施設法が施行される以前の監獄法下において、接見の際にビデオテープを再生することの可否が争われ、それについて判断を示したのが、大阪地判平16・3・9判時1858・79である。

2　裁判例の状況──ビデオテープの再生

　事案は、大阪拘置所に勾留中の被告人（X）から選任されて弁護人に就任した弁護士（D）が、同拘置所の職員らに対し、Xの刑事事件において証拠物として採用されているビデオテープを再生しながらXと接見することを申し入れたところ、同職員らが、同ビデオテープの内容の検査を要求し、検査を経なければビデオテープを再生しながらの接見は認められないとしてこれを拒否したというものである。そこで、Dは、職員らによる措置は、刑訴法において保障されている弁護人と身体を拘束された被告人との間の秘密交通権を侵害する違法なものであるとして、国家賠償請求を行った。

　本件当時の監獄法50条は、「接見ノ立会、信書ノ検閲其他接見及ヒ信書ニ関スル制限ハ法務省令ヲ以テ之ヲ定ム」としており、それを受けた監獄法施行規則127条1項は、「接見ニハ監獄官吏之ニ立会フ可シ但刑事被告人ト弁護人トノ接見ハ此限ニ在ラス」としたうえで、2項で、「前項但書ノ場合ニ於テハ逃走不法ナル物品ノ授受又ハ罪証湮滅其他ノ事故ヲ防止スル為メ必要ナル戒護上ノ措置ヲ講ス可シ」と定めていた。本件の拘置所職員による上記の措置は、この施行規則127条2項に基づいて行われたものである。

　本件における問題点は、次のように整理することができる。
① 　接見の際にビデオテープを再生することが、刑訴法が保障する接見交通権の範囲に含まれるのか。

② 仮に、①が肯定されるとして、ビデオテープの内容を事前に検査することは、秘密交通権の侵害となるか。
③ 仮に、それが秘密交通権の侵害となるとして、いかなる要件のもとで、どの範囲で、その制約が許されるか。
④ 本件における接見の拒否は適法か。

大阪地裁は、それぞれの問題につき、次のような判断を示した。

まず、①については、被告人等と弁護人等が直接面会して被告事件等に関する口頭での打合せを行うことと、その際に証拠書類等を見せるなどの口頭での打合せに付随する行為とは、密接不可分であるから、刑訴法39条1項の「接見」とは、口頭での打合せに限られるものではなく、口頭での打合せに付随する証拠書類等の提示をも含む打合せと解すべきであるとした。これによれば、証拠物として採用されたビデオテープの再生は、証拠書類の提示と同様の意味を持つから、それも接見の中に含まれることになる。

次に、②については、刑訴法39条1項の「立会人なくして」とは、接見内容についての秘密を保障するものであり、接見に第三者を立ち会わせることのみならず、接見内容を録音したり、接見内容を事前に告知させて検査したり、接見内容を事後に報告させたりすることなどをも許さないものであるとする。これによれば、接見の際に再生するビデオテープの内容を検査することは、接見内容を事前に検査することにつながるから許されないことになろう。

問題は、それが例外的に許される場合があるのかである。この点について、本判決は、秘密交通権が刑罰権ないし捜査権に絶対的に優先するものではないから、秘密交通権の行使と、被告人等の未決勾留との間で合理的な調整を図ることが求められるとする。そのうえで、③について、まず、逃亡又は罪証隠滅の防止という未決勾留の目的を達成するため、あるいは、監獄内の規律及び秩序を維持するため、収容施設が、弁護人等が被告人等と接見するにあたって持ち込もうとしている書類等が未決勾留目的や収容施設内の秩序維持を阻害するものではないことを確認するために、そ

れを確認できる限度で、その全部又は一部を事前に検査することであれば許容されるようにも思われるとする。しかし、その一方で、上記の点を確認しようとすれば、例えばビデオテープであれば、その内容すべてを再生したうえで検査しなければならなくなるが、そうすると、被告人等と弁護人等とのコミュニケーションに極めて大きな萎縮的効果が生じることは明白であり、罪証隠滅ないし逃亡を防止する実効性とこれによって損なわれる利益とが、著しく不合理な程度に均衡を欠くものといわざるを得ないとする。

　そこから、結論として、弁護人等が被告人等と直接接見するにあたって持ち込もうとしている書類等の事前検査としては、罪証隠滅ないし逃走の用に直接供される物品や、収容施設内の規律ないし秩序を著しく乱す物品の持込みの有無について、外形を視認することによって確認したり、書面又は口頭で質問する程度の検査を実施したりすることにとどまるべきであり、持ち込まれる書類等の内容にまで及ぶ検査については、秘密交通権が保障された趣旨を没却する不合理な制限として許されないとする。そして、監獄法及び監獄法施行規則の規定も、以上のような考え方に基づいて解釈されるべきであり、それゆえに、監獄法施行規則127条2項の「必要ナル戒護上ノ措置」も、上記のような外形視認や書面又は口頭での質問による対象物の性状の確認を行うことなど、被告人等と弁護人との間の打合せの内容に直接のみならず間接にも影響しない程度の措置を指すと解するのが相当であって、弁護人が持ち込もうとする書類等の内容に及ぶ検査は、そこには含まれないとしたのである。

　こうした考え方に基づき、④については、Dが本件ビデオテープを再生しながらXと接見したいとの申入れをしたのに対し、本件ビデオテープの内容を検査しないかぎり、Dの申入れは認められないとして、接見を拒否した拘置所職員らの行為は、監獄法施行規則127条2項の「必要ナル戒護上ノ措置」として認められない検査を根拠にしたものであって違法であるとした。

　本判決の上記判示は、控訴審（大阪高判平17・1・25訟月52・10・3069）

においても、ほぼそのまま維持された。控訴審判決に対しては、国側から上告受理の申立てがなされたが、最高裁は上告を受理しない決定をし（最決平19・4・13公刊物未登載）、これにより、控訴審の判断が確定することになった。

3　実務の運用——映像記録の再生

(1)　これを受けて、現在の実務では、弁護人等から、映像記録を再生しながら接見したい旨の申出がなされた場合には、次のような対応が行われている[8]。まず、弁護人等から、再生をしようとするものが、①弁護事件の証拠物又は証拠物として提出を検討しているもの、又は、②それ以外で、弁護事件についての刑事被告人との打合せに必要なものであるとの申告があった場合には、それを許可し、その際には、映像記録の具体的な内容に立ち入って申告を求めることは差し控える。また、映像記録を再生するための機器については、原則として、再生機能のみを有する機種の持込みを許可するものとし、録画機能付きの機種を弁護人等が持参した場合には、接見内容の録画をしないと申告した場合に限って、持込みを許可する。そして、以上の点を確認するために、弁護人等には、右のような申告書の記載を求めるものとされている。

本通知は、直接には映像記録を再生する場合を対象としたものであるが、同じことは、音声記録についても妥当するから、弁護人が音声記録を再生しながら接見することを申し出た場合にも、同様の取り扱いがなされることになろう[9]。

---

8)　平成28年6月22日付け法務省矯成第1814号矯正局成人矯正課長通知「弁護人等が刑事被告人との接見時に映像記録の再生を求めた際の対応について」。同通知は、前掲大阪高判平17・1・25が確定したのを受けて発せられた、平成19年4月17日付け法務省矯成第4001号矯正局成人矯正課長通知「弁護人等が刑事被告人との接見時にビデオテープ等の再生を求めた際の対応について」を改正したものである。

9)　田淵・前掲注2）63。

接見時に再生する映像記録に関する申告書

弁護人等氏名

1　再生を予定している映像記録について、該当するものにチェックして下さい。
- ☐　弁護事件の証拠物又は証拠物として提出を検討しているものである。
- ☐　証拠物等以外であって弁護事件についての打合せに必要なものである。
- ☐　弁護事件についての打合せに必要ではないものである。

2　持ち込まれる機器の機能について、該当するものにチェックして下さい。
- ☐　再生機能のみである。
- ☐　録画機能が付いている。

3　2で録画機能が付いていると答えられた場合、該当するものにチェックして下さい。
- ☐　接見内容の録画をしない。
- ☐　接見内容の録画をする。

(2) 本通知の内容に従った取扱いの適法性が問題とされた裁判例として、広島高判平31・3・28 LEX/DB25562529がある。本件は、本通知によって廃止された前掲平成19年4月17日付の通知が適用された事案であるが、同通知においても、弁護人が接見時にビデオテープ等の再生を行う場合には、申告書への記載を求めるものとされていた。申告書の内容は、現在のものとほぼ同様であったが、一つ目の申告項目は、「1 ビデオテープ等に記録されている情報の内容について、該当するものにチェックして下さい。その他を選んだ場合、内容を簡単に記載して下さい。」との記載があり、これに対する回答として、「□ 弁護事件の証拠物又は証拠物として提出を検討しているものである。」、「□ その他（ ）」という2個の選択肢が記載されている形式となっていた。

本件において弁護人（D）が被告人（X）と接見を行ったH拘置所の弁護人控室には、「録音機、映像再生機又はパソコンを使用する際は、あらかじめ職員にその旨申し出てください。」との記載を含む文書が掲示されていた。しかし、Dは、ノートパソコンの使用につき申出をすることなく、また、申告書を提出することなく、接見室にノートパソコンを持ち込み、検察官が本件被告事件において証拠調べを請求したDVDを複製したDVDにつき、当該パソコンを使用して音声を再生し、Xに聴取させた。それに気づいた拘置所の職員が、Dに対し申告書の記載を求めたが、Dがそれを拒否したため、さらに音声の再生の中断を求めた。Dは、拘置所職員が申告書の提出を求めた行為及び音声再生の中断を求めた行為が、Dの接見交通権を侵害するものであったとして、国家賠償請求を行った。

本判決は、まず、接見交通権には、口頭での打合せだけでなく、弁護人等が、弁護事件に関する証拠書類等を閲覧しながら被告人等と打合せをすることも含まれると解すべきであるとしたうえで、その打合せにおいて萎縮することなく自由な意思疎通をし、弁護人等から有効かつ適切な援助を受けるためには、上記の書類等の内容が秘密の対象として保護される必要があるだけでなく、事案によっては、証拠資料を提示しながら打合せを行うこと自体を秘密にする必要がある場合も考えられるから、証拠資料を提

示しながら打合せをしたこと自体も、秘密の対象として保護される必要があるとする。そうすると、前記の申告項目は、秘密交通権で保障されるべき秘密の一部についての記載を求めるものであることになる。

　それを前提に、本判決は、弁護人の故意又は過失により、未決勾留の目的や刑事収容施設内の規律秩序維持を妨げるおそれのある内容が記録されたビデオテープ等が再生されることを防止するために、刑事収容施設において、弁護人等による電磁的記録の持込みに対し一定の制約を課す必要性があることは否定できないとする。しかし、前記申告項目は、ビデオテープ等を持ち込む弁護人等に対し、その内容の自主申告を求めるものに過ぎないから、未決勾留の目的や刑事収容施設内の規律秩序維持を妨げるような電磁的記録を持ち込むことを防止するための方策としては実効性に乏しい一方で、弁護人等の側から見ると、弁護事件の証拠物又は証拠物として提出を検討しているものをビデオテープ等に記録されている情報として持ち込もうとする場合には、当該接見において、弁護人等が被告人等に上記情報を伝達することが、刑事収容施設である拘置所に対し明らかにされる結果となるし、再生しようとするビデオテープ等に記録されている情報の内容が弁護事件の証拠物又は証拠物として提出を検討しているものでない場合には、弁護人等においてその内容を簡単に記載しなければならないから、より一層秘密交通権が侵害されることになるとする。そうすると、前記申告項目の記載を求める行為は、その実効性とこれによって損なわれる利益とが、著しく不合理な程度に均衡を欠くものといわなければならないから、秘密交通権が保障された趣旨を没却するような不合理な制約として許されず、憲法34条前段、刑訴法39条1項に違反するというべきであるとした。

　また、拘置所職員が音声の再生の中断を求めた行為については、接見等の場における行為が「刑事施設の規律及び秩序を害する行為」に該当するとしてその行為の制止等をすることができるのは、単に当該刑事施設が定めた遵守事項に違反したというだけでは足りず、刑事施設内の規律及び秩序の維持上放置することのできない程度の障害が生ずる相当の蓋然性が認

められる場合に限られるとしたうえで、Dの行為は、遵守事項に違反するものではあるが、その内容は、本件被告事件において証拠調べの請求がされたDVDの複製である本件DVDの音声をパソコンにより再生する行為であり、しかも、パソコンによって接見の場を録音するなどの行為に及ぼうとしていた様子もなかったのであるから、Dの行為が刑事施設内の規律及び秩序の維持上放置することのできない程度の障害が生ずる相当の蓋然性があるものとは認められないとして、職員の行為は違法であったとした。

(3) 接見交通権には、口頭での打合せだけでなく、弁護人等が、弁護事件に関する証拠書類等を閲覧しながら被告人等と打合せをすることも含まれるという本判決の前提からすれば、本来、弁護人等が、接見の際に、弁護事件についての打合せに必要ではないものを持ち込むことはできないはずである。そうすると、前記申告項目は、当然のことを確認の意味で申告させるものということになる。加えて、申告項目は、持ち込む資料の具体的な内容を申告させるものではないから[10]、それによって接見に萎縮効果が生じるとは必ずしもいえないであろう。また、本判決は、前記のとおり、証拠資料等を提示しながら打合せをしたこと自体も秘密の対象として保護される必要があるとして、本件申告を求めることは秘密交通権を侵害することになるとするが、仮にその点の申告をする必要がないとしたとしても、再生のための機器を持ち込むことの申告を求めるのであれば、そこから、弁護人等が、再生されるべき証拠資料等を提示しながら打合せをすることが推認されるから、その申告も不要としないと意味がない。しかし、本判決は、持ち込む機器の機能が再生機能のみか、録画機能も付いているかの申告を求める部分については、その必要性を認めて適法としており、その点で、中途半端な判断となっているといわざるをえないように思われる。

---

[10] 本件の申告項目では、「その他」を選んだ場合、簡単な内容を記載することが求められているが、これも、映像資料の具体的な内容の記載を求めるものではない。現在の申告書の様式では、「その他」が「弁護事件についての打合せに必要なもの」に置き換わっており、具体的な内容の申告は必要ないことが明らかになっている。

4 証拠の提示のための電子機器の使用

　前掲大阪高判平17・1・25及び広島高判平31・3・28は、いずれも、接見の際に被疑者等に証拠を提示することは、口頭でのやり取りと一体のものとして接見交通権の保障の範囲内にあるという考え方を基礎とするものである。そして、この考え方は、証拠書類等が電子データのかたちでパソコン等に保存されている場合にも同様に妥当する。したがって、接見の際に、パソコン等からデータを読み出して被疑者等に見せることも、同様に認められるべきことになろう。実際にも、例えば、検察側から開示された大量の証拠書類を同時に面会室に持ち込むことは困難であるから、こうしたかたちでのパソコン等の使用を認める必要性は高い[11]。再審請求弁護人と死刑確定者との面会に係る事案であるが、この点が問題とされた最近の裁判例として、大阪高判平29・12・1判時2370・36がある。

　事案は、再審請求弁護人が、死刑確定者と再審請求に関する打合せのための面会を申し出た際に、パソコン画面に文字等として表示した証拠を閲覧すること、及びメモをとることのみをパソコンの使用方法とし、面会時に上記方法によりパソコンを使用することの許可を求めたのに対し、大阪拘置所長が、パソコンの使用をいっさい認めないとする措置をとったというものである。

　本判決は、一般論として、接見交通権には、口頭での打合せのみならず、弁護人が、書類等を閲覧しながら未決拘禁者との打合せをし、メモをとることも含まれるものと解すべきであるとしたうえで、当該刑事事件に関する証拠資料等の情報がパソコンに電子データとして保存されている場合には、弁護人が十分な弁護活動を行うためには、弁護人が、未決拘禁者との接見時にパソコンに保存された電子データを文字等としてパソコン画面に表示しこれを閲覧しながら打合せをすることが必要不可欠であるから、こうした打合せも、接見交通権として保障される行為に含まれるというべきであるとした。そして、同じことは、再審請求弁護人と死刑確定者との面

---

11) 赤松範夫＝髙山巌「接見時の電子機器等の持込み」刑ジャ46・44。

会にも妥当するとしたうえで、そうである以上、大阪拘置所長が、再審請求弁護人の上記申出に係るパソコン使用を制限することが許されるためには、面会時のパソコン使用を認めることにより大阪拘置所の規律及び秩序を害する結果を生ずる具体的なおそれがあると認められることが必要であるにもかかわらず、それを考慮することなく、パソコンの使用を許可しなかった拘置所長の措置は違法であったとした。

Ⅳ　接見の際の撮影

1　裁判例の展開

(1)　接見の際に、被疑者が、取調べにおいて捜査官から暴行を受けた旨を弁護人に話し、暴行によって生じたとする腕の傷を見せたとする。こうした場合、弁護人としては、証拠を保全するために、その傷の状況をカメラやビデオで撮影することを当然に考えるであろう。しかしながら、前述のとおり、現在の実務では、面会室内での写真撮影やビデオ撮影は一律に禁止されている。その実質的な理由としては、①撮影された写真や動画を第三者に見せることなどを通じて、未決拘禁者と弁護人等以外の第三者との外部交通が可能となるなど、法の規定を潜脱し、未決拘禁の趣旨を没却するおそれがある、②一般には公開されていない刑事施設の面会室等を精密に撮影することが可能となると、画像や画像データ等が流出し、それが逃走援助や身柄奪取のために利用されるおそれがあるなど、刑事施設の保安警備上の重大な支障が生じるおそれがある、③未決拘禁者がその場では撮影に同意したとしても、その画像等が転々流通して意図した範囲を超えて外部に公開され、プライバシー侵害を招くおそれがある、といった点が挙げられている[12]。

他方で、弁護人からすれば、前述のような場面で写真撮影を行うことは、弁護活動の一環と位置づけられるものであるから、接見の際の撮影を一律

---

12)　松田・前掲注3）53、橋口英明「裁判例紹介 ── 弁護人接見における写真撮影」刑政127・4・84。

に禁止するという施設側の対応を受け入れ難いと感じるのも無理からぬところがある。そうした背景から、近年、面会室において、弁護人等が、カメラで被疑者等の様子等を撮影することの当否が問題とされた裁判例が見られるようになった[13]。その一つが、東京高判平27・7・9判時2280・16である。

事案は、弁護人（D）が、東京拘置所に勾留中の被告人（X）と面会室で接見中に、Xの体が小刻みに震えており、ぶつぶつ呟いている状態であったため、鑑定請求に関する証拠とする目的で、持参したデジタルカメラでXを写真撮影したというものである。その様子を視認した拘置所の職員が面会室内に入室し、Dに写真の消去を求めたものの、Dがこれを拒んだため、職員はXを面会室から退出させて、接見は終了した。Dは、拘置所職員によるこれらの措置が、接見交通権や弁護活動の自由を侵害するものであり、刑事収容施設法に違反し、違法であると主張して、国家賠償請求を行った。

本件では、第1に、刑訴法39条1項の「接見」の中に写真撮影が含まれるか、第2に、本件写真撮影が、面会の一時停止及び終了の措置をとる根拠となる規律等侵害行為（刑事収容施設法113条1項1号ロ）に該当するかが問題とされた。

原審（東京地判平26・11・7判時2258・46）は、まず、第1の問題につき、本件における写真撮影行為のように、専ら証拠保全として行われる写真撮影行為は、「接見」には含まれないとした。そのうえで、第2の問題については、面会者が弁護人等の場合、規律等侵害行為を理由に面会を一時停止又は終了させることができるのは、遵守事項に違反する行為等をすることにより、具体的事情のもと、未決拘禁者の逃亡のおそれ、罪証隠滅のおそれ、その他の刑事施設の設置目的に反するおそれが生ずる相当の蓋然性があると認められる場合に限られるとし、本件では、国側が主張する危険

---

13) 弁護人は、接見にあたって、着衣や携帯品を検査されることはなく（刑事収容施設法75条3項）、持込みが禁止されているカメラ等を持ち込んで撮影を行うことが事実上可能であるため、こうした問題が起きてくる。

はいずれも抽象的なものにとどまり、上記のおそれが生じる相当の蓋然性は認められないから、本件でとられた措置は違法であると判示した。

これに対して、本判決は、まず、第1の問題については、次のように述べて、原審の判断を支持した。

「刑訴法39条1項の『接見』という文言は一般的には『面会』と同義に解されること、『接見』と『書類若しくは物の授受』が区別されていること、同規定が制定された昭和23年7月10日当時、カメラやビデオ等の撮影機器は普及しておらず、弁護人等が被告人を写真撮影したり、動画撮影したりすることは想定されていなかったことなどからすれば、同項の『接見』とは、被告人が弁護人等と面会して、相談し、その助言を受けるなどの会話による面接を通じて意思の疎通を図り、援助を受けることをいうものであって、被告人が弁護人等により写真撮影やビデオ撮影されたり、弁護人が面会時の様子や結果を音声や画像等に記録化することは本来的には含まれないものと解される。」

もっとも、本判決は、接見交通の内容として保障されるべき行為を、会話による面接を通じて意思の疎通を図ることのみに限定するという立場をとっているわけではなく、弁護人等が被疑者等との接見（面会）の内容の備忘のためにメモをとることは、その後の円滑な弁護活動のために必要なことが多いから、接見交通権の保障の範囲内として認められるべきものであるとする。つまり、接見そのものにはあたらなくとも、それを効果的に行うためになされる行為や、接見の結果を有効に利用するためになされる行為は、接見交通権の保障に含まれるということであろう。しかし、そうだとしても、本件撮影行為は、備忘のためではなく、証拠保全の目的で行われたものであるから、メモをとることとは異なり、接見交通権の保障の範囲に含まれないとした。そして、そのように解したとしても、弁護人は、刑訴法179条に基づき証拠保全を行うことができるから、弁護活動を不当に制約するものではないとしている。

そのうえで、第2の問題については、一般論として、庁舎内において自由に写真撮影等が行われる場合には、庁舎内の秩序が乱れ、警備保安上の

支障をもたらすおそれがあるから、庁舎の管理者は、庁舎内の秩序を維持し、安全を確保するため、庁舎管理権に基づき、庁舎内における写真撮影等を禁止することができるものとする。そして、本件において、東京拘置所長は、庁舎管理権に基づき、面会室内へのカメラの持込みや面会室内での写真撮影等を禁止し、これを掲示していたのであり、Dは、掲示の内容を認識しながら、あえてカメラを面会室内に持ち込んで撮影行為に及び、同拘置所職員から、数回にわたり、本件画像データを消去するように求められたのに、これを拒否し続け、さらに写真撮影等を行う意向がある旨を表明したというのであるから、このようなDの行為は、刑事収容施設法113条1項1号ロの規律等侵害行為に該当するものと判示した[14]。

(2) 本判決と同様に、弁護人が、接見中に被疑者の写真撮影を行うことが許されるのかが問題とされたのが、福岡高判平29・7・20訟月64・7・1041である。事案は、①Y（被疑者）の国選弁護人に選任された弁護士Aが、佐賀少年刑務所に接見に赴き、面会室においてYとの接見をした際に、Yが、逮捕時に拘束されて腕を負傷した旨申し出たことから、その負傷状況を記録するために、面会室に許可なく持ち込んでいた携帯電話のカメラ機能を用いて、面会用のアクリル窓越しにYを撮影しようとしたところ、被疑者側扉の視察窓からこれを視認した同刑務所の職員であるSが、同扉を開けてAに対し撮影行為を中止するよう注意したこと、②Sから報告を受けた同刑務所の職員であるTが面会室に赴いたところ、Aが、携帯電話を用いてYの撮影行為を行っているのを現認したため、これを中止するように求めるなどしたこと、③接見終了後、TがAと面談し、Aに対し、撮影したYの写真を消去するように求めたこと、④Yの弁護人となろうとする者である弁護士Bが、同刑務所を訪れ、Yとの接見を申し出た際、Bが、面会室内にカメラを持ち込んでYの負傷状況の写真撮影をする旨述べたのに対し、Tらが、Bの接見は受け入れるが、カメラを持ち込んで撮影をす

---

14) 本判決に対しては、原告側から上告及び上告受理の申立てがなされたが、最高裁は上告を棄却するとともに、上告を受理しない決定をした（最決平28・6・15 LEX/DB25543533）。

るというのであれば敷地内に通すことはできないと回答したことが、いずれもA及びBの接見交通権を不当に侵害するものであって違法であるとして、国家賠償請求がなされたというものである。本件でも、前掲東京高判平27・7・9と同様の点が問題とされた。

原審（佐賀地判平28・5・13訟月64・7・1054）は、まず、写真撮影が接見に含まれるかにつき、刑訴法39条1項の「接見」とは、被疑者が自己の防御活動に必要な助言を弁護人等から受けるために被疑者と弁護人等とが面会をする行為を指すものと解するのが相当であるとしつつ、被疑者の防御活動を十分に保障するためには、面会それ自体を保障するだけでは足りず、面会を補助する行為についてもこれを保障する必要があるとする。他方で、被疑者と弁護人等との面会を補助する行為には様々な態様のものが想定されるから、当該行為の必要性の有無及び程度や面会行為との関連性、それによって生じる弊害等諸般の事情を考慮したうえで、その行為に刑訴法39条1項の保障が及ぶか否かを判断するのが相当であるとした。

そうすると、写真撮影行為は面会そのものではないから、面会を補助する行為として刑訴法39条1項の保障が及ぶかどうかが問題となる。この点につき、佐賀地裁は、一方で、本件における写真撮影は、Yの負傷状況を記録するために行われたものであり、これは、被疑者が自己の防御活動に必要な助言を弁護人等から受けるという接見の本来的な目的を超えて、新たな証拠を作出することを目的とするものであって、かかる手段としては証拠保全を用いることができること、他方で、面会室内における写真撮影によって刑事施設内の状況が把握され、その保安・警備上重大な支障をもたらす危険性があること、写真に撮影される際の未決拘禁者の姿勢や仕草等によって、未決拘禁者が外部の特定の人物へ証拠隠滅を示唆することが可能になるおそれがあるなど、写真撮影を許可することによって、逃亡又は罪証隠滅の防止という勾留の目的を達成できなくなる危険性が高いことなどに鑑みると、写真撮影行為は面会を補助する行為としても刑訴法39条1項の保障は及ばないものと解するのが相当であるとした。

次に、本件写真撮影が規律等侵害行為にあたるかという点については、

前提として、刑務所長が面会室内への撮影機器の持込みを禁止する遵守事項を定めたことは、逃亡又は罪証隠滅の防止並びに刑事施設の適正な規律及び秩序の維持という目的に照らして必要かつ合理的な範囲にとどまるものであり、刑務所長の庁舎管理権に基づく適法なものであったとする。そうすると、Aが面会室内に携帯電話を持ち込んだこと自体が本件遵守事項に違反する行為であることに加え、面会室内での写真撮影行為には、それが逃亡、罪証隠滅に用いられる危険性や施設内の正常な状態が保持できなくなる危険性があることに照らせば、Aの写真撮影行為は、規律等侵害行為に該当すると認められるから、それを理由に接見を一時中断させた措置は適法であったとした。

これに対し、A、Bは控訴を申し立てたが、福岡高裁は、原審の判断を支持して控訴を棄却した。本判決は、その判示中で、原審が述べた「面会を補助する行為」と写真撮影の関係につき言及し、被疑者が面会に際し訴えた内容をその場で記録化することが直ちに面会を補助する行為にあたらないわけではないとする一方で、その手段を問わず、面会内容を記録化することがすべて当然に面会を補助する行為にあたるわけでもないとする。そのうえで、本件においてYが逮捕時に負傷したことを訴えたことやその負傷状況について記録化する方法は写真撮影に限られるものではないし、かかる行為は、Yが逮捕時に負傷したと訴えたという面会内容を記録に残すにとどまらず、面会時における負傷の状況を明らかにする新たな証拠を作出するものであるから、面会を補助する行為には該当しないと判示した[15]。

2　接見の概念

これまでの裁判例では、刑訴法39条1項の「接見」とは、基本的に、弁護人等と被疑者等の面会（面接による意思疎通）を意味し、それゆえ、接見交通権の保障の対象が口頭でのやり取りだけに限定されるものではない

---

15) 本判決に対しては、原告側から上告及び上告受理の申立てがなされたが、最高裁は上告を棄却するとともに、上告を受理しない決定をした（最決平30・9・18 LLI/DB07310079）。

としても、面会を補助する行為に及ぶとするのが限度であって、面会室において証拠保全目的で行われる写真撮影は、接見交通権の保障の範囲には含まれないとする立場がとられている[16]。これに対し、前述の各国賠訴訟において、原告側は、「接見」とは、単なる意思疎通にとどまらず、相互の情報発信、情報取得をも含むコミュニケーションを意味するから、写真撮影は、情報の記録化のための行為である以上、それが証拠保全の目的で行われたとしても「接見」に含まれると主張した。この考え方を支持する見解も少なくない[17]。

接見の際に、被疑者が弁護人に対し、取調べにおいて暴行を受けたと話したときに、その裏付けとすべく弁護人が被疑者の傷の状態を写真撮影するという前述の例を考えてみる。この事例で、例えば、弁護人が被疑者の傷の状態をメモすることやスケッチすることが、少なくとも接見に付随するもの、あるいはそれを補助するものとして認められることは異論のないところであろう。そして、行為の目的に照らしたときに、これらの行為と、写真を撮影することに本質的な違いはない。つまり、接見に付随する行為であることと、それが証拠保全を目的とすることとは併存しうるのであって、証拠保全を目的とした行為であるから接見交通権の保障の範囲外だとは必ずしもいえないであろう。

これに対して、前記の裁判例は、証拠保全を目的とする措置については、そのための制度が別に存在するから、証拠保全のための写真撮影は接見交通権の保障には含まれないとしている。しかし、証拠保全制度は、強制処

---

16) 接見室における写真撮影が問題とされたもう一つの裁判例である、福岡地小倉支判平27・2・26判時2276・15及びその控訴審である福岡高判平29・10・13訟月64・7・991においても、同様の判示がなされている。

17) 赤松＝髙山・前掲注11) 46、葛野尋之「接見にさいしての弁護人の写真撮影をめぐる法的問題(1)」一橋法学15・2・82、後藤昭「弁護人接見の際の容貌撮影行為の法的性格」青山法務研究論集11・24、前田裕司「接見室における写真撮影・録画」『美奈川成章先生・上田國廣先生古稀祝賀論文集——刑事弁護の原理と実践』（現代人文社、2016年）416、横井弘明「接見交通における写真撮影」中央ロー・ジャーナル13・1・90、田中優企「少年刑務所の面会室で弁護人が被疑者を携帯電話で写真撮影した行為に対して拘置所職員が執った措置の適法性」刑ジャ53・131等。

分を裁判官に求めるための制度であって、それが存在することが、接見の際に被疑者等の同意を得て行う証拠保全のための行為ができない理由にはならないと思われる[18]。

　他方で、例えば、面会室の状況を写真撮影することは、接見の内容とは関係しないから、そうした撮影までもが接見を補助するものとして接見交通権の保障の範囲内にあるということはできないであろう。そうすると、面会室における写真撮影が接見交通権の保障に含まれるか否かは、その目的によるのであって、一律に決まるものではないことになる[19]。

　もっとも、このように、写真撮影が、その目的いかんによって、接見交通権の保障の範囲に含まれるか否かが決まるとすると、弁護人等が撮影機器を接見室に持ち込もうとする場合には、撮影目的を開示させる必要が生じる。しかし、それは、接見の内容を開示することにつながるから、弁護人等は応じない可能性が高い。そして、その場合には、施設側として、撮影機器の持込みを禁止し、弁護人等が写真撮影を行いたいのであれば証拠保全制度を利用するように求めるという対応をとることを認めざるをえないであろう。このように、写真撮影が制限される場面はなお残るとはいえ、写真撮影行為が接見交通権の保障の範囲内に含まれる場合があることを認めるのであれば、一律にそれを禁止するのは過剰な制約であって、正当な目的で使用することを条件に、撮影機器の面会室への持込みを認めるべきことになる。

　学説の中には、写真撮影が接見交通権の保障の範囲に含まれないとしても、前述のような事例において、弁護人が接見の際に把握した情報を記録する行為は、正当かつ重要な弁護活動であるから、一般人による面会の場合と同様に一律にそれを制限することは許されないという意見もある[20]。接見の際の弁護人による情報の記録が弁護活動を構成するというのはそのとおりであろうが、写真撮影が正当な弁護活動かどうかは、やはりその目

---

18) 後藤・前掲注17) 26。
19) 河上和雄＝河村博・大コメ刑訴(1)445。
20) 前田・前掲注17) 421。

的によるから、それを接見交通権の保障の範囲内にあるとする見解に立つ場合と同じく、この場合にも、前述のような目的を考慮した規律がなされるべきことになろう。

なお、前述のとおり、現在の実務において写真撮影を一律に認めない理由として、撮影された写真を第三者に見せることを通じて、実質的に未決拘禁者と弁護人等以外の第三者との外部交通が可能となり、法の規定が潜脱されるおそれがあるという指摘もなされている。しかし、これは、写真撮影に特有の問題ではなく、前述した、接見内容の録音と共通する問題である。それゆえ、この点については、現在の実務を前提とするならば、写真撮影を書類等の授受に準じるものと捉えたうえで[21]、撮影後の画像を検査することにより対応すべきことになろう。

3　規律等侵害行為の該当性

現在の実務で行われているように、面会室での写真撮影を予め禁止することが許されるとした場合には、それにもかかわらず、弁護人等が撮影機器を面会室に持ち込んで撮影を行った場合に、それが、刑事収容施設法の定める規律等侵害行為に該当するとして、接見の一時停止や終了の措置をとることができるのかが問題となる。

接見の際の写真撮影が刑事収容施設法上の規律等侵害行為にあたることを理由に、接見の一時停止や終了という措置をとることに対しては、①弁護人等との接見が制限できるのは、刑訴法39条2項が定める場合に限られるから、同項が規定する「被告人又は被疑者の逃亡、罪証の隠滅又は戒護に支障のある物の授受を防ぐ」という目的以外の、刑事施設の規律や秩序の維持を目的とした制限は許されないという意見や、②仮に、刑事収容施設法独自の目的に基づく制限が許されるとしても、同法には、未決拘禁者と弁護人等との面会（接見）の方法を制限する規定は存在しないから[22]、写真撮影を禁止することはできず、それゆえに、その違反を規律等侵害行為にあたるとすることはできないという意見もある[23]。

---

21) このような考え方を示すものとして、植村立郎・注釈刑訴(1)460がある。

これに対し、前記の各高裁判決は、①について、刑訴法とは別に、刑事収容施設法独自の目的による接見の制限は可能であるとする立場に立ったうえで、②については、刑事施設の長が、個別の規定ではなく、庁舎管理権に基づき、逃亡又は罪証隠滅の防止や、刑事施設の規律及び秩序の維持のために、接見の方法を制限できるとする立場をとっている。

　このように、接見の際の写真撮影が規律等侵害行為にあたることを理由に、接見の一時停止や終了という措置をとることができるという立場に立つ場合には、次に、どのような場合に、それが規律等侵害行為にあたると評価されるのかということが問題となる。この点につき、前掲東京地判平26・11・7は、遵守事項に違反する行為等をすることにより、具体的事情のもと、未決拘禁者の逃亡のおそれ、罪証隠滅のおそれ、その他の刑事施設の設置目的に反するおそれが生ずる相当の蓋然性があると認められる場合に限って、それらの措置をとることができるとしたのに対し、それ以外の裁判例は、遵守事項違反があれば直ちに規律等侵害行為にあたるとする判断を示している[24]。

　仮に、写真撮影が接見交通権の保障の範囲に含まれるとすれば、それを一律に禁止することはできず、それを制限するためには、当該写真撮影により、刑事施設の規律及び秩序が害されるおそれが認められることが必要となる。それゆえ、規律等侵害行為に該当するか否かは、個々の事案ごとに具体的に判断されるべきことになろう。これに対し、写真撮影がそもそも接見交通権の保障の範囲に含まれないとした場合には、合理的な理由が

---

22) 刑事収容施設法は、未決拘禁者と弁護人等の面会については、面会の日及び時間帯と、面会の相手方の人数を制限する規定（118条1項・2項）、及び、面会の場所について、法務省令により、刑事施設の規律及び秩序の維持その他管理運営上の必要な制限をすることができるとする規定（同条4項）を置いているのみである。
23) 葛野・前掲注17) 582、後藤・前掲注17) 27、前田・前掲注17) 425。
24) 前掲福岡地裁小倉支判平27・2・26及び福岡高判平29・10・13は、一般論としては、「刑事施設の規律及び秩序を害する行為」とは、逃亡又は罪証隠滅並びに刑事施設の適正な規律及び秩序の維持に支障を及ぼす具体的なおそれのある行為をいうとしつつ、刑事施設の長による、面会室への撮影機器の持込みの禁止措置は適法なものであるから、それに違反して携帯電話を面会室に持ち込んで被告人の容ぼうを撮影しようとした行為は、規律等侵害行為にあたると判示している。

あれば、それを一律に禁止することも可能となる。そして、前記の各裁判例のように、面会室内での写真撮影行為には、たとえ抽象的ではあっても、それによって刑事施設内の状況が把握され、その保安・警備上重大な支障をもたらす危険性や、逃亡や罪証隠滅の防止という未決拘禁の目的を阻害する危険性が認められるという前提のもとに、刑事施設の長が面会室内への撮影機器の持込みを禁止する遵守事項を定めることが許されるとするのであれば、その違反があった場合には、それ自体が規律等侵害行為に該当すると考えるのが素直であろう。個々の事案ごとに、上記の危険性がどの程度あったのかを考慮して規律等侵害行為に該当するかどうかを判断すべきとする見解は、面会室内への撮影機器の持込みを一律に禁止することを疑問視する見解にほかならず、それは、前記のとおり、写真撮影が接見交通権の保障の範囲に含まれることを前提とするものだからである。

V　接見室からの通信

　法律上、弁護人等とそれ以外の者とで、被疑者等との接見（面会）の要件や態様が異なる以上、弁護人等が、接見の際に、通信機器を用いて、被疑者等と外部の第三者を通話させることは、被疑者等と弁護人等以外の者との接見に対する法律上の制限を無意味にするから許されない。このことは、接見禁止決定がなされている事例を想定すれば明らかであるが、そうでない場合でも同様に妥当する。もちろん、接見禁止決定がなされている場合でも、被疑者等が、弁護人等を通じて、第三者に何らかの連絡をすることは事実上可能である。しかし、その場合には、弁護人等が介在することで、逃亡や罪証隠滅につながるおそれのある事項の伝達は制限されることが期待できるのに対し、直接の通信についてはその歯止めがないから、両者は質的に異なるものといえよう。
　それとは異なり、接見の際に、弁護人等自身が外部に連絡をしたり、あるいはデータベースにアクセスしたりするために通信機器を用いることも考えられる。この場合は、上記のような問題は生じないし、接見の途中で

確認したい事項が生じたようなときに、こうしたことができれば便利であることは確かであろう。しかし、接見というのは、本来、被疑者等と弁護人等の間で行われるものであり、その際に、弁護人等が外部の者と連絡をとることは本来想定されていないものであるし、接見室での通信機器の利用を認めると、被疑者等による利用へと転用されるおそれが否定できない。加えて、接見の際に前記のような要請が生じた場合には、弁護人等がいったん接見を中断して接見室から退出したうえで外部との連絡を行うこともできるから、接見室での通信が認められないことによる不都合は大きなものではない。

　こうした理由から、現在の実務では、通話・通信が可能な携帯電話やスマートフォンの使用は認められておらず、それゆえ面会室への持込みは一律に禁止されている[25]。これに対し、通信機能をも有しているパソコンなどについては、前述のとおり、接見内容の記録を目的として使用が認められることがあるが、その場合にも通信機能を使用しないことが持込みの条件とされている。

---

25) 松田・前掲注3) 51、橋口・前掲注12) 84。

第7講　被告人の訴訟能力

I　訴訟能力の意義

1　最高裁平成7年決定

　被告人は公判手続の当事者であり、その進行と結果に直接的な利害関係を有する者であるから、公判手続を進めるためには、被告人に訴訟能力が備わっている必要がある。このことに争いはない。問題は、訴訟能力とはいかなる内容のものであり、どのような場合にそれが欠けることになるのかである。それが問題とされたのが、最決平7・2・28刑集49・2・481（以下、「平成7年決定」ということがある。）である。

　事案は、全部で11件の窃盗で起訴された被告人（X）が、重度の聴覚障害者であるうえに、言葉も話せず、文字もほとんど読めず、手話もできないため、通訳人の通訳を介しても、黙秘権を告知することは不可能であり、また、法廷で行われている各種行為の内容を正確に伝えることは困難で、X自身、現在自分が置かれている立場を理解しているかどうかも疑問である状態であったというものである。

　第1審（岡山地判昭62・11・12判時1255・39）は、Xに対する通訳の手段は、ほとんど身振り手振りの動作に限られているため、Xに対して抽象的な言葉や仮定的話法などの通訳をすることは全くといってよいほど不可能であるうえ、仮にXに通訳できた事項があったとしても、正確性の保証を確保しえないから、本件審理における通訳の有効性はほとんど失われているといわざるをえないとした。そして、本件のような極限的な事例においては、刑訴法が公訴の適法要件として本来当然に要求する訴追の正当な利益が失われているとして、同法338条4号により、公訴提起の手続自体が不適法であった場合に準じて、公訴棄却の判決を言い渡した。

これに対し、検察官は、①通訳人を介してもＸと意思の疎通を図ることが不可能な状態であるとの第１審判決の認定には事実誤認がある、②仮に、被告人が公判廷で行われている手続の意味を全く理解できない状態にあるとしても、その場合には、刑訴法314条１項本文を適用して公判手続を停止すべきであり、同法338条４号を適用して公訴棄却の判決を言い渡した第１審判決には、刑訴法の解釈適用の誤りがあるとして、控訴した。

 控訴審（広島高岡山支判平３・９・13判時1402・127）は、まず、上記の控訴理由①に関しては、Ｘに、裁判手続の中で訴訟行為をなすにあたり、その行為の意義を理解し、自己の権利を守る能力（訴訟能力）があると認めるには、極めて疑問が大きいとする。そのうえで、上記②については、本件のように公訴提起の手続に何らの瑕疵がない場合にまで刑訴法338条４号を適用すべきではなく、第１審が、本件が極限的事例であることの根拠として認定している事実は、結局、Ｘには訴訟能力が欠けていることを意味しているから、その場合には、手続の公正を確保するため、同法314条１項を準用して公判手続を停止すべきであるとして、第１審判決を破棄した。

 これに対し、弁護人は、本件で公判手続を停止した場合、今後、Ｘに訴訟能力が備わる見込みはない以上、公判が再開されることは考えにくいから、Ｘは生涯にわたって被告人としての地位に置かれることになり、これは、迅速な裁判を受ける権利を保障した憲法37条１項に違反するなどとして、上告を申し立てた。

 最高裁は、まず、「刑訴法314条１項にいう『心神喪失の状態』とは、訴訟能力、すなわち、被告人としての重要な利害を弁別し、それに従って相当な防御をすることのできる能力を欠く状態をいう」とする。そのうえで、Ｘは、耳も聞こえず、言葉も話せず、手話も会得しておらず、文字もほとんど分からないため、通訳人の通訳を介しても、Ｘに対して黙秘権を告知することは不可能であり、また、法廷で行われている各訴訟行為の内容を正確に伝達することも困難で、Ｘ自身、現在置かれている立場を理解しているかどうかも疑問であるという本件の事実関係のもとでは、Ｘに訴訟能

力があることには疑いがあるとした。そして、このような場合には、裁判所としては、刑訴法314条4項により医師の意見を聴き、必要に応じ、さらに聾教育の専門家の意見を聴くなどして、被告人の訴訟能力の有無について審理を尽くし、訴訟能力がないと認めるときは、原則として同条1項本文により、公判手続を停止すべきものと解するのが相当であるとして、原審の判断は、結論として正当であると判示した。

　以上のとおり、本決定は、公判手続を停止するとした原審の判断を支持したわけであるが、これだけでは、上告趣意において指摘されていた問題点、すなわち、本件のような場合、検察官が公訴を取り消さないかぎり、Xが生涯にわたって被告人としての地位に置かれることになるという問題点は、解決されないまま残ることになる。この点に関し、本決定に付された千種裁判官の補足意見は、公判手続を停止した後に裁判所がとるべき措置について、次のように述べた。

　「裁判所は、訴訟の主宰者として、被告人の訴訟能力の回復状況について、定期的に検察官に報告を求めるなどして、これを把握しておくべきである。そして、その後も訴訟能力が回復されないとき、裁判所としては、検察官の公訴取消しがない限りは公判手続を停止した状態を続けなければならないものではなく、被告人の状態等によっては、手続を最終的に打ち切ることができるものと考えられる。ただ、訴訟能力の回復可能性の判断は、時間をかけた経過観察が必要であるから、手続の最終的打切りについては、事柄の性質上も特に慎重を期すべきである。」

　このように、補足意見において、公判手続の停止後も、訴訟能力が回復しないにもかかわらず、検察官が公訴を取り消さない場合には、裁判所が手続を打ち切ることを認める解釈が示された。もっとも、本件については、本決定後、平成9年に差戻審で公判を停止する旨の決定が出された後、平成11年に、訴訟能力が回復することは期待できないとして、検察官が公訴を取り消し、公訴棄却になるという経過をたどったため、この問題が改めて取り上げられることはなく、問題の解決は先送りされるかたちになった。

2　訴訟能力の概念

　刑訴法314条1項は、被告人が心神喪失の状態にあるときは、その状態の続いている間、公判手続を停止しなければならないと規定している。刑法上の心神喪失（39条1項）とは、精神の障害により事物の理非善悪を弁識する能力又はその弁識に従って行動する能力のない状態をいうとされており（大判昭6・12・3刑集10・682）、これに沿って、刑訴法314条1項にいう心神喪失も、精神の障害により防御能力を欠く場合とする考え方もありうる[1]。この見解によれば、本件のように、聴覚障害が原因となって防御能力を欠く場合には、心神喪失には該当しないから、同項は直接には適用されないことになろう[2]。

　しかし、これに対しては、同項の趣旨は、被告人の防御権を尊重して手続の公正を担保しようとする点にあるから、そこでいう「心神喪失」というのも、その趣旨に沿って、原因のいかんにかかわらず防御能力を欠くすべての場合を指すとする見解が支配的であった[3]。本決定は、刑訴法314条1項にいう「心神喪失の状態」とは、訴訟能力を欠く状態をいうとしており、この立場を採用したものといえよう。

　そのうえで、本決定は、訴訟能力とは、「被告人としての重要な利害を弁別し、それに従って相当な防御をすることのできる能力」をいうとしている。訴訟能力の意義については、本決定以前に、最決昭29・7・30刑集8・7・1231によって判示がなされていた。この事案は、第1審において精神分裂病（統合失調症）と鑑定され、心神耗弱と認定された被告人による控訴取下げの効力が争われたものである。最高裁は、訴訟能力とは、「一定の訴訟行為をなすに当り、その行為の意義を理解し、自己の権利を守る能力を指す」から、刑法上の責任能力とは異なるとしたうえで、本件では、

---

1) 渡辺修「聴覚障害者と刑事裁判の限界」判タ897・41、佐々木史朗「訴訟能力の欠如と公判手続の停止」平成4年度重要判例解説204。
2) 本件の原審を含めて、本決定以前の下級審裁判例は、聴覚・言語障害者の場合には、刑訴法314条1項を準用して公判手続を停止すべきとしていた（大阪地決昭63・2・29判時1275・142、東京地八王子支決平2・5・29判タ737・247）。
3) 団藤重光『新刑事訴訟法綱要［7訂版］』（創文社、1967年）112等。

控訴を取り下げた時点において、被告人には訴訟能力があったと認められるとした。

　平成7年決定の事案が、公判手続を進行させるうえで被告人に備わっていなければならない能力（公判手続続行能力）が問題とされたものであったのに対し、本件は、控訴の取下げという個別の訴訟行為を行うために必要な能力（訴訟行為能力）が問題とされたものである。それゆえ、同じく訴訟能力という言葉が使われてはいるが、その内容は必ずしも一致するものではないであろう。実際に、平成7年決定後、死刑判決の言渡しを受けた被告人の控訴取下げの有効性が問題とされた事案において、最高裁は、被告人の上訴取下げが有効であるためには、被告人において上訴取下げの意義を理解し、自己の権利を守る能力を有することが必要であるとしたうえで、死刑判決に対する上訴取下げは、死刑判決を確定させるという重大な法律効果を伴うものであるから、死刑判決の言渡しを受けた被告人が、その判決に不服があるのに、死刑判決宣告の衝撃及び公判審理の重圧に伴う精神的苦痛によって拘禁反応等の精神障害を生じ、その影響下において、その苦痛から逃れることを目的として上訴を取り下げた場合には、被告人は、自己の権利を守る能力を著しく制限されていたものというべきであり、その上訴取下げは無効と解するのが相当であるとした（最決平7・6・28刑集49・6・785）。そして、本件被告人は、本件控訴取下げ時において、自己の権利を守る能力を著しく制限されていたものというべきであるから、本件控訴取下げは無効であると判示したのである。

　この事件の被告人には、平成7年決定がいう「被告人としての重要な利害を弁別し、それに従って相当な防御をすることのできる能力」は備わっていたと評価できるとの指摘もなされており[4]、そうだとすると、本決定により、公判手続続行能力と訴訟行為能力とでは、その内容ないし判断基準が異なることが示されたということができよう[5]。

4）川口政明・最判解刑（平7）132、駒田秀和「被告人の訴訟能力」判例百選(10) 119。

Ⅱ　訴訟能力の判断基準

1　判例の展開

　訴訟行為能力としての訴訟能力は、問題となる訴訟行為の内容やそれによる法的効果の重大性に応じて、要求される能力の内容や程度が異なりうるものである。これに対し、公判手続続行能力という意味での訴訟能力の内容は統一的なものということになる。問題は、そのうえで、どのような基準により、それが備わっているか否かを判断すべきなのかである。この点、平成7年決定は、X（被告人）の訴訟能力に疑いがあるという結論を導くにあたって、①Xに対して黙秘権を告知することが不可能であること、②Xに対して法廷で行われている各訴訟行為の内容を正確に伝達することが困難であること、③X自身、現在置かれている立場を理解しているかどうかも疑問であること、を指摘していた。しかし、その判示からは、訴訟能力を認めるためには、この3点がいずれも否定されなければならないのか、また、黙秘権の告知、訴訟行為の内容の伝達、自己の置かれている立場の理解それぞれについて、どの程度のものが要求されるのかは、必ずしも明らかではない。つまり、平成7年決定は、被告人の訴訟能力に疑いがあるとした原審の判断を是認したにとどまり、訴訟能力の判断基準についてまで明示したものではなかったのである[6]。そのため、この点が問題として残されることになった。その後、それについて判断を示したのが、最判平10・3・12刑集52・2・17である。

　事案は、常習累犯窃盗の事実により起訴された被告人が、重度の聴覚障害及び言語を習得しなかったことによる二次的精神遅滞により、精神的能

5）中谷雄二郎・最判解刑（平7）274。それを前提に、言葉の用い方としても、個々の訴訟行為に必要な能力は、訴訟行為の性質や効果の重大性に応じて変わりうるものであるので、それを一つの概念で言い表すのは適当ではなく、訴訟能力というのは、平成7年決定が問題とした公判手続続行能力を指すものとして使用するのが適当であるとの指摘もなされている（川口・前掲注4）132）。

6）中谷雄二郎・最判解刑（平10）21。

力及び意思疎通能力に重い障害を負っているため、訴訟能力が備わっているかどうかが争われたというものである。第1審裁判所は、被告人には訴訟能力に欠けるところがないとして、実体審理を行ったうえ、公訴事実と同旨の事実を認定して、有罪判決を言い渡した。

　弁護人による控訴を受けた原審裁判所は、逆に、以下のような理由により、被告人は訴訟能力を欠く状態にあるとして、第1審判決を破棄した。

　「(1)　被告人は、音声言語、文字言語はもちろん、体系的な手話や指文字（手指言語）も使用できず、意思疎通の手段としては、主として、独自性の強いわずかな手話と表情、身振り、動作に依存せざるを得ない状態にある。また、被告人には、言語を習得しなかったことによる二次的精神遅滞がみられ、精神的諸能力のうち、非言語的な動作性知能の水準は、精神年齢9歳程度で、軽度の精神薄弱の範囲内にあるが、言語性の知能は、言語の習得に伴って形成されるべき一般的、抽象的概念と思考体系が欠けているため、測定不可能なほどに低い。このように、被告人の意思疎通能力は、手段の面で制約されているだけでなく、認識、思考の面においても、言語なき生活によって形成された概念や思考体系による表現と理解に限定されるから、その程度は極端に低く、あえてたとえるならば、3、4歳のレベルにある。

　(2)　被告人は、単独で被告人としての重要な利害を弁別し、それに従って相当な防御をなし得る能力を有しないだけでなく、防御上弁護人等の協力を求めるにしても、その前提となる意思の疎通がほとんど不可能な状態にある。すなわち、訴訟においては言語による交信能力と一般的、抽象的な認識、思考能力が決定的に重要であるが、被告人の場合、意思交信の手段が極めて乏しい上、一般的、抽象的な認識、思考能力がほとんどなく、意思疎通の範囲は極めて限定された状態にある。そのため、黙秘権、弁護人選任権などの言葉の意味を理解することができず、また、法廷における訴訟関係人の役割や訴訟手続の意味、各訴訟行為の内容、特に公訴事実に関する検察官の立証内容や訴訟の成り行き等の大筋を理解し、自分に有利な事実を弁護人に知らせ、弁護人と防御に関して相談することなどは到底

できない。」

　これに対し、検察官が、原判決は平成7年決定に反するなどとして、上告を申し立てた。最高裁は、検察官の主張する判例違反については、平成7年決定は本件とは事案を異にするとして、それを退けた。そのうえで、被告人が精神的能力及び意思疎通能力に重い障害を負っている一方で、社会的適応能力は一応備えていること、多数の同種前科を有し、自ら何回にもわたって刑事訴訟手続を体験してきたことに伴い、刑事訴訟手続の流れについて相応の理解を有していること、第1審及び原審において、各訴訟行為の内容について、通訳人による手話通訳が行われ、被告人は、本件各手続において、意味のある対応をしていること、第1審における防御活動は、被告人が弁護人及び通訳人の援助を受けることにより自ら行うか、又は弁護人が被告人の意向を酌み取って行うことにより、本件公訴事実への関与を否認するという被告人の基本的な防御方針に沿ったかたちで行われていること、といった事実を指摘し、被告人の訴訟能力について、以下のように判示した。

　「1　被告人は、重度の聴覚障害及び言語を習得しなかったことによる二次的精神遅滞により、抽象的、構造的、仮定的な事柄について理解したり意思疎通を図ることが極めて困難であるなど、精神的能力及び意思疎通能力に重い障害を負ってはいるが、手話通訳を介することにより、刑事手続において自己の置かれている立場をある程度正確に理解して、自己の利益を防御するために相当に的確な状況判断をすることができるし、それに必要な限りにおいて、各訴訟行為の内容についても概ね正確に伝達を受けることができる。また、個々の訴訟手続においても、手続の趣旨に従い、手話通訳を介して、自ら決めた防御方針に沿った供述ないし対応をすることができるのであり、黙秘権についても、被告人に理解可能な手話を用いることにより、その趣旨が相当程度伝わっていて、黙秘権の実質的な侵害もないということができる。しかも、本件は、事実及び主たる争点ともに比較的単純な事案であって、被告人がその内容を理解していることは明らかである。

2　そうすると、被告人は、重度の聴覚障害及びこれに伴う二次的精神遅滞により、訴訟能力、すなわち、被告人としての重要な利害を弁別し、それに従って相当な防御をする能力が著しく制限されてはいるが、これを欠いているものではなく、弁護人及通訳人からの適切な援助を受け、かつ、裁判所が後見的役割を果たすことにより、これらの能力をなお保持していると認められる。したがって、被告人は、第1審及び原審のいずれの段階においても、刑訴法314条1項にいう『心神喪失の状態』にはなかったものと認めるのが相当である。」

2　訴訟能力の判断基準

　平成7年決定における被告人は、社会内で自活しており、それに見合うだけの意思疎通能力を有していたが、それでも、最高裁は、被告人に対して黙秘権の告知が不可能であることや、法廷で行われている訴訟行為の内容を正確に伝達することが困難であること、自己の置かれた立場を理解しているか疑問であることを指摘して、その訴訟能力に疑いがあるとした。一般的にいえば、実生活の場とは異なり、訴訟空間においては、言語的コミュニケーション能力や概念的思考能力などが決定的に重要である[7]。そこから、平成7年決定は、訴訟能力があるというためには、自己の置かれた立場、各訴訟行為の意味、黙秘権等の権利の内容についての一般的・抽象的・言語的な理解能力ないし意思疎通能力が必要であるとしたものだとする理解もあった[8]。本件の原判決も、そのような考え方に基づいて訴訟能力を否定したものといえよう。

　これに対し、本判決は、被告人が、精神的能力及び意思疎通能力に重い障害を負っており、抽象的、構造的、仮定的な事柄について理解したり意思疎通を図ったりすることが極めて困難であることを認めつつ、他方で、①手話通訳を介することにより、刑事手続において自己の置かれている立

---

[7]　川口・前掲注4）135。
[8]　青木紀博「(1)刑訴法314条1項にいう「心神喪失状態」の意義、(2)耳が聞こえず言葉も話せないことなどから被告人の訴訟能力に疑いがある場合と刑訴法314条1項本文による公判手続の停止」判例評論448・78。

場をある程度正確に理解して、自己の利益を防御するために相当に的確な状況判断をすることができること、②それに必要な限りにおいて、各訴訟行為の内容についても概ね正確に伝達を受けることができること、③個々の訴訟手続においても、手続の趣旨に従い、手話通訳を介して、自ら決めた防御方針に沿った供述ないし対応をすることができること、④黙秘権についても、被告人に理解可能な手話を用いることにより、その趣旨が相当程度伝わっており、黙秘権の実質的な侵害もないことから、訴訟能力が著しく制限されてはいるが、弁護人及び通訳人からの適切な援助を受け、かつ、裁判所が後見的役割を果たすことにより、訴訟能力をなお保持していると認められるとした。つまり、訴訟能力が認められるためには、一般的・抽象的・言語的な理解能力ないし意思疎通能力までは必要でなく、具体的・実質的・概括的な理解能力ないし意思疎通能力があれば足りるとしたのである[9]。これは、訴訟能力は、被告人が単独で十分な防御をなしうることまで必要とするわけでなく、本判決も指摘しているように、弁護人の適切な援助と裁判所による後見的役割を前提に、それが備わっているか否かが判断されるものであるから[10]、そうだとすると、被告人に、具体的・実質的・概括的な理解能力ないし意思疎通能力があれば、弁護人や裁判所の関与によって、その権利が実質的に侵害されるのを防ぎ、また、その権利の行使を実質的に保障することができるという考え方によるものであろう[11]。

3　訴訟運営への影響

このように、本判決によって、平成7年決定からは必ずしも明らかでな

---

9 ）中谷・前掲注6 ）25。
10）川口・前掲注4 ）134。
11）諸外国においては、一般に、訴訟能力について、一般的・抽象的・言語的な理解能力ないし意思疎通能力に相当する能力が必要とされており、それゆえ、本判決が示したよりも高い能力が要求されていることになる。諸外国においてそのような立場がとられているのは、社会に危険を及ぼすおそれのある訴訟無能力者に対する病院収容処分等の、訴訟無能力者に対する治療ないし社会の安全の維持のための受け皿が存在していることと関係があるとの指摘もなされている（中谷・前掲注6 ）24。

かった訴訟能力の判断基準についての具体的指針が示されることになった。それと同時に、本判決が、被告人の一般的な精神的能力や意思疎通能力だけでなく、当該刑事手続における被告人の供述や対応などを詳細に検討して訴訟能力の有無を判断するとしていることから、裁判所の訴訟運営の在り方に関しても、本判決のもとでは、当事者から被告人の訴訟能力に関する疑義が出された場合に、直ちに鑑定を行うのではなく、慎重に実体審理を進めるなどの弾力的な訴訟運営が求められることになるとの指摘もなされている[12]。

Ⅲ　訴訟能力の回復の見込みがない場合の処理

1　判例の展開

　平成7年決定後に残されたもう一つの問題は、被告人の訴訟能力に疑いがあるとして公判手続が停止された後、それが回復する見込みがない場合に、裁判所がどのような措置をとることができるのかである。この問題につき、前述のとおり、平成7年決定に付された千種裁判官の補足意見は、検察官の公訴取消しがなされることを期待しつつも、裁判所が、手続を最終的に打ち切ることができるとする考え方を示していた。その後、この点が争われ、最高裁が判断を下すことになったのが、最判平28・12・19刑集70・8・865である。事案は、以下のようなものであった。

　被告人（X）は、殺人、銃砲刀剣類所持等取締法違反の事実により、平成7年9月25日に起訴された。第1回公判期日において、弁護人により、Xが精神疾患に罹患していることを理由に公判手続の停止の申立てがなされ、第2回公判期日以降、公判手続の停止に関する審理が行われた後、第1審裁判所は、平成9年3月28日の第7回公判期日において、Xが心神喪失の状態にあると認め、刑訴法314条1項により、その状態の続いている

12）中谷・前掲注6）27、三好幹夫「被告人に訴訟能力がないために公判手続が停止された後訴訟能力の回復の見込みがないと判断される場合と公訴棄却の可否」刑ジャ54・167。

間、公判手続を停止する旨を決定した。その後、Xの勾留の執行が停止され、Xは、精神保健福祉法に基づく措置入院を受けた。Xの入院治療はその後も続けられ、約17年間にわたり公判手続が停止された。この間、幾度も、弁護人から検察官に対し、公訴の取消しの申入れがなされたほか、経過観察を続けてきた裁判所からも、公訴の取消しの検討の依頼等がなされたが、検察官は一貫して公訴を取り消さないという方針をとっていた。

　第1審裁判所は、Xについて、非可逆的な慢性化した統合失調症の症状に脳萎縮による認知機能の障害が重なっており、訴訟能力はなく、その回復の見込みがないと認定したうえで、被告人に訴訟能力の回復の見込みがなく、裁判所による公訴の取消しの検討依頼等に対し、検察官が公訴を取り消さない旨繰り返し回答している本件においては、公訴提起後に重要な訴訟条件を欠き、後発的に、公訴提起の手続がその規定に違反したため無効になったものとして、刑訴法338条4号を準用して、公訴棄却の判決を言い渡した。そこで、検察官が控訴し、第1審判決には不法に公訴を棄却した誤りがある旨主張した。

　これに対し、原判決は、まず、第1審判決が、被告人について、訴訟能力が欠けており、その回復の見込みがないとした判断には誤りはないとした。そのうえで、第1審裁判所がとった公訴棄却の措置については、次のように述べた。

　まず、本件のような場合に裁判所が訴訟手続を打ち切ることができるかについては、前提として、刑訴法上、公判手続を停止した後、被告人に訴訟能力の回復の見込みがないのに検察官が公訴を取り消さない場合、裁判所がいかなる措置を講ずべきかについては規定がなく、訴追の権限を独占的に有している検察官が公訴を取り消さないのに、裁判所が訴訟手続を一方的に打ち切ることは基本的には認められていないから、そこでは、検察官による公訴の取消しの合理的な運用が期待されているというのが自然な理解であり、当事者追行主義とも整合するとする。そこから、裁判所が訴訟手続を打ち切ることができるのは、公判手続を停止した後、訴訟能力の回復の見込みがないのに検察官が公訴を取り消さないことが明らかに不合

理であると認められるような極限的な場合に限られるとした。

　そのうえで、本件については、公訴を取り消さない判断をした検察官の裁量を合理的でないと断定することはできず、検察官が公訴を取り消さないことが明らかに不合理であると認められる極限的な場合にあたるとはいえないから、第1審判決は、刑訴法338条4号の解釈適用を誤り、不法に公訴を棄却したものであるとして、それを破棄した。そこで、弁護人が上告を申し立てた。

　これに対し、最高裁は、まず、Xは、非可逆的で慢性化した統合失調症の症状に加え、脳萎縮による認知機能の障害が重なり、訴訟能力が欠けており、その回復の見込みがないとした原判断は正当であるとした。そのうえで、本件のような場合に裁判所がとり得る措置について、以下のように述べた。

　「訴訟手続の主宰者である裁判所において、被告人が心神喪失の状態にあると認めて刑訴法314条1項により公判手続を停止する旨決定した後、被告人に訴訟能力の回復の見込みがなく公判手続の再開の可能性がないと判断するに至った場合、事案の真相を解明して刑罰法令を適正迅速に適用実現するという刑訴法の目的（同法1条）に照らし、形式的に訴訟が係属しているにすぎない状態のまま公判手続の停止を続けることは同法の予定するところではなく、裁判所は、検察官が公訴を取り消すかどうかに関わりなく、訴訟手続を打ち切る裁判をすることができるものと解される。刑訴法はこうした場合における打切りの裁判の形式について規定を置いていないが、訴訟能力が後発的に失われてその回復可能性の判断が問題となっている場合であることに鑑み、判決による公訴棄却につき規定する同法338条4号と同様に、口頭弁論を経た判決によるのが相当である。

　したがって、被告人に訴訟能力がないために公判手続が停止された後、訴訟能力の回復の見込みがなく公判手続の再開の可能性がないと判断される場合、裁判所は、刑訴法338条4号に準じて、判決で公訴を棄却することができると解するのが相当である。」

2 裁判所による手続打切りの可否

　刑訴法には、被告人が訴訟能力を欠いた状態にある場合に、その状態が続いている間、裁判所が公判手続を停止しなければならないとする規定（314条1項）があるのみで、訴訟手続を打ち切ることを認めた規定は置かれていない。ここからは、刑訴法は、公判手続の停止後、被告人の訴訟能力が回復して公判が再開されるか、それが回復する見込みがない場合には、検察官によって公訴の取消し（257条）がなされ、裁判所が公訴を棄却する（339条1項3号）かのどちらかを想定しており、裁判所が自ら手続を打ち切ることは認めていないという解釈[13]も導きうる。原判決は、基本的にそのような考え方に立ったうえで、本件を、公訴を取り消すか、それとも維持するかという意味での検察官の訴追裁量権の問題に載せて解決を図ろうとしたものと考えられる。つまり、被告人の訴訟能力が回復する見込みがない場合には、本来、訴追裁量権を有する検察官が公訴を取り消すことが期待されているという前提に立ったうえで、極限的な場合には公訴権濫用が認められるとした判例（最決昭55・12・17刑集34・7・672）に則るかたちで、検察官が公訴を取り消さないことが明らかに不合理であると認められるような極限的な場合には、裁判所が訴訟手続を打ち切ることができるとしたのである。そのうえで、原判決は、本件はそれにはあたらないから手続を打ち切ることはできないと判示した。

　これに対して、最高裁は、検察官の訴追裁量権を介在させることなく、端的に、裁判所が訴訟手続を打ち切ることができるとしている。その根拠としては、事案の真相を解明して刑罰法令を適正迅速に適用実現するという刑訴法の目的に照らすと、形式的に訴訟が係属しているにすぎない状態のまま公判手続の停止を続けることは同法の予定するところではないという点が挙げられている。つまり、被告人に訴訟能力の回復の見込みがなく公判手続の再開の可能性がない場合には、判決に至る可能性もないから、刑罰法令を適用実現することはできない。そうすると、そのような状態で

13）土本武司「訴訟能力の欠如と公訴棄却」捜査研究757・10。

手続を係属させても無意味であるから、そうした場合には裁判所が手続を打ち切ることを、刑訴法自体が予定しているということであろう。

この点に関連して、本判決に付された池上裁判官の補足意見は、現行刑訴法が、当事者による訴訟追行を基調とするものであることから、当事者である被告人について訴訟能力の欠如が回復する見込みがないときには、実質的に当事者の一方が存在しない状態となり、その基本的な訴訟構造が失われたということができる旨を述べている。裁判所が訴訟手続を打ち切ることができる根拠として、このような説明も可能であるが[14]、被告人の訴訟能力が回復する見込みがないままに公判手続の停止を続けたとしても、刑訴法の目的である刑罰法令の適用実現を達成できないということは、本来、訴訟構造が当事者主義か職権主義かにかかわらず妥当することである。法廷意見が、訴訟構造にあえて言及しなかったのは、そのためであると考えられる。

そこで、次に問題となるのは、裁判所が、いかなる形式の裁判で訴訟手続を打ち切るかである。この点については、被告人に訴訟能力の回復の見込みがない場合は、実質的には被告人が欠けていると評価できるとして、被告人が死亡した場合について定めた刑訴法339条1項4号を準用する考え方もある[15]。これに対し、本判決は、訴訟能力が後発的に失われてその回復可能性の判断が問題となっている場合であることから、口頭弁論を経た判決によるのが相当であるとして、同法338条4号に準じて公訴を棄却するものとした。第1審判決が、本件では、公訴提起後に、被告人の訴訟能力という重要な訴訟条件が欠けたことにより、後発的に「公訴提起の手続がその規定に違反したため無効」になったものとして、338条4号を準用して公訴を棄却したのに対し、本判決は、裁判の形式として、口頭弁論を経た判決によるべきであるという観点から、同号に準じて公訴を棄却す

---

14) 同様の根拠を挙げるものとして、松尾・刑訴（下）166、酒巻・刑訴237等がある。
15) 鈴木・刑訴44。本決定に付された池上裁判官の補足意見も、刑訴法338条4号に準じて公訴棄却するという法廷意見の結論を支持しつつも、手続打切りの実質的根拠を述べた部分では、被告人が実質的に欠けているとして、同法339条1項4号に言及している。

るとしているにとどまる。これは、本判決が、本件における問題の本質を、後発的に訴訟条件が欠け、公訴提起の手続が違法・無効となるか否かではなく、端的に、刑訴法の趣旨に照らして訴訟係属状態を維持すべきではないという観点から、公訴棄却により手続を打ち切るか否かという点にあると捉えたことによるものであろう[16]。それゆえ、本判決によれば、338条4号は、本件における手続打切りの根拠規定というよりも、本件では訴訟能力の回復可能性という実質的な判断が求められることから、裁判の形式を判決とするために持ち出されているにすぎないものということになろう。

本判決により、裁判所が、公判手続を停止した後、訴訟能力の回復の有無について継続的な職権調査を行ったうえで、訴訟能力が回復する見込みがなく公判手続の再開の可能性がないと判断するに至れば、公訴棄却により手続を打ち切ることができることが明らかにされた。この考え方を推し進めれば、裁判所が、仮に公判手続を停止したとしても、被告人の訴訟能力が回復する見込みがないと判断できる場合には、公判手続を停止することなく、直ちに公訴棄却とすることもできるということになろう[17]。

---

[16] 川田宏一・最判解刑（平28）297。
[17] 三好・前掲注12）169、松代剛枝「訴訟能力欠如を理由とする公訴棄却の適否」平成28年度重要判例解説193、滝沢誠「被告人に訴訟能力がないために公判手続が停止された後訴訟能力の回復の見込みがないと判断される場合と公訴棄却の可否」論究ジュリ26・212。

第8講　刑事手続における証人の保護

I　問題の所在

　裁判員制度の導入に伴い、公判審理における直接主義・口頭主義の実質化が求められ、人証中心の証拠調べが行われるようになったことにより、証人尋問の重要性が高まっている。その一方で、証人尋問は、証人となる者に様々な負担を負わせるものであるから、不相当な負担を避けるとともに、できるかぎりそれを軽減する必要がある。その意味で、現在は、証人の保護の要請も同時に高まっており、そのための施策が求められているのである。

　刑事手続における証人の保護という場合、そこには、主として2つの内容が含まれている。その一つは、証人又は証人予定者が、被告人の有罪を立証するための情報を提供したり、提供しようとしたりすることにより、被告人やその周辺の者から加害行為等を受けるのを防止することである。もう一つは、公判における証言に伴って証人に生じる精神的負担を軽減することであり、証人が犯罪被害者である場合には、このことが、第二次被害の防止として現れてくることになる。いずれの点についても、近年、被害者保護のための施策の進展と相まって、立法及び運用の両面において顕著な変化が見られる。

II　加害行為等の防止

1　従来の規定

　証人に対する加害行為等を防止するための規定として、実体法上は、刑法に証人等への威迫行為を処罰する規定が置かれている（105条の2）。ま

た、手続法上は、被告人が、事件の審判に必要な知識を有すると認められる者やその親族の身体もしくは財産に害を加えたり、これらの者を畏怖させる行為をしたりする疑いがある場合に、保釈を認めないとする規定（刑訴法89条5号）、及び実際にそのような行為を行った場合に、保釈を取り消す規定（96条1項4号）が置かれている。

2 証人に関する情報の保護

(1) 情報の開示の制限

ア 平成11年刑訴法改正

刑訴法では、証人尋問を請求する場合、予め、相手方に対して証人の氏名及び住居を知る機会を与えなければならず、証拠書類又は証拠物の取調べを請求する場合には、予め、相手方にそれを閲覧する機会を与えなければならないとされている（299条1項）。しかし、暴力団が関係する犯罪などの場合には、被告人に不利な証言を行う証人やその親族に対して、脅迫、威迫等が行われるおそれが高い。そこで、平成11年に、組織犯罪対策関連立法の一環として、刑訴法が改正され、上記の機会を与えるにあたり、証人又は証拠書類や証拠物にその氏名が記載・記録されている者やその親族の身体や財産に対する加害行為や、それらの者を畏怖・困惑させる行為がなされるおそれがあると認められる場合には、相手方に対し、その旨を告げて、これらの者の住居や勤務先等の通常所在する場所が特定される事項が、被告人を含む関係者に知られないようにするなど、証人等の安全が脅かされることのないように配慮することを求めることができるとする規定が置かれた（299条の2）。ただし、犯罪の証明や犯罪の捜査又は被告人の防御に必要がある場合は、適用外とされている。

さらに、裁判長は、公判における証人尋問の際に、上記と同様のおそれがあり、証人等の住居や勤務先等の通常所在する場所が特定される事項が明らかにされたならば証人等が十分な供述をすることができないと認めるときは、当該事項についての尋問を制限することができるとされた（295条2項）。ただし、これについても、検察官のする尋問を制限することにより犯罪の証明に重大な支障を生ずるおそれがあるとき、又は被告人もし

くは弁護人のする尋問を制限することにより被告人の防御に実質的な不利益を生ずるおそれがあるときは、制限はできないものとされている。

　これらの規定は、条文の文言上は、両当事者が名宛人となっているが、実際には、検察官が申請する、被告人に不利な証言をする証人が、その主たる対象として想定されている。

イ　平成28年刑訴法改正
(ｱ)　制度の概要

　このように、証人等への加害行為等を防止するという観点から、証人等の住居等の情報の開示に関して一定の制限を認める規定が置かれたわけであるが、これだけでは、証人等への加害行為等を防ぎきれない場合があることは否定し難い。その一方で、証人となる者の氏名や住居を知ることが、被告人の防御にとって必ずしも不可欠ではない場合も考えられる。そこで、平成28年の刑訴法の改正により、証人の氏名及び住居の開示に伴う加害行為等を防止するために、検察官が新たな措置をとることができるとする規定が置かれることになった。

　検察官がとりうる措置は、2段階に分かれる。まず、検察官は、刑訴法299条1項の規定により証人の氏名及び住居を知る機会を与えるべき場合において、証人又はその親族への加害行為や、それらの者を畏怖・困惑させる行為がなされるおそれがあると認めるときは、弁護人に対し、証人の氏名・住居を知る機会を与えたうえで、それを被告人に知らせてはならない旨の条件を付し、又は被告人に知らせる時期もしくは方法を指定することができる（以下、「条件付与等措置」という。）。ただし、その証人の供述の証明力の判断に資するような被告人その他の関係者との利害関係の有無を確かめることができなくなるなど、被告人の防御に実質的な不利益を生じるおそれがあるときは、この措置をとることはできないとされている（299条の4第1項）。

　また、証拠書類や証拠物を閲覧する機会を与えるべき場合においても、それらに氏名もしくは住居が記載されている者であって検察官が証人として尋問を請求するもの又は供述録取書等の供述者について、299条の4第

1項と同様の要件のもとで、その氏名及び住居について、条件付与等措置をとることができるものとされている（同条3項）。

　これらの措置は、従来の措置と異なり、証人の住居だけでなく氏名をも秘匿の対象としたうえで、弁護人に対して、検察官から配慮を要請するにとどまらず、設定された条件を遵守することを義務付けるものである。そのため、弁護人が条件に違反したときは、検察官が、その所属する弁護士会又は日本弁護士連合会に通知し、適当な処置をとるべきことを請求することができるものとされている（299条の7第1項）。

　さらに、条件付与等措置によっては、証人等への加害行為等を防止できないおそれがあると認めるときは、検察官は、弁護人に対しても、証人の氏名又は住居を知る機会を与えないことができる（299条の4第2項）。この場合は、氏名に代わる呼称、住居に代わる連絡先を知る機会を与えるものとされている（以下、「代替開示措置」という）。具体的には、氏名に代わる呼称については、事件当時の旧姓（氏）や一定範囲で通用していた通称が、住居に代わる連絡先については、措置対象者から委託を受けた弁護士の事務所の名称及び所在地などが想定されている[1]。条件付与等措置をとった場合にも、意図的か否かを問わず、弁護人を通じて被告人に証人の氏名や住居が伝わってしまう可能性があることを前提とした制度である。ただし、この措置も、被告人の防御に実質的な不利益を生じるおそれがある場合にはとることができない。

　証拠書類や証拠物を閲覧する機会を与えるべき場合においても、検察官は、同じ要件のもとで、検察官請求証人の氏名又は住所が記載されている部分に関して、同様の措置をとることができる（299条の4第4項）[2]。

　検察官は、上記のいずれの措置についても、それをとった場合には、速やかにその旨を裁判所に通知しなければならない（299条の4第5項）。そ

1）条解1355。
2）これらの規定は、公判前整理手続における開示にも準用される（316条の23第2項）。また、裁判所における訴訟に関する書類や証拠物の閲覧についても、同様の措置をとることができるものとされている（299条の6）。

して、裁判所は、①加害行為等のおそれがないとき、②被告人の防御に実質的な不利益を生ずるおそれがあるとき、③検察官が代替開示措置をとった場合において、条件付与等措置によって加害行為等を防止できるときには、被告人又は弁護人の裁定請求により、決定で、検察官がとった措置の全部又は一部を取り消さなければならないとされている（299条の5第1項）。同請求に対して裁判所が行った決定に対しては、即時抗告が認められる（同4項）。

(イ) 合憲性

証人尋問を請求する際に、予め、相手方に証人の氏名や住居を知る機会を与えるとされている趣旨は、相手方が、それを手掛かりに証人の信用性に関わる事情を把握するなどして、反対尋問を効果的に行うことができるようにすることにある。そうすると、条件付与等措置や代替開示措置は、その機会を奪うものであるから、被告人に証人審問権を保障した憲法37条2項前段に違反するのではないかという疑問が生じる。この点が問題とされたのが、最決平30・7・3刑集72・3・299である。

本件は、被告人が、複数の共犯者らと共謀の上、平成21年から平成23年にかけて、5名の者を逮捕監禁するなどして、このうち2名を殺害するとともに、1名を監禁の途中で死亡させるなどしたとして、殺人2件、逮捕監禁致死1件を含む7件の事実により起訴されたというものである。被告人がすべての公訴事実を争ったこともあり、検察官は、公訴事実の立証のため、多数の証人を請求し、そのうちの20名について、氏名は開示したものの、住居について、刑訴法299条の4第2項に基づき、被告人及び弁護人に知る機会を与えず、検察官の所属する地方検察庁支部を代替の連絡先とする措置をとった。これに対し、弁護人は、そのうちの16名分の措置について、299条の5第1項により、検察官の措置の取消しを求める旨の裁定請求をしたが、裁判所は請求をすべて棄却し、即時抗告を受けた原審も、それを棄却した（大阪高決平30・3・22判タ1453・140）。そこで、弁護人は、刑訴法299条の4及び299条の5が憲法37条2項前段に違反するなどとして、特別抗告を申し立てた。

本決定は、まず、これらの措置は、「証人等又はその親族に対する加害行為等のおそれがある場合に、弁護人に対し証人等の氏名及び住居を知る機会を与えた上で一定の事項が被告人その他の者に知られないようにすることを求めることなどでは、証人等の安全を確保し、証人等が公判審理において供述する負担を軽減することが困難な場合があることから、加害行為等を防止するとともに、証人等の安全を確保し、証人等が公判審理において供述する負担を軽減し、より充実した公判審理の実現を図るために設けられたものである」として、その目的が正当なものであることを指摘した。そして、本件で問題とされた代替開示措置について、それにより直ちに被告人の防御に不利益を生ずることとなるわけではなく、被告人及び弁護人は、代替的な呼称又は連絡先を知る機会を与えられることや、証人等の供述録取書の取調べ請求に際してその閲覧の機会が与えられることその他の措置により、証人等と被告人その他の関係者との利害関係の有無を確かめ、予想される証人等の供述の証明力を事前に検討することができる場合があるから、被告人の防御に実質的な不利益を生ずるおそれがないこととなる場合があるといえるとした。

　そのうえで、①被告人の防御に実質的な不利益を生ずるおそれがあるときには、条件付与等措置も代替開示措置もとることができないこと、②代替開示措置は、条件付与等措置によっては加害行為等を防止できないおそれがあるときに限りとることができること、③裁判所は、検察官が条件付与等措置又は代替開示措置をとった場合において、刑訴法299条の5第1項各号に該当するときには、被告人又は弁護人の請求により、検察官がとった措置を取り消さなければならないこと、④裁定請求があった場合には、検察官は、裁判所からの意見聴取において、同項各号に該当しないことを明らかにしなければならず、裁判所は、必要なときには、さらに被告人又は弁護人の主張を聴くなどすることができること、⑤裁判所の決定に対しては、即時抗告をすることができること、を指摘したうえで、刑訴法299条の4及び299条の5は、被告人の証人審問権を侵害するものではなく、憲法37条2項前段に違反しないと判示した。そして、このように解す

べきことは、判例の趣旨に徴して明らかであるとして、該当する判例として、最大判昭24・5・18刑集3・6・789と最大判昭27・4・9刑集6・4・584を挙げた。

この2つの判例は、いずれも、検察官面前調書の証拠能力が争われた事案において、憲法37条2項は、被告人に、裁判所が尋問すべきすべての証人に対して審問する機会を充分に与えなければならないことを規定したものであって、被告人に審問の機会を与えない証人の供述には絶対的に証拠能力を認めないとの法意を含むものではない旨を述べたものである。条件付与等措置であれ、代替開示措置であれ、公判で証人に対して反対尋問をする機会自体は与えられているから、これらの判例の判示が直接に妥当するものではない。それゆえ、ここでの問題は、証人の氏名や住居を被告人、さらには弁護人にも知らせないことにより、証人尋問の実効性が害されるかどうか、上記の判例の言葉を借りれば、証人を審問する機会を「充分に」与えたといえるかどうかということになろう。

この観点から見ると、本決定が指摘するとおり、条件付与等措置及び代替開示措置は、その必要性があり、かつ、それにより被告人の防御に実質的な不利益を生ずるおそれがない場合、つまり、証人の氏名及び住居を知る機会を与えなくとも、反対尋問の実効性が害されるおそれがない場合にのみ実施することができるとされているから、証人を審問する機会は充分に与えられており、実質的にも証人審問権を侵害するものではないといえる[3]。もちろん、このような措置がとられると、一律に反対尋問が有効にできなくなるというのであれば、条文上、被告人の防御に実質的な不利益

---

3) 加えて、条件付与等措置及び代替開示措置により、被告人の防御に実質的な不利益が生ずるおそれがあるか否かは、被告人又は弁護人の裁定請求により、裁判所の審査の対象となり、それが認められる場合には、裁判所はこれらの措置を取り消さなければならないとされている。本決定が、判示中で、この点に言及しているのは、条件付与等措置及び代替開示措置が被告人の証人審問権を侵害するものではないという判断の核となる、被告人の防御に実質的な不利益が生ずるおそれがある場合には、これらの措置をとることができないという点が保証される制度設計となっていることを確認するものといえよう（小川佳樹「証人氏名等の秘匿制度の合憲性」平成30年度重要判例解説171）。

を生ずるおそれがないという限定を付したとしても無意味であるが、前述のとおり、本決定は、代替開示措置についても、被告人の防御に実質的な不利益を生ずるおそれがないこととなる場合があるとしているから、この点についても問題はないといえよう。

(2) **公開の法廷における証人の氏名等の秘匿措置の導入**

ア　制度創設の経緯

平成19年の刑訴法の改正により、被害者については、氏名及び住所その他の当該事件の被害者を特定させることとなる事項（被害者特定事項）を公開の法廷で明らかにしない制度が設けられた（290条の2）。被害者が証人となる場合には、証人としての被害者についてこの制度が適用されることになるが、被害者以外の証人についても、傍聴人等がいる公開の法廷でその氏名等が明らかにされると、その名誉や社会生活の平穏が著しく害されたり、その者に対する報復等の加害行為がなされたりするおそれが認められる場合がある。そこで、平成28年の刑訴法改正により、証人一般について、一定の要件のもとで、公開の法廷でその氏名等を明らかにしないことができる仕組みが設けられることになった。

イ　制度の概要

裁判所は、証人の氏名及び住所その他の当該証人を特定させることとなる事項（証人等特定事項）が公開の法廷で明らかにされることにより、①証人もしくはその親族に対する加害行為又はそれらの者を畏怖・困惑させる行為がなされるおそれがあると認められる場合、②証人の名誉又は社会生活の平穏が著しく害されるおそれがあると認められる場合には、証人等特定事項を公開の法廷で明らかにしない旨の決定をすることができる（290条の3）。

秘匿決定があったときは、起訴状及び証拠書類の朗読は、証人等特定事項を明らかにしない方法で行い（291条3項、305条4項）、また、証人尋問や被告人質問における訴訟関係人の尋問や陳述が証人等特定事項にわたるときは、犯罪の証明に重大な支障を生じるおそれがある場合又は被告人の防御に実質的な不利益を生じるおそれがある場合を除き、尋問・陳述等を

制限することができるものとされている（295条4項）。

被害者特定事項の秘匿措置は、その対象事件として、性犯罪等に係る事件が個別に明記されたうえで（290条の2第1項1号・2号）、バスケット（包括）条項として「被害者特定事項が公開の法廷で明らかにされることにより被害者等の名誉又は社会生活の平穏が著しく害されるおそれがあると認められる事件」が掲げられていること（同項3号）からも明らかなように、専ら、被害者等の名誉等の保護を目的としたものである。これに対し、証人等特定事項の秘匿措置は、より広く、証人等の保護という観点から、その者が特定されないような措置を設けることを目的としたものであり、そのため、証人の名誉や社会生活の平穏が害されるおそれがある場合だけでなく、証人やその親族への加害行為等がなされるおそれがある場合も、その対象に含まれている。

　ウ　合憲性

証人等特定事項の秘匿措置の合憲性について判断した判例は、いまだ存在していない。他方、被害者特定事項の秘匿措置については、裁判所の秘匿決定は、裁判を非公開で行う旨のものではないことは明らかであり、公開裁判を受ける権利を侵害するものとはいえないから、憲法37条1項に反するものではないとした判例がある（最決平20・3・5判タ1266・149）。この判断は、被害者特定事項が秘匿される場合にも、それ以外の事案の内容、訴訟当事者による攻撃・防御の状況や内容、裁判所による判断の内容や理由等の審理の本質的な部分はすべて公開されることを根拠とするものと考えられる。そうすると、同じことが証人等特定事項の秘匿措置にも妥当するから、これも、憲法37条1項、さらには憲法82条に反するものではないといえるであろう。

Ⅲ　証言に伴う負担の軽減

1　問題の所在

公判における証人尋問に伴って証人に生じる負担は、とりわけ、性犯罪

の被害者が尋問を受けることによって被る第二次被害を防止するという観点から問題とされ、その負担を軽減するための運用上の工夫がなされるとともに、そのための法改正も行われてきた。

公判で証人として尋問を受けることにより被害者に生じる精神的負担は、次の3つの要素からなる。第1は、被害状況について公判廷で証言しなければならないことそれ自体に伴うもの、第2は、公開の法廷で証言しなければならないことに伴うもの、そして第3は、被告人の面前で証言しなければならないことに伴うものである。これらの負担を軽減することを目的とし、あるいは事実上それを軽減することができるものとして、以下のような制度が存在している。

2　証人への付添い

第1の、被害状況について公判廷で証言しなければならないこと自体に伴う負担については、被害者を証人とする以上、それを完全になくすことはできない。そこで、その負担を軽減するために、平成12年の刑訴法の改正により、裁判所が、証人尋問中、その不安や緊張をやわらげるために適当な者を証人に付き添わせることができる制度が導入された（157条の4）。こうした導入の趣旨から、付添人ができることは、基本的に、証人の傍らに付き添って様子を見守ることだけであり、尋問や供述を妨げたり、供述内容に不当な影響を与える言動をしたりすることが禁じられるのはもちろんのこと、質問への回答について助言するといった積極的な行為を行うことはできない。

3　公開の停止

第2の、公開の法廷での証言に伴う負担については、まず、公開の停止措置が考えられる。裁判の公開を定めた憲法82条は、「公の秩序又は善良の風俗を害する虞」がある場合には、例外的に公開を停止できるとしており（同条2項）、実務上は、性犯罪の事件において、その性的被害の内容や状況の詳細について証人から供述を得るような場合に、それが「善良な風俗を害する虞」があるとして、公開停止措置がとられる場合が多いとされている[4]。しかし、この措置によっては、被害者証人の尋問全体につ

て非公開にすることはできない。

4　公判期日外における証人尋問

(1)　現行法上、証人尋問全体を非公開で行うことができる制度としては、公判期日外における証人尋問（以下、「期日外尋問」という。）がある[5]。ただし、期日外尋問は、証人の重要性、年齢、職業、健康状態その他の事情並びに事案の軽重等を考慮し、必要と認めるときに限り許される（281条・158条）。そして、それは、公開主義、直接主義、公判中心主義の例外をなすものであることから、その適用には慎重であるべきであり、公判廷を開くことを回避する目的で期日外尋問を実施することは許されないとされている[6]。

それを前提に、証人が公判期日に出頭することは可能であるが、公開の法廷で尋問すると心理的な圧迫を受けて十分な供述ができないという場合にも期日外尋問が許されるかについては、意見が分かれている。このような場合には、事案に応じて、証人への付添い、証人の遮へい、ビデオリンク方式による尋問などの措置によって対処すべきであり、期日外尋問を行うことは避けるべきとする見解[7]がある一方で、それをいっさい認めないとなると、証人から供述を得ることが困難になる結果、その者の捜査段階の供述調書が公判廷に顕出されることにもなりかねず、被告人の反対尋問の機会がかえって十分に確保できなくなるおそれがあるとして、上記のような措置をとったとしてもなお証人が十分な供述ができないと認められる

4）小倉哲浩「証人保護のための各手続の性質及び相互の関係」判タ1150・6、江見健一「証人等の保護」実例刑訴(1)271。

5）期日外尋問には、受訴裁判所外での尋問（刑訴法158条）と、受訴裁判所での尋問（281条）がある。従来の実務においては、性犯罪の被害者などについて、前者の形態を利用して、非公開で尋問を行う運用がなされてきたとされる（小倉・前掲注4）10）。証人が、精神的な負担等により、裁判所に出頭すること自体が困難であるという事案であれば、この方法をとることができるが、問題は、裁判所への出頭自体は可能であるが、公判廷では十分な供述ができないという場合に、どのような措置がとりうるのかという点にある。

6）条解569、高橋省吾・大コメ刑訴(5)435、三村三緒・逐条実務601。

7）条解569、三村・前掲注6）601。

8）髙橋・前掲注6）436、小林充＝川合昌幸・注釈刑訴(4)81。

場合には、期日外尋問を行うことができるとする見解[8]もある。近時は、後者の見解に立ったうえで、現実に公判期日において証人尋問を行い、前記のような措置を実際にとったうえで十分な供述を得られない場合に限って期日外尋問を認めるのではなく、検察官が公判廷での供述が困難な事情について具体的な疎明をして、期日外尋問を行う必要性を明確にし、弁護人の意見も踏まえて、裁判所が期日外尋問の適否につき予め判断する運用が広まっているとの指摘もなされている[9]。

(2) 期日外尋問を実施したことの適法性が問題とされた最近の裁判例として、東京高判平28・9・7判時2349・83がある。事案は、地下鉄サリン事件などのオウム真理教関連事件に関与し、逃亡していたX（被告人）の公判において、在宅証人であるWにつき、公判期日での尋問を実施したところ、Wから、自分が出廷したことが報道されており、再度出廷すれば、オウム事件に関わっていた経歴等が明らかになって職場にいられなくなるので、2回目の尋問には出頭したくないとの申出があったため、裁判所が、次回の尋問期日を取り消して、刑訴法281条に基づき期日外尋問を実施したというものである。これに対し、Xの弁護人は、証人が公判期日に出頭できる場合に公判期日外の証人尋問を行うことを現行法は禁止しているから、公判期日に出頭できるが傍聴人の前では十分な供述ができないという場合に、刑訴法281条に基づいて期日外尋問を実施することは許されず、そうすると、Wの申出は、公判期日に出廷して供述すれば、それが報道されて職場に知られることにより職を失うおそれがあるため、非公開の場所で供述したいと訴えるものにすぎず、同条の要件を満たさないから、第1審裁判所が期日外尋問を実施したのは、同条に違反するとともに、裁判の公開を定めた憲法82条及び刑事被告人の公開裁判を受ける権利を定めた憲法37条1項に違反すると主張した。

---

9) 稗田雅洋「地下鉄サリン事件等のオウム真理教関連事件に関与したとして起訴された被告人について、1審で行われた死刑確定者の証人尋問における傍聴人との遮へい措置と、公判期日外の証人尋問の実施に関する各訴訟手続の法令違反等の論旨を排斥して控訴を棄却した事例」刑ジャ57・109。

東京高裁は、①本件は、逮捕監禁致死と、その後に行われたとされる死体損壊からなる重大な事案であること、②Wの証言は、本件の争点を判断するうえで欠くことができない重要なものであること、③Wが証人として再度出頭し供述すれば、その事実が直ちに報道され、Wの過去の経歴が職場で明らかになって失職するおそれがあり、証人出頭に伴い生じる負担や影響は、通常の証人に比して相当大きいものがあること、④原審の段階では、証人等特定事項の秘匿措置が導入されておらず、公開の法廷でその特定事項や出頭事実を明らかにしない措置を講じることには限度があったこと、⑤Wが出頭に応じなかった場合に勾引するとなると、かえってWの失職のおそれが現実化する可能性が高まること、⑥Wが尋問期日に出頭しなければ、裁判員にとってわかりやすく負担の最も少ないという観点から立てた審理計画が崩れてしまうこと、を指摘したうえで、本件は、刑訴法281条にいう、期日外尋問を実施することが「必要と認めるとき」に該当するとして、原審裁判所のとった措置は適法であったと判断した。

本件において期日外尋問の申出がなされた理由は、Wが公判期日に出頭できないとか、出頭はできるけれども公判廷においては十分な供述ができないということではなく、公開の法廷で証言することで、その経歴が明らかになり、失職するおそれがあるので、それを避けたいというものであった。それに対し、本判決は、上記のとおり、本件において、証人出頭に伴い生じる負担や影響は、通常の証人に比して相当大きいものがあるとして、期日外尋問の必要性を認めた。その判断にあたっては、この点だけでなく、Wの証言の重要性や、当初の審理計画どおりにWの証人尋問を行う必要性も指摘されてはいるとはいえ、本判決は、期日外尋問を、証言の確保という観点だけでなく、証人の利益の保護という観点からも活用することを正面から認めたものと位置づけることができるであろう。もっとも、本判決も指摘しているとおり、本件においては、期日外尋問が実施された段階では、未だ証人等特定事項の秘匿措置が導入されていなかったという事情があった。おそらく、今後は、本件のような事案は、期日外尋問ではなく、「証人の名誉又は社会生活の平穏が著しく害されるおそれがあると

認められる」という理由で、証人等特定事項の秘匿措置によって対応がなされるものと考えられる。

5 被告人の退廷措置

　公判における証人尋問に伴って被害者に生じる精神的負担のうち、第3の、被告人の面前で証言することに伴う精神的負担に関しては、被害者が、被告人の面前では十分な証言ができないということであれば、被告人を退廷させることができる（刑訴法304条の2前段）。ただし、被告人には、尋問の終了後に証人を反対尋問する権利が認められており（同条後段）、被害者が公判廷で被告人と対面しないままに終わるということはできない。そしてまた、この退廷規定も、期日外尋問と同様、本来の目的は証言の確保であって、証人の保護ではない。

　このように、証人となる被害者の精神的負担を軽減するためのいくつかの手段はありうるが、それらは、いずれも、直接に証人の保護を目的としたものではないため、それらによる対処には限界があった。そこで、平成12年の刑訴法改正により新たに取り入れられたのが、証人尋問の際の遮へい措置と、ビデオリンク方式による証人尋問である。これらの制度は、元々は、その対象として、主に性犯罪等の被害者を想定したものであるが、例えば、目撃者となった年少者などのように、証人尋問においてそれと同様の保護が必要な者もいることから、対象は必ずしも被害者に限られていない。

6 遮へい措置・ビデオリンク方式による証人尋問

(1) 遮へい措置

　証人尋問の際の遮へいは、証人尋問を行う間、証人と被告人、及び証人と傍聴人を、その間に衝立などを置いて遮へいする措置である。まず、被告人との関係では、裁判所は、①証人が被告人の面前で供述するときは圧迫を受け精神の平穏を著しく害されるおそれがあると認められる場合であって、②相当と認めるときには、検察官及び被告人又は弁護人の意見を聴いたうえで、被告人と証人との間で、一方から又は相互に相手の状態を認識することができないようにするための措置をとることができる（刑訴

法157条の5第1項)。これにより、証人が、被告人の姿を見ることなく、また、被告人にその姿を見られることなく証言できるようにすることで、証言に伴う証人の精神的負担を軽減することを意図したものである。ただし、被告人から証人の姿が見えないようにする措置をとる場合には、被告人の証人審問権への配慮から、弁護人が出頭していることが必要とされており、弁護人は、常に証人の姿を見たうえで尋問することができる。

また、傍聴人との関係では、裁判所は、犯罪の性質、証人の年齢、心身の状態、名誉に対する影響その他の事情を考慮し、相当と認めるときに、傍聴人と証人との間で、相互に相手の状態を認識することができないようにするための措置をとることができる(157条の5第2項)。これによって、裁判自体は公開しつつも、傍聴人から証人の姿が見えないようにする措置をとりうることになった。

(2) ビデオリンク方式による証人尋問

ビデオリンク方式による証人尋問は、裁判所が、①性犯罪の被害者など、裁判官及び訴訟関係人が証人を尋問するために在席する場所において供述するときは、圧迫を受け、精神の平穏を著しく害されるおそれがあると認められる者を証人として尋問する場合において、②相当と認めるときに、検察官及び被告人又は弁護人の意見を聴き、裁判官及び訴訟関係人が証人を尋問するために在席する場所以外の場所にその証人を在席させ、映像と音声の送受信により、相手の状態を相互に認識しながら通話をすることができる方法によって尋問することができるとするものである(刑訴法157条の6第1項)。具体的には、裁判所構内の法廷とは別の部屋に証人を入室させたうえで、その双方にモニターとカメラを設置し、これらを通じて、法廷内の尋問者等は証人の姿を、証人は尋問者等の姿を見ながら、尋問がなされるかたちになる。別室内には、証人と付添人がいるのみであり、訴訟関係者はそこに入ることはできない。その意味で、この措置は、法廷という場所に伴う精神的な負担からの解放を目的としたものであるということができる。

ビデオリンク方式による証人尋問の場合にも、遮へい措置をとることが

できる（157条の5第1項）。具体的には、被告人及び傍聴人との関係で、証人の姿が映ったモニターを見せない措置をとることになる。

(3) **合憲性**

ア **最高裁平成17年判決**

　証人尋問において傍聴人との関係で遮へい措置がとられた場合や、証人尋問がビデオリンク方式によってなされた場合、あるいは両者が併用された場合、傍聴人は、証人の姿を全く見ることができないか、あるいはモニターを通じてしか見ることができない。これは、裁判の公開を定めた憲法82条1項及び37条1項に反しないであろうか。また、これらの措置が被告人との関係でとられた場合、被告人は、証人の姿を全く見ることができないか、あるいはモニターを通じてしか見ることができない状態で、その証言を聞き、反対尋問を行わなければならない。これは、被告人の証人審問権を保障した憲法37条2項前段に反しないであろうか。この点につき判断を示したのが、最判平17・4・14刑集59・3・259（以下、「平成17年判決」ということがある。）である。

　事案は、強姦事件において、被害者の証人尋問がビデオリンク方式によって行われ、あわせて遮へい措置がとられたというものである。本判決は、まず、本件でとられた措置が憲法82条1項及び37条1項に反しないかについて、次のように述べた。

　「証人尋問が公判期日において行われる場合、傍聴人と証人との間で遮へい措置が採られ、あるいはビデオリンク方式によることとされ、さらには、ビデオリンク方式によった上で傍聴人と証人との間で遮へい措置が採られても、審理が公開されていることに変わりはないから、これらの規定は、憲法82条1項、37条1項に違反するものではない。」

　次に、憲法37条2項前段との関係については、本判決は、以下のように判示した。

　「証人尋問の際、被告人から証人の状態を認識できなくする遮へい措置が採られた場合、被告人は、証人の姿を見ることはできないけれども、供述を聞くことはでき、自ら尋問することもでき、さらに、この措置は、弁

護人が出頭している場合に限り採ることができるのであって、弁護人による証人の供述態度等の観察は妨げられないのであるから、前記のとおりの制度の趣旨にかんがみ、被告人の証人審問権は侵害されていないというべきである。ビデオリンク方式によることとされた場合には、被告人は、映像と音声の送受信を通じてであれ、証人の姿を見ながら供述を聞き、自ら尋問することができるのであるから、被告人の証人審問権は侵害されていないというべきである。さらには、ビデオリンク方式によった上で被告人から証人の状態を認識できなくする遮へい措置が採られても、映像と音声の送受信を通じてであれ、被告人は、証人の供述を聞くことはでき、自ら尋問することもでき、弁護人による証人の供述態度等の観察は妨げられないのであるから、やはり被告人の証人審問権は侵害されていないというべきことは同様である。したがって、刑訴法157条の3、157条の4（現：157条の5、157条の6）は、憲法37条2項前段に違反するものでもない。」

イ 裁判の公開原則との関係

　裁判の公開原則の趣旨について、判例は、「手続を一般に公開してその審判が公正に行われることを保障する」ことにあるとしており（最大決昭33・2・17刑集12・2・253）、これは、裁判手続の一般公衆への公開により、その監視のもとに、審判が公正に行われることを確保するということを意味していると考えられる[10]。上記の判示は、裁判一般についてのものであるが、刑事裁判に即していえば、公開の目的は、①訴訟手続の適正・公正な進行及被告人の権利保護を図ること、②裁判に対する国民の信頼・理解を得ること、③犯罪の一般予防的な効果をもたらすこと、にあるとされている[11]。これに照らせば、いずれの点からも、裁判の公開が、その内容として、証人の供述態度や表情が傍聴人に認識できることまでを含んでいるとはいえないであろう[12]。たとえ、遮へい措置がとられていたとしても、傍聴人が審理の状況を十分に把握できる以上、上記の要請はいずれも満た

---

10) 山口裕之・最判解刑（平17）102。
11) 三井誠『刑事手続法Ⅱ』（有斐閣、2003年）343。
12) 松尾浩也編著『逐条解説 犯罪被害者保護二法』（有斐閣、2001年）16 ［酒巻匡］。

されるからである。また、ビデオリンク方式については、映像を通じてではあれ、傍聴人が証人の供述態度や表情を見ることができるわけであるから、一層問題はないであろう。それゆえ、本判決が述べるとおり、遮へい措置やビデオリンク方式による証人尋問が公開原則に反することはないと考えられる。

ウ　証人審問権との関係

　遮へい措置やビデオリンク方式による証人尋問が、被告人の証人審問権を侵害するか否かを検討する前提として、憲法37条2項前段が保障する証人審問権がいかなる内容を含むものなのかを明らかにしておく必要がある。段階的には、3つのレベルのものが考えうる。

　第1は、証人に対し質問をすることそのものである。これが証人審問権の内容であることは、疑問の余地がない。第2は、被告人が、尋問の際の証人の供述態度や表情を観察できることである。そして第3は、被告人と証人が直接に対面した状態で尋問を行うことである[13]。

　本判決は、遮へい措置につき、被告人が、証人の姿を見ることはできないけれども、供述を聞くことはでき、自ら尋問することもできるということに加えて、この措置は、弁護人が出頭している場合に限ってとることができ、弁護人による証人の供述態度等の観察は妨げられないことを指摘したうえで、被告人の証人審問権は侵害されていないとしている。これは、証人の供述態度等の観察も、被告人の証人審問権と関係することを前提に、それを弁護人が代わって行使できることを、証人審問権が侵害されていない理由の一つとしたものと考えられる[14]。

　これに対し、ビデオリンク方式については、本判決は、被告人が、映像と音声の送受信を通じてであれ、証人の姿を見ながら供述を聞き、自ら尋問することができるという点のみを指摘して、被告人の証人審問権は侵害

---

13) アメリカの連邦憲法修正第6条は、「被告人は、訴追の性質と理由について告知を受け、<u>自己に不利な証人との対質を求め</u>、自己に有利な証人を得るために強制的手続を利用し、かつ、自己の防禦のために弁護人の援助を受ける権利を有する。」と定めている（下線筆者）。

14) 山口・前掲注10) 112。

されていないとしている。これは、法廷で被告人と証人が直接に対面するということは、証人審問権とは関係がなく、それゆえ、憲法37条2項前段との関係では、ビデオリンク方式をとることについて特別の正当化理由は必要ないという理解に立つものであろう[15]。

(4) その後の展開

ア ビデオリンク方式による証人尋問の拡大

平成12年のビデオリンク方式による証人尋問の導入時においては、同方式による尋問を受ける証人を在席させる場所は、裁判官及び訴訟関係人が在席する法廷が設置された裁判所の同一構内に限られていた。しかし、被害者を含む証人の中には、種々の事情により、公判が開かれる裁判所に出頭することが困難であると認められる者もいる。そこで、平成28年の刑訴法改正により、同一構内以外にある場所に在席させる方式も認められることになった（157条の6第2項）。この場合の「同一構内以外にある場所」は裁判所規則で定めるものとされており、刑訴規則により、この方式による尋問に必要な装置の設置された他の裁判所の構内にある場所とされている（107条の3）[16]。

同方式による尋問を行うための要件は、①犯罪の性質、証人の年齢、心身の状態、被告人との関係その他の事情により、証人が同一構内に出頭するときは精神の平穏を著しく害されるおそれがあると認められるとき、②同一構内への出頭に伴う移動に際し、証人の身体もしくは財産に害を加え又は証人を畏怖させ若しくは困惑させる行為がなされるおそれがあると認められるとき、③同一構内への出頭後の移動に際し尾行その他の方法で証人の住居、勤務先その他その通常所在する場所が特定されることにより、証人もしくはその親族の身体もしくは財産に害を加え又はこれらの者を畏怖させもしくは困惑させる行為がなされるおそれがあると認められると

---

15) 山口・前掲注10) 113～114、眞田寿彦「刑事裁判における遮へい措置及びビデオリンク方式での証人尋問を合憲とした最高裁判決」ひろば59・2・48。

16) このような限定がなされたのは、訴訟指揮権及び法廷警察権の十全な行使や、回線のセキュリティの確保などを考慮したためとされている（吉田智宏ほか「刑事訴訟規則等の一部を改正する規則の解説(1)」曹時70・5・32）。

き、④証人が遠隔地に居住し、その年齢、職業、健康状態その他の事情により、同一構内に出頭することが著しく困難であると認められるとき、のいずれかに該当し、相当と認められるときである。従来のビデオリンク方式による証人尋問は、専ら、証人が法廷で供述しなければならないことによる精神的負担からの解放を目的としたものであったが、平成28年改正においては、それに対応する①の場合に加えて、②と③の加害行為等のおそれがある場合、さらには、④の一般的に公判廷への出頭が著しく困難な場合にも同方式による尋問ができるものとされており、それにより、証言の確保のための制度という色彩が強くなっている。

　このように、ビデオリンク方式による証人尋問を行うことができる場合が拡大された点については、同方式による尋問は例外的であるべきだとする見解からは批判がありうるところである。しかし、まず、加害行為等の防止については、ビデオリンク方式による証人尋問を行う目的として、証人の精神的負担の軽減と同様に正当なものといえる。また、一般的に公判廷への出頭が著しく困難な場合にビデオリンク方式による証人尋問を認めた点についても、そのような場合は、これまでであれば、期日外尋問のかたちがとられていたと考えられるから、ビデオリンク方式によるものであれ、公判期日における証人尋問を行うほうが、公開主義、直接主義の実現、ひいては公判審理の充実という観点からは望ましいものといえよう[17]。

　イ　遮へい措置に関する裁判例

　(ｱ)　平成17年判決により遮へい措置の合憲性が認められた後、その要件が満たされるかどうかが争われ、それについて判断を示したいくつかの下級審裁判例がある。その一つが、前掲東京高判平28・9・7である。

　この事案では、前述の在宅証人の期日外尋問のほかに、第１審裁判所が、検察官の申出を受けて、死刑確定者５名の証人尋問を、証人と傍聴人との間で相互に相手の状態を認識することができないようにする遮へい措置を

---

17) 滝沢誠「犯罪被害者と時代に即した新たな刑事司法の構築の在り方の予備的検討」専修法学論集123・244、小川佳樹「被害者等および証人を保護するための方策の拡充」法時88・1・41。

とって行った。検察官はそのような申出をした理由として、証人らが、公判廷に出廷することにより心情が不安定になり、逃走を図ったり、訴訟関係人や多数の傍聴人等に対する殺傷事案を起こしたりしかねないこと、本件がオウム真理教信者の最後の第1審公判であることから、証人らの奪回を計画する者によるその危険性が高まっていること、教団やそれを敵視する者らにより証人らが襲撃されるおそれも否定できず、一般人も巻き込まれかねないことなどを指摘した。他方で、証人とされた5名のうち、4名の者からは、遮へい措置が不要である旨の上申がなされていた。

　これに対し、弁護人は、憲法82条1項、37条1項、21条1項により、傍聴人には、裁判の事実認定を行う裁判官や裁判員と同じ情報が与えられ、心証形成を監視するために、証人の供述態度や表情を見る権利が与えられているから、刑訴法157条の3（現：157条の5。以下、同じ）第2項が規定する「相当と認めるとき」とは、傍聴人と事実認定者が裁判情報を共有することによる裁判の監視という、憲法上の要請を超える重大な法的利益が失われる切迫した危険が高度の蓋然性をもって証明された場合に限定されなければならないとしたうえで、本件においてはそのような事情は認められないから、原審裁判所が遮へい措置を行ったことは、違憲、違法であると主張した。

　本判決は、遮へい措置を定めた刑訴法157条の3第2項の規定が、憲法37条1項、82条1項に違反するものではないとした平成17年判決は、弁護人が主張するような場合に限定して遮へい措置を講じることを許容しているわけではなく、また、裁判の公開は、証人の供述態度や表情を傍聴人に認識させることまでをも要請しているものではないとした。そのうえで、本件において、157条の3第2項の要件が満たされていたかについて、次のように述べた。

　「本件は、オウム真理教の教祖であったMの教義やその指示に基づいて、教団幹部らが組織的に行った多数の事件の一端をなすものである。所論が違法を主張する遮へい措置を講じた証人5名は、いずれもオウム真理教に所属し、地下鉄サリン事件に関与するなどした死刑確定者である。死刑確

定者が、一般的な証人とは異なる心身の状態にあることは容易に推察されるのであり、刑事収容施設及び被収容者等の処遇に関する法律32条１項が、『死刑確定者の処遇に当たっては、その者が心情の安定を得られるようにすることに留意するものとする。』と規定していることからすれば、その趣旨は、証人尋問の場面でも配慮される必要がある上、遮へい措置を講じるか否かは、証人の意向を考慮するにしても、これに拘束されるものではない。そうすると、前記５名については、刑訴法157条の３第２項の要件を満たすといえるから、原審裁判所が、同証人らの証人尋問に当たり遮へい措置を講じたことに違法はない。」

　前述のとおり、遮へい措置は、元々は、性犯罪等の被害者や年少者など、精神的に傷つきやすい者が証人となる場合を想定して作られたものであった。その観点からは、死刑確定者を対象に遮へい措置がとられた本件は、特殊な事案といえる。しかし、傍聴人からその姿を見られることによる精神的な負担を緩和するという本制度の趣旨に鑑みれば、本判決が指摘するとおり、一般的な証人とは異なる心身の状態にあると考えられる死刑確定者について、その心情の安定を図るために遮へい措置を行うことも、十分に考えられるところである。他方で、検察官が主張する、証人らの奪回や証人らへの襲撃を防止するという点については、そもそも、その危険が傍聴人との間で遮へいをすることにより防ぎうるものなのかという疑問がある。そうだとすれば、この点は、157条の３第２項に基づいて遮へい措置を行う根拠とはならないことになろう。本判決が、証人の心情の安定という点にのみ言及しているのは、そのような考え方に基づくものであると思われる[18]。

　(イ)　遮へい措置の適法性が問題とされたもう一つの裁判例が、東京高判平28・５・24高検速報（平28）96である。事案は、被告人が他人名義の運転免許証を利用した詐欺の事実で起訴された事件の公判において、被害店

---

18) オウム真理教関係の別の被告人の公判においても、同様に、死刑囚である証人について傍聴人との間で遮へい措置がとられたが、これについても、本判決と同様の理由で適法性が認められている（東京高判平27・３・４ LEX/DB25505965）。

舗の従業員として犯人の応対にあたったAの証人尋問の際に、刑訴法157条の3に基づき、Aと被告人との間及びAと傍聴人との間で遮へい措置がとられたというものである。

本判決は、傍聴人との関係での遮へい措置については、本件犯行には暴力団関係者が関わっている可能性が高いといえること、Aは、被告人が犯人である旨の被告人に不利な供述をする立場の証人であること、Aは犯行現場である被害店舗の従業員であり、関係者が同店舗に行くなどしてAに接触を図ることは容易であることなどの事情に照らすと、Aが、傍聴人の面前で供述した場合、関係者等から危害を加えられるおそれがあると不安に思うことには理由があるとして、原審裁判所が遮へいの措置をとったことは相当であるとした。

他方、被告人との関係での遮へい措置については、被告人自身が暴力団関係者であるとか、被告人が証人や関係者を脅迫したなどの事情は見あたらないうえに、犯罪の性質、証人の年齢、心身の状態等の諸事情を見ても、Aが、被告人の面前において供述すると圧迫を受け精神の平穏を著しく害されるおそれがあるとの事情は認められないから、Aと被告人との間の遮へいについては、157条の3第1項の要件を欠くものであったといわざるを得ないとした。しかし、その一方で、本件においては、Aの犯人識別供述が問題となっており、Aが、法廷で被告人の風貌を見ながらこれに合わせて犯人像を証言することを防ぐ必要性が認められるから、裁判所が、この観点から、一般的な訴訟指揮権に基づき、証人と被告人との間に遮へいの措置を採ること自体はなお可能であり、かつ、相当であったというべきであるとした。加えて、本件では、被告人が反対尋問をするにあたり、Aの表情等を直接確認する必要が高かったとはいえず、また、弁護人が反対尋問を行うにあたり、Aに被告人の顔を直接確認させる必要が高かったともいえないから、遮へい措置が、被告人の反対尋問権の行使を妨げたとはいえず、それゆえ、証人と被告人との間で遮へい措置をとったことも、結論として適法であったと判示したのである。

証人と傍聴人との間の遮へいについては、平成12年の改正で157条の3

第2項の規定が導入される以前にも、訴訟指揮の一環として同様の措置をとった事例があり、そこから、同条は、裁判所の裁量権限を明文化したものであると解されていた[19]。他方、証人と被告人との間の遮へいについては、訴訟関係人の同意を得たうえで実施した例があったとされるが、裁判所が、弁護人の同意を得ることなく、訴訟指揮権の行使に基づいてとりうる措置なのか否かについては、見解が分かれていた[20]。そうした中で、本判決は、反対尋問権の実質的な制約にならないという条件のもとで、それを認めたものと位置づけることができる。もっとも、証人の精神的負担の軽減という目的での遮へい措置については、刑訴法が一定の要件のもとでそれを認める規定を置いている以上、その規定に基づいてのみ実施しうるのであり、訴訟指揮権に基づく遮へい措置は、本件がそうであったように、それ以外の目的による場合に限って認められることになろう。

7　供述の繰り返しの回避

(1)　現行法の規定

このように、証言に伴う精神的負担の軽減という観点から、新たな尋問形態が認められることとなったが、例えば被害者の精神的な負担は、刑事手続の中で、自らが受けた被害について何度も供述を求められることによっても生じる。そのような事態を避けるためには、ある時点でなされた被害者の供述を記録したものを、公判での証人尋問に代えて証拠とすることが考えられるが、こうした措置は、伝聞法則と抵触する可能性がある。

現行法では、ビデオリンク方式による証人尋問を行った場合で、その証人が後の刑事手続において同一の事実につき再び証人として供述を求められる可能性があるときには、証人の同意を得たうえで、その尋問の模様をDVD等の記録媒体に記録できるとされている（刑訴法157条の6第3項）。そして、その記録媒体は、訴訟記録に添付されて公判調書の一部となり、その調書は、後の刑事手続において、それを公判で取り調べた後に、訴訟関係人に対して、その供述者を証人として尋問する機会を与えることを条

---

[19] 酒巻・前掲注12) 16。
[20] 角田正紀「遮へい措置、ビデオリンクに関する諸問題」判タ1151・17。

件として証拠能力が認められる（321条の2第1項後段）。伝聞証拠の証拠能力が原則として否定される実質的な根拠は、①供述が宣誓に基づいていない、②不利益を受ける当事者による反対尋問がなされていない、③裁判所による供述時の態度・状況の観察がなされていない、という3点にあるとされており[21]、ビデオリンク方式による証人尋問を記録した記録媒体については、供述者に対する公判での反対尋問の機会を保障すれば、そのいずれもが解消できることが、それに証拠能力を認める根拠となっている。そのうえで、当該記録媒体に記録された証人の供述は、被告事件の公判期日においてなされたものとみなすとされているため（同条3項）、証人に対する尋問が、調書に記録されている尋問と重複する場合は、それを制限することができる。これにより、被害者が繰り返し同じことを証言させられるのを避けることができるようになっているのである。

　本制度は、例えば、複数人による強制性交等事件において、複数の被告人の公判が分離されている場合に、それぞれの公判で被害者が同様の証言を繰り返しさせられるのを防止することを意図したものである。それゆえ、これによっては、一つの事件における捜査段階から公判段階までの供述の繰り返しを回避することはできない。そこで、法制審議会・新時代の刑事司法制度特別部会（以下、「特別部会」という。）においては、上記の仕組みを拡大し、性犯罪の被害者等について、一定の要件のもとで、捜査段階での供述を録音・録画した記録媒体を、公判廷での主尋問における証言に代えて証拠とする制度を設けることについて検討が行われた。

(2)　**特別部会における議論**

　捜査段階での被害者等の供述を録音・録画する場面としては、捜査機関による取調べの場面と、第1回公判期日前の証人尋問の場面が考えられる。このうち、後者については、現行法において、ビデオリンク方式による証人尋問における供述を記録した記録媒体を証拠とすることができる根拠とされている前述の点が、同様に妥当する。これに対し、前者について

---

21) 松尾・刑訴（下）55、田宮・刑訴368。

は、供述時において、供述者による宣誓がなされていない点で、これとは異なる。

　そこから、特別部会では、後者の場合に限定した制度案が示された。その内容は、性犯罪の被害者及び「犯罪の性質、その者の年齢、心身の状態、被告人との関係その他の事情により、公判期日において供述するときは圧迫を受け精神の平穏を著しく害されるおそれがあると認められる者」について、その同意を得たうえで、第1回公判期日前に、証人の尋問及び供述並びにその状況を記録媒体に記録して行うかたちでの証人尋問を行うことができ、この場合には、同記録媒体がその一部とされた調書は、刑訴法321条1項の規定にかかわらず、証拠とすることができるとするものである。ただし、その際には、裁判所は、その調書を取り調べた後、訴訟関係人に対し、その供述者を証人として尋問する機会を与えなければならないものとされている。

　しかし、この制度案に対しては、供述者に対する反対尋問の機会が保障されているといっても、供述が行われてから相当の時間が経過した段階では、十分な反対尋問を行うことが困難であるという指摘がなされたほか、これにより公判での主尋問が省略されるとしても、捜査機関に対する供述に加えて、第1回公判期日前の証人尋問において供述しなければならないから、供述の回数は減らず、被害者の負担は変わらないのではないかという疑問も出された。こうした意見が強かったために、結局、本制度案は答申には取り入れられず、実現しなかったのである。

　供述の繰り返しを避けるという目的からすれば、本来は、一部の諸国で認められているように[22]、捜査機関による被害者等の取調べを録音・録画し、その記録媒体の公判での取調べをもって、公判での主尋問だけでなく、証人尋問全体に代えるという制度が望ましい。しかし、わが国においては、

---

22) 韓国の制度について、安部祥太訳「性犯罪被害児童等の公判廷供述に代えて捜査段階供述を録音・録画した記録媒体を『信頼関係にある者』の証言により証拠採用することを認めた児童等性保護法と『公正な裁判を受ける権利』：韓国憲法裁判所2013年12月26日2011憲パ108決定」青山ローフォーラム3・1・219以下参照。

憲法37条2項前段により被告人に証人審問権が保障されているから、初めから被告人に反対尋問の機会を与えない措置を正当化することは困難である。他方で、その機会を与えることを前提に、捜査機関による取調べの状況を録音・録画した記録媒体について、その公判での取調べを主尋問に代える措置については、なお検討の余地があろう[23]。

Ⅳ　刑事手続外での証人の安全の保護

　例えば、組織犯罪の事案で、組織に不利な証言を行う証人については、報復等による生命・身体への危険が生じることが予想される。前述のとおり、それを防止し、証人の安全を保護するための様々な制度が導入されてきたわけであるが、諸外国では、こうした刑事手続上の措置に加えて、証人の身分の変更を可能とし、その後の生活支援を行うなどの証人保護プログラムが整備されているところが少なくない[24]。平成28年の刑訴法改正により、協議・合意制度及び刑事免責制度が導入されたが、これらの制度についても、供述を行った者を保護するための措置が整備されていなけれ

---

23) 被害者が年少者である場合については、近年、その精神的な負担を最小限にしながら、できるかぎり正確な情報を得るための聴取方法として、司法面接の手法が注目されている。わが国においても、児童が被害者又は参考人である事件について、検察庁、警察、児童相談所の担当者が事前に協議し、三機関の代表者が児童から聴取するという取組が実施されている（佐久間佳枝「年少者の取調べ（司法面接）」髙嶋智光編集代表『新時代における刑事実務』（立花書房、2017）45）。これは、関係機関がそれぞれに聴取を行うと、繰り返し重複した聴取がなされることになって、児童にとって過度な心身への負担になるため、それを防止するという目的と、児童が誘導や暗示の影響を受けやすいという特性を有しているため、それに配慮した聴取方法をとることにより、その供述の信用性を担保するという目的をあわせ持ったものである。ただし、こうした聴取の状況や結果を記録したものについて、刑事手続上特別な取扱いをするという規定は設けられていない。こうした運用を定着、拡大させていくためには、それによる記録が刑事手続上優先的に利用されるような仕組みを作ることが不可欠であり、今後は、そのための検討を行うことが必要であろう。

24) 諸外国における証人保護制度を紹介した最近の文献として、村木一郎「諸外国における証人保護法制について（上）（中）（下）」警論70・12・142、71・1・138、71・3・138がある。

ば、それを組織犯罪事案で利用することは事実上できないであろう。そこで、特別部会においては、報復等による生命・身体への危険がある証人について、一時的に別の氏名の使用を認めるなど、その者を特定する事項の変更その他の証人の所在等を探知されにくくするための措置を講じることができる制度を設けることについて、具体的な検討を行うものとされていた。

　その後の審議において、こうした証人保護プログラムの必要性については、特別部会の中で一定の認識の共有がなされた。しかしながら、それを導入するためには、例えば、戸籍や住民登録等の取扱い、租税、年金、運転免許等の各種資格など行政上の権利義務や法的地位の取扱い、対象者の債権・債務の取扱い等、特別部会で取り扱うことが困難な民事・行政関係にわたる課題が多い。そのため、特別部会では具体的な制度設計に向けた議論を行うことができず、答申において、今後の課題として明記されるにとどまることになった。

第9講 取調べの録音・録画記録媒体の証拠としての利用

I はじめに

　平成28年の刑訴法改正により、被疑者の取調べの録音・録画制度が導入されることになった。同制度は、被疑者の供述の任意性等の的確な立証を担保するとともに、その取調べの適正な実施に資することを通じて、より適正、円滑かつ迅速な刑事裁判の実現に資することを目的とするものである[1]。そして、取調べの録音・録画について定めた刑訴法301条の2が、その第1項において、自己に不利益な事実の承認を含む被告人の供述調書の取調べが請求され、その供述の任意性が争われた場合の、取調べの録音・録画記録媒体の取調べ請求義務を規定していることから、同記録媒体が、被疑者の供述の任意性立証のための補助証拠として利用されることは明らかである。他方で、それ以外の利用形態、例えば、録音・録画記録媒体を実質証拠として用いたり、供述調書の信用性の補助証拠として用いたりすることについては、刑訴法に特別の規定は置かれていない。そこで、そのような利用方法が認められるのかが問題とされることになった。

II 裁判例の展開

1 東京高裁平成28年判決

　平成28年の刑訴法改正以前にも、既に、取調べの録音・録画記録媒体を実質証拠として、あるいは供述調書の信用性の補助証拠として用いた裁判

1）保坂和人＝吉田雅之「刑事訴訟法等の一部を改正する法律（平成28年法律第54号）について(4)」曹時70・2・71。

例は存在していた。改正法の成立後も同様の状況にあったが、最近になって、そうした利用方法の当否に関する議論が高まる中で、この点について詳細な判示を行った裁判例が現れた。その一つが、東京高判平28・8・10判時2329・98（以下、「平成28年判決」という。）である。

本件の公訴事実の要旨は、被告人が、A及びBと共謀のうえ、甲市内の駐車場に駐車していたV所有の自動車を窃取し、その運転を開始した際に、それを発見して同車の前方に立ちふさがったVに対し、同車を取り返されることを防ぐとともに、逮捕を免れるため、殺意をもって、同車を前進させ、Vに衝突させて、同人をボンネット上に乗り上げさせ、その状態で走行する間に、急加速や急減速をし、Vを路上に放出する暴行を加えて、その後頭部等を路面に衝突させ、頸髄損傷により死亡させたが、その際、A及びBは、窃盗の犯意を有するにとどまっていた、というものであった。

被告人は、本件強盗殺人の被疑事実による勾留中は黙秘を続けたが、起訴から2か月余りが経過した平成26年3月18日に、自ら申し出て検察官の任意の取調べを受け、殺意を否認しつつ、自らが本件車両を運転していたことを認める供述（以下、「本件自白」という。）を行い、その供述及び供述の状況が録音・録画された。ところが、被告人は、原審の公判期日では否認に転じ、本件自白は虚偽であったとの供述をし、原審弁護人は、被告人のこの公判供述に基づき、運転者はAであり、被告人は帯同車両の助手席に乗車していたにすぎないから、強盗殺人の刑責を負わない旨の主張をした。

原審検察官は、第7回公判期日において、罪体に関する被告人質問の終了後に、刑訴法322条1項に基づき、「3月18日に被告人が供述した内容そのものを実質証拠として、かつ、その供述態度を見てもらうことにより、その供述の信用性を判断してもらうため」として、上記の録音・録画記録媒体の取調べを請求した。

これに対し、原裁判所は、①3月18日の被告人の供述内容は、被告人の公判廷での供述から明らかになっている、②被告人が強盗殺人の犯人であるかどうかにつき、共犯者あるいは関係者の供述が検察官の立証の大きな

柱になっており、それらがどこまで信用できるかという点が大きなポイントであって、自白の信用性が根本的な結論をもたらすのではない、③被告人が真実を話したか、虚偽を真実であるかのように話したかを、その供述態度だけを見て判断するのは容易ではない、という理由を挙げたうえ、前記録音・録画記録媒体を取り調べる必要性がないとして、検察官の請求を却下した。

そのうえで、原判決は、被告人が本件車両を運転していたということが常識的にみて間違いないと認められるほどの証明はされていないとして、被告人には窃盗罪の共同正犯が成立するにとどまるとする判断を示した。そこで、検察官は、控訴を申し立て、控訴理由において、録音・録画記録媒体の取調べ請求を却下した原裁判所の判断には、証拠の採否に関する裁量を逸脱した法令違反がある旨の主張を行った。

これに対し、東京高裁は、次のように述べて、検察官の主張を退けた。

「原審検察官が、証明予定事実記載書及び冒頭陳述で、争点である被告人の犯人性を共犯者及び関係者の供述により立証すると主張している本件事案において、上記共犯者等の証人尋問を経た後に、上記争点につき立証する趣旨で原審検察官から実質証拠として請求された被告人の自白を内容とする本件記録媒体について、これを原裁判所が採用すべき法令上の義務は認められず、その自白の概要が被告人質問により明らかになっていること、争点については共犯者等の供述の信用性が決め手であること、本件記録媒体で再生される被告人の供述態度を見て供述の信用性を判断するのが容易とはいえないことを指摘して、取調べの必要性がないとして請求を却下した本件証拠決定には合理性があり、取調べ状況の録音録画記録媒体を実質証拠として用いることには慎重な検討が必要であることに照らしても、本件証拠決定が、証拠の採否における裁判所の合理的な裁量を逸脱したものとは認められず、これに反する所論は採用することができない。」

このように、本判決は、原審裁判所が、本件録音・録画記録媒体を取り調べる必要性がない理由として挙げた点をいずれも肯定したが、そのうちの第3点については、さらに詳細な判示を行った。すなわち、本件におい

て、被告人は、利害得失を考えて自分の判断で虚偽の自白をした旨の供述をしており、しかも、被告人が本件の現場にいたことに争いはなく、被告人が本件車両の運転者でなかったとしても、犯行状況を具体的に説明できる可能性は否定できない状況があったから、仮に、被告人が、本件自白をした際に、すらすらと具体的に犯行状況等について供述していたとしても、そのことを理由に信用性を肯定することには慎重である必要があり、裁判所が、被告人が真実を話したか、虚偽を真実であるかのように話したかを、本件記録媒体で再生される被告人の供述態度だけを見て判断するのは容易ではないというのである。

さらに、検察官が、公判廷における証人尋問や被告人質問がそうであるように、供述の信用性判断は、供述内容の具体性・迫真性・合理性・自然性や供述態度等を総合して判断されるものであり、それは、録音・録画記録媒体に記録された供述の信用性判断にも同様にあてはまると主張したのに対しては、次のように反論している。

まず、そもそも、公判廷における供述であっても、裁判所が、供述者の表情等から内心を判断することは容易でなく、供述態度の評価に重きを置いた信用性の判断は、直感的で主観的なものとなる危険性があり、そのような判断は客観的な検証を困難とするものといえるから、供述の信用性判断において、供述態度の評価が果たすべき役割は、他の信用性の判断指標に比べ、補充的な位置付けとなると考えられるとする。そのうえで、さらに、公判廷における被告人質問は、法廷という公開の場で、裁判体の面前において、弁護人も同席する中で、交互質問という手順を踏んで行われるものであり、裁判所は、被告人の供述態度を単に受け身で見るものではなく、必要に応じ、随時、自ら問いを発して答えを得ることもできるのに対し、捜査機関の管理下において、弁護人の同席もない環境で行われる被疑者等の取調べは、それとは状況が異なるから、公判廷における被告人質問の際に、供述内容とともに供述態度を見て信用性を判断するからといって、捜査段階での取調べについて、その際の供述態度を見て信用性を判断することの相当性が導かれるものではないとする。捜査機関による取調べ

については、その際の被疑者の供述態度を受動的に見ることにより、裁判体が、直観的で主観的な判断に陥る危険性は、公判供述の場合より大きなものがあるというのである。

　以上のとおり、本判決は、録音・録画記録媒体の取調べ請求を認めなかった原裁判所の決定を適法であったとして、検察官の訴訟手続の法令違反の主張を退けた。控訴審の判断としてはこれで十分であったが、本判決は、それにとどまらず、原審検察官が、取調べ状況の録音・録画記録媒体を実質証拠として用いようとしたこと自体についても考慮すべき点があるとして、次のように判示した。

　「さきに成立した刑事訴訟法等の一部を改正する法律……は、裁判員の参加する裁判の対象となる事件等について、捜査機関に被疑者の取調べ状況の録音録画記録媒体を作成することを義務付けているが、それは、……被疑者の取調べの実務の中で、被疑者に対する強制や圧迫等が生ずる弊害を防止するために導入されたものであることは、公知の事実であり、改正法の規定の構造からしても明らかである。すなわち、改正法では、刑訴法322条1項に基づき請求する書面の任意性に争いがあるときに、当該書面が作成された取調べの録音録画記録媒体の取調べを請求することが検察官に義務付けられている。

　ところが、所論のように、改正法で定められた録音録画記録媒体の利用方法を超えて、供述内容とともに供述態度を見て信用性の判断ができるというような理由から、取調べ状況の録音録画記録媒体を実質証拠として一般的に用いた場合には、取調べ中の供述態度を見て信用性評価を行うことの困難性や危険性の問題を別としても、我が国の被疑者の取調べ制度やその運用の実情を前提とする限り、公判審理手続が、捜査機関の管理下において行われた長時間にわたる被疑者の取調べを、記録媒体の再生により視聴し、その適否を審査する手続と化すという懸念があり、そのような、直接主義の原則から大きく逸脱し、捜査から独立した手続とはいい難い審理の仕組みを、適正な公判審理手続ということには疑問がある。また、取調べ中の被疑者の供述態度を見て信用性を判断するために、証拠調べ手続に

おいて、記録媒体の視聴に多大な時間と労力を費やすとすれば、客観的な証拠その他の本来重視されるべき証拠の取調べと対比して、審理の在り方が、量的、質的にバランスを失したものとなる可能性も否定できず、改正法の背景にある社会的な要請、すなわち取調べや供述調書に過度に依存した捜査・公判から脱却すべきであるとの要請にもそぐわないように思われる。

したがって、被疑者の取調べ状況に関する録音録画記録媒体を実質証拠として用いることの許容性や仮にこれを許容するとした場合の条件等については、適正な公判審理手続の在り方を見据えながら、慎重に検討する必要があるものと考えられる。」

このように、本判決は、録音・録画記録媒体を実質証拠として用いることがおよそ許されないと述べてはいるわけではない。しかし、本件事案において直接に問題となっていたわけではない実質証拠としての利用にあえて言及し、その問題点を種々指摘しているところからは、それに消極的な裁判所の姿勢が窺える。

2　東京高裁平成30年判決

取調べの録音・録画記録媒体の証拠としての利用について詳細な判断を示した、もう一つの最近の裁判例が、いわゆる今市事件に関する東京高判平30・8・3判時2389・3（以下、「平成30年判決」という。）である。事案は、次のようなものであった。

被告人は、殺人、商標法違反及び銃砲刀剣類所持等取締法違反の事実で起訴された。このうち、殺人の公訴事実は、「被告人は、平成17年12月2日午前4時頃、茨城県常陸大宮市○○所在の山林西側林道において、V（当時7歳）に対し、殺意をもって、ナイフでその胸部を多数回突き刺し、よって、その頃、同所において、同人を心刺通（心臓損傷）により失血死させた」というものである。第1審では、殺人につき、その犯人と被告人との同一性が争われ、それ以外の公訴事実については争いがなく、区分審理がなされた。

原判決（宇都宮地判平28・4・8判時2313・126）は、本件の事実に関する

争点は、被害者を殺害した犯人と被告人との同一性（被告人の犯人性）であるとしたうえ、まず、検察官の指摘する客観的事実（情況証拠）のみによって被告人の犯人性を認定できるかを検討し、結論として、被告人が殺害犯人である蓋然性は相当に高いものと考えられるが、客観的事実のみから被告人の犯人性を認定することはできないとした。そして、被告人の検察官に対する自白供述（以下、「本件自白」という。）の状況が記録された取調べの録音・録画記録[2]を、本件自白を録取した供述調書の任意性及び信用性の補助証拠として取り調べ[3]、まず、本件自白供述につき任意性を認めた。そのうえで、被告人の本件自白供述の内容は、殺害状況や遺棄状況の概要などその根幹部分については客観的事実と矛盾せず、特段不合理な内容ではないことや、その供述内容は具体的であって実際に体験した者でなければ語ることが困難な事実が多く含まれていることに加えて、被告人の供述経過や供述態度から認められる自白供述をすることに対する被告人なりの迷いや葛藤の状況などをあわせ考えれば、被告人の本件自白供述は、一連の経過や殺害行為の態様、場所、時間等、事件の根幹部分において、十分に信用することができるとした。そして、結論として、関係証拠から認められる客観的事実に、同供述をあわせれば、被告人が被害者を殺害したことに合理的な疑いを入れる余地はないとして、公訴事実と同旨の

---

2) 本件では、殺人による逮捕・勾留中の取調べはすべて録音・録画されたが、それ以前の商標法違反による勾留中の取調べについては、一部が録音・録画されるにとどまった。そして、被告人が検察官に対して最初に自白したとされる、商標法違反による別件勾留中の取調べの状況は録音・録画されていなかった。なお、録音・録画の総記録時間は80時間を超えていたが、公判では、被告人が検察官に対して2度目の自白を行ったとされる、本件殺人による勾留中の取調べの状況の録音・録画を含む、約7時間分が再生された（平山真理「今市事件裁判員裁判と取調べ録音・録画の課題」牧野茂＝小池振一郎編『取調べのビデオ録画』（成文堂、2018年）95以下参照）。
3) 本件では、検察官が、「犯行状況等、供述の任意性、信用性」を立証趣旨として、取調べの録音・録画記録媒体を証拠調べ請求したのに対し、裁判所から、それを、まずは、任意性立証のために公判前整理手続で取り調べ、そこで任意性が認められた場合、公判での罪体立証には供述調書を用いることとし、録音・録画記録媒体は、その信用性判断の補助証拠と位置付けるとの提案がなされ、それが当事者双方によって受け入れられて、その後の手続が進められたという経緯があった。

事実を認定し、区分審理した他の事件との併合事件審判により、被告人を無期懲役に処した。

これに対し、被告人から、訴訟手続の法令違反及び事実誤認を理由として控訴が申し立てられた。控訴趣意の中で、弁護人は、原判決における取調べの録音・録画記録媒体の取扱いについて、概ね次のような主張を行った。

すなわち、原判決には、①刑訴法に根拠規定がなく、同法全体の精神及び同法1条の趣旨からして、任意性の判断以外には使用されるべきでない取調べの録音・録画記録媒体を信用性の補助証拠とした違法がある、②信用性の補助証拠として採用した同記録媒体を実質証拠として使用した違法がある、③同記録媒体が信用性の補助証拠として利用されているとしても、その場合、立証の対象は被告人の供述態度に帰するが、供述態度を対象とする立証は、事実認定者に偏見を与え、その認定を誤らせるおそれがあり、しかも、その撮影方式はそれを見る者に予断を与えるおそれがあるから、法律的関連性が否定されるべきであるのに、同記録媒体を証拠とした違法がある。

これに対し、本判決は、まず、①の点につき、次のように述べた。

「取調べの録音録画記録媒体を信用性の補助証拠とすることについては、原審弁護人も異議を述べなかったものである上、検察官請求の形をとってはいるが、本件各記録媒体は、原審の当事者双方によって編集されたもので、手続的にも、原審弁護人によって、刑訴法326条の同意がされ、証拠とすることに異議がない旨の意思が示されている。このように本件各記録媒体は、双方当事者の意思に基づき作成され、適正な手続を経て採用された証拠であるから、取調べの録音録画記録媒体を信用性の補助証拠として利用する根拠規定が刑訴法にないからといって、これを採用した原審の手続に違法があるとはいえない。」

次に、②の主張については、原判決は、各記録媒体（及び取調官の証言）から、各取調べにおける取調官の発問とこれに対する被告人の応答時の態度のほか、供述を求められた際の被告人の表情や様子などの供述態度を詳

細に認定し、それを本件自白供述に信用性が認められる根拠の一つとしているが、その際に行われている検討の内容は、「被告人の供述態度が、犯人でない者の態度と見えるのか、それとも、犯人である者が葛藤する態度と見えるのか、あるいは、犯人でないのに捜査官に強制されて供述する態度か、それとも、自らの判断に基づいて自供する態度か」などの評価、判断であり、その内容は、認定された供述態度から直接的に被告人の犯人性を推認するものとなっているとする。それゆえ、原判決の判断は、本件各記録媒体で再現された被告人の供述態度から直接的に犯罪事実（被告人の犯人性）を認定するものとなっているといわざるをえないとして、弁護人の主張を認めた。

そして、本判決は、一般論としても、取調べの録音・録画記録媒体を証拠として取り調べるということは、被告人が供述する内容そのものを、その供述する姿、音声と共に視聴するということにほかならないから、取調べの録音・録画記録媒体を実質証拠とせず、信用性の補助証拠に限定し、実体判断は供述調書によると法的に整理したとしても、実際の心証形成の過程や内容は、同記録媒体を実質証拠とした場合と実質的に異ならないものとなる可能性があると考えられると述べた。

このように、本判決は、供述調書の信用性の補助証拠として採用した録音・録画記録媒体が、実質証拠として犯罪事実の認定に用いられているとして、弁護人の主張を認めた。それゆえ、その点で原審の訴訟手続には違法があることになる。しかし、本判決は、それにとどまることなく、弁護人の前記③の主張との関係で、録音・録画記録媒体を信用性の補助証拠として用いることの当否についても、次のように述べて否定的な判断を示した。

「そもそも、取調べの録音録画記録媒体は、被疑者の取調べ状況を映像と音声により機械的に記録したものであるから、これを証拠として取り調べることによって、暴行、脅迫その他の手段による供述の強要、偽計的な取調べ、過度に誘導的な取調べ等がされたかどうかということを、事後的に確認することができるものである。したがって、そのような不当な被疑

者取調べが行われるのを防止することが期待できるし、供述の任意性に争いがある場合には、録音録画記録媒体を取り調べることによって、任意性に疑いを生じるような取調べがあったかどうかを明らかにすることができる。さきに行われた刑訴法の一部改正は、改正規定の内容や取調べの録音録画の制度化が検討された経緯に照らせば、上記のような仕組みにより、我が国における被疑者取調べの適正化を図るために行われたものと理解される。

　他方、取調べの録音録画記録媒体により、被疑者取調べの外形的な状況が明らかになるとしても、被告人の内心が映像と音声により映し出されるわけでもないのに、同記録媒体により再現される取調べ中の被告人の様子を見て、自白供述の信用性を判断しようとすることには強い疑問がある。すなわち……取調べの録音録画記録媒体で再現される取調べ状況等を見て行う信用性の判断は、被告人の自白供述が自発的なものと認められるかどうか、というような単純な観点から結論を導くことにつながる危険性があるものと思われる。この危険性は、特に、任意性と信用性を同時に審査する場合に高まる可能性があると考えられるが、自己に不利益な虚偽の供述を行う契機としては様々なものが想定できるのであるから、取調べ状況をみて、取調官により強いられた供述か、それとも自発的な供述かといった二者択一的な判断をすることは、単純素朴に過ぎるものといえる。とりわけ……自発的であっても虚偽供述の可能性があることが、見落とされる危険性がある。

　我が国における被疑者取調べの制度及び運用の下で、虚偽の自白がされる場合があることは、これまでの経験が示すところであるが、それにもかかわらず、捜査段階の自白供述は、その証明力が実際以上に強いものと評価される危険性があるものである。したがって、その信用性の判断に当たっては、供述が強いられたものでないことは当然の前提として、秘密の暴露の有無、客観的な事実や他の証拠との整合性等、第三者にも検証可能な判断指標を重視した上で、内容の合理性、自然性等と併せ多角的に検討し、自白供述から適切な距離を保って、冷静に熟慮することが肝要と思わ

れる。ところが、被疑者取調べの録音録画記録媒体を見て行う供述の信用性の評価は、前記のように供述が自発的なものかどうかという観点を出ない判断となる可能性があるし、それ以上の検討が行われるとしても、身柄を拘束された状態での被疑者取調べという特殊な環境下でされる自白供述について、これに過度に密着した形で、映像と音声をもって再現される取調べ中の被告人の様子を視聴することにより、真実を述べているように見えるかどうかなどという、判断者の主観により左右される、印象に基づく直観的な判断となる可能性が否定できず、上記のような熟慮を行うことをむしろ阻害する影響があるのではないかとの懸念が否定できない。」

　本判決は、以上のように述べたうえで、結論として、疑問のある手続経過によって、本件各記録媒体を供述の信用性の補助証拠として採用し、再現された被告人の供述態度等から直接的に被告人の犯人性に関する事実認定を行った原判決には、刑訴法317条の違反が認められるとした。

　それを前提に、本判決は、被告人の自白供述のうち、生存中の被害者を当時の被告人方から連れ出して、遺体発見現場の山林において殺害したとする部分は、供述を裏付ける証拠が存在しないだけでなく、遺体発見現場及び遺体の客観的状況と矛盾する可能性が高いものと認められ、被告人の供述経過に照らしても、被告人が作出した虚構である疑いが否定できないとする。そして、原裁判所は、取調べの録音・録画記録媒体を供述の信用性の補助証拠とした結果、再現された被告人の供述態度を見て、被告人が、取調官に強いられることなく、自発的に供述をしているもので、取調官の誘導によるものとは認められないことから、犯人である被告人が「認めざるを得ないと考えて供述した」ものとして、被告人の作出した虚構である可能性に思い至らないまま、殺害の経緯や場所を含め、全体的に信用性を認めたものと考えられ、その意味で、供述の信用性の補助証拠として採用した本件各記録媒体に基づき、犯罪事実（被告人の犯人性）を認定した訴訟手続の法令違反が、殺害行為の日時、場所に関する誤った判断に影響を及ぼしたことは明らかであると認められるとして、原判決を破棄した。しかし、その一方で、客観的証拠から被告人が殺害犯人であること自体は合

理的な疑いを差し挟む余地なく認められるとし、自判して、殺害の日時、場所を変更した予備的訴因により、被告人を有罪とした。

Ⅲ　実質証拠としての利用

1　議論の経緯

　被疑者の取調べの録音・録画記録媒体を実質証拠として利用するという場合、そこには、①それにより、取調べにおいて被疑者が行った供述の内容となっている事実の存在を立証しようとする場合と、②取調べにおける被疑者の特定の言動等が、被疑者の犯人性や犯罪事実の存在を直接に推認させるようなものである場合に、そのような外形的な言動等の存在自体を犯人性や犯罪事実の間接事実として立証しようとする場合が含まれる[4]。これまで実質証拠としての取扱いが問題とされてきたのは、①の供述証拠としての利用である。そして、このような用い方をする場合、録音・録画記録媒体は、そこに記録された被疑者の供述が、その内容となっている事実を直接に立証するために用いられると同時に、そこに記録された取調べの状況等が、その供述の信用性の判断材料となるというかたちで利用されることになる。

　録音・録画記録媒体を、この意味での実質証拠として利用することができるかは、取調べの録音・録画制度の導入に関して審議を行った法制審議会・新時代の刑事司法制度特別部会においても議論がなされた[5]。その際には、実質証拠としての利用に疑問を呈する意見もあったものの、現行法

---

[4] 玉本将之「被告人の検察官に対する自白供述の信用性の補助証拠として採用した取調べの録音・録画記録により直接的に被告人の犯人性に関する事実認定を行ったとして、原審の訴訟手続に法令違反があるとされた事例」警論71・11・182。平成30年判決は、原判決の判断が、録音・録画記録媒体で再現された被告人の供述態度から直接的に犯罪事実（被告人の犯人性）を推認するものとなっているとしたうえで、それゆえに、原判決は、信用性の補助証拠として採用した録音・録画記録媒体を、実質証拠として犯罪事実の認定に用いたと判示しており、②のかたちでの実質証拠としての利用を問題としたものといえよう。

[5] 同部会第10回会議議事録参照。

上、被疑者の供述調書が一定の要件のもとで実質証拠となりうる以上、理論上、被疑者の供述を録音・録画した記録媒体がおよそ実質証拠となりえないとはいえないという点に関しては、部会で意見の一致があったといってよいと思われる。実際にも、既にその時点で、裁判において録音・録画記録媒体を実質証拠として採用した事例があったが、それが違法であったとする意見は出されていない。

　平成28年の刑訴法改正によって導入された取調べの録音・録画制度に関する規定（301条の２）は、そのような議論を経て作られたものである。それゆえ、録音・録画記録媒体の実質証拠としての利用に関する規定が置かれていないのは、それを否定する趣旨ではなく[6]、むしろ、当然に認められるものであるため、あえて規定を置く必要はないという理由によるものである。

　改正法の趣旨がこうしたものであったことは疑いのないところであるが、その後、実質証拠としての利用は許されないとする見解や、それをできるかぎり避けるべきだとする見解が主張されるようになった。前述した平成28年判決も、その流れに属するものといえよう。

2　証拠能力否定論

　録音・録画記録媒体は、それを実質証拠として利用する場合には証拠能力を欠くとする見解は、その根拠に応じて、大きくは２つに分かれる。その一つは、刑訴法198条５項における供述録取書への供述者の署名・押印の要求を、自己の供述の証拠化についての同意権・選択権を供述者に認めたものと解したうえで、署名・押印ないしそれに代わる手続保障を欠く録音・録画記録媒体については、一律に証拠能力を欠くという見解である[7]。

---

6)　保坂＝吉田・前掲注１）72、玉本・前掲注４）183。
7)　正木祐史「被疑者取調べの『可視化』――録画DVDの証拠利用の是非」法時84・9・16、伊藤睦「取調べ可視化と証拠法」法時85・9・73、渕野貴生「録音録画記録媒体の実質証拠化をめぐる問題点」季刊刑事弁護91・31。録音・録画記録媒体を実質証拠としうるのは、公判において被告人が同意した場合に限るとする見解（高内寿夫『公判審理から見た捜査』（成文堂、2016年）337）も、実質的には同じ発想に立つものであろう。

しかし、供述録取書に供述者の署名・押印が必要とされているのは、供述の録取過程が一つの伝聞過程であるため、署名・押印によって録取の正確性を担保するためである。そうであれば、供述の録音・録画は機械的になされるから、署名・押印あるいはそれに代わる措置は不要ということになろう[8]。

もう一つは、心理学上の知見に基づき、取調べの録音・録画記録は、事実認定者に過度のインパクトを与え、事実認定を定型的に誤らせる危険があるから、前科証拠などと同様に、法律的関連性が欠けるという見解[9]である。前述したように、録音・録画記録媒体を実質証拠として用いる場合、そこに記録された被疑者の供述をその内容である事実の立証に用いると同時に、そこに記録された被疑者の供述態度等を当該供述の信用性の評価に用いることになるが、この見解は、後者の点について、それが、供述の信用性について定型的に誤った判断に導く可能性が高いとするものといえよう。

確かに、そうした危険が認められる場合もあるであろうが、それは事案によるし、また、録音・録画記録媒体には、供述をした時点での被疑者の様子だけが記録されているわけではなく、供述に至るまでの取調べの状況、被疑者の対応なども記録されている。それをも踏まえて、供述時の供述態度等を考慮することになるから、録音・録画記録媒体を視聴することが事実認定を定型的に誤らせる危険があるとまでいうことはできないと思われる[10]。

---

8) 玉本・前掲注4) 183、杉田宗久・大コメ刑訴(7)662、堀田周吾「取調べの録音・録画記録の証拠利用」捜査研究785・5、大澤裕「『新時代の刑事司法制度』構築に向けた刑訴法等改正」刑雑56・3・377。判例も、供述証拠として扱われる再現写真につき、「写真については、撮影、現像等の記録の過程が機械的操作によってなされる」ことから、再現者の署名・押印は不要であるとしている（最決平17・9・27刑集59・7・753）。

9) 指宿信「取調べの録音録画記録を公判廷で長時間再生の上、映像記録中の被告人の供述態度や供述変遷から自白供述について十分に信用できるとした事案」速報判例解説21・206。

10) 石田倫識「録音・録画記録の媒体を実質証拠として用いることの許否とその条件」法セ750・29。

さらに、この見解がいうように、録音・録画記録媒体は、事実認定者に過度のインパクトを与え、事実認定を定型的に誤らせる危険があるとすれば、そのことは、録音・録画記録媒体を供述の任意性の立証のために用いる場合であっても同様に妥当するから、そうした利用も許されないということになろう[11]。しかし、このような考え方は、任意性の立証のために録音・録画記録媒体を用いることを前提とする刑訴法の規定に明らかに反する。

それゆえ、上記のいずれの点からも、録音・録画記録媒体の実質証拠としての利用が一律に許されないとする解釈はとりえないと考えられる[12]。それゆえ、その利用の当否は、証拠調べの必要性の枠内で検討すべき問題ということになる。

3　実質証拠としての取調べの必要性

(1)　問題となる場面

録音・録画記録媒体を実質証拠として取り調べる必要性があるか否かを考えるにあたっては、その前提として、それが問題とされている場面を整理しておく必要がある。

まず、現在の人証優先の運用のもとでは、通常、被告人質問が先行するから、その際に、被告人が、録音・録画された従前の供述と同様の供述をすれば、当該録音・録画記録媒体は取調べの必要性を欠くことになる。それゆえ、実質証拠としての利用が問題となるのは、被告人の公判供述が、録音・録画された供述とは異なるために、それを公判に顕出する必要性が認められる場合である。

もっとも、被告人の公判供述が、録音・録画された供述と異なってはいるものの、被告人の公判供述の中で、被告人が、録音・録画された供述を行ったこと、及びその内容が明らかにされる場合もある。この点に関して、

---

11) 指宿・前掲注9）206。
12) 青木孝之「取調べを録音・録画した記録媒体の実質証拠利用」慶應法学31・71、多田辰也「取調べの録音・録画記録媒体の実質証拠利用について」大東法学68・64、後藤昭「被告人の公判外供述」法セ766・122、川上拓一「録音・録画記録媒体の取調べについて」研修845・14。

平成28年判決は、前述のとおり、録音・録画記録媒体に記録された自白の概要が被告人質問により明らかになっていることを、録音・録画記録媒体の取調べの必要性が認められない理由の一つとして挙げていた。こうした場合、捜査段階での自らの供述を内容とする被告人の公判供述は、刑訴法324条1項の準用と322条1項により、捜査段階での供述の内容である事実を証明するための実質証拠となる[13]。そうだとすると、捜査段階の供述の顕出という意味では、被告人質問に重ねて録音・録画記録媒体の取調べを行う必要性はないことになろう。仮に、その証拠調べがそれとは異なる意味を持つ場合があるとすれば、それは、録音・録画記録媒体の取調べを行うことによって、捜査段階の供述の信用性を判断する場合である。それゆえ、録音・録画記録媒体の取調べが、そこに記録された捜査段階の供述の信用性判断に役立つと考えるかどうかによって、その結論が変わってくることになろう[14]。

次に、被告人の公判供述が、録音・録画された供述と異なることから、それを公判に顕出することが必要である場合にも、2つの類型がある。その一つは、被告人の供述調書が作成されていないか、あるいは、作成されてはいるものの、被告人が拒否したために供述調書に被告人の署名・押印がなく、それを証拠として利用できない場合である。この場合には、刑訴法322条1項の要件を満たすかぎり、録音・録画記録媒体を実質証拠として利用することを認めざるをえない。

もう一つは、被告人の署名・押印のある供述調書が存在し、そこに録音・録画記録媒体に記録されているのと同内容の被告人の供述が録取され

---

13) 後藤・前掲注12) 119。
14) この観点から、平成28年判決の事案について、被告人が、自らが運転をしていたことを認める内容の自白をしたということだけが重要なのではなく、それをどのような経緯でどのような言い方で述べたのか、その際の態度がどのようなものであったのかということも重要であるとして、同判決が、録音・録画記録媒体に記録された自白の概要が被告人質問により明らかになっていることを、録音・録画記録媒体の取調べの必要性が認められない理由の一つとしたことを批判する見解がある（城祐一郎「取調べの録音・録画を実質証拠として用いることの問題点と検討」捜査研究805・23）。

ている場合である。こうした場合に、供述調書に代えて、あるいはそれと共に、録音・録画記録媒体を実質証拠として利用することができるのかが、ここでの問題ということになる。

(2) 証拠調べの必要性

証拠調べの必要性は、当該証拠の実質的価値の程度（狭義の証拠調べの必要性）と、当該証拠に関する審理を行うことに伴う弊害の程度（証拠調べの相当性）を考慮したうえで判断するものとされている[15]。この場面では、この判断を、録音・録画記録媒体と供述調書を対比しつつ行うことになる。

そこで、この観点から、取調べの録音・録画記録媒体を実質証拠として利用する場合について考えてみると、まず、狭義の証拠調べの必要性に関しては、被疑者の供述を物語風にまとめた供述調書とは異なり、録音・録画記録媒体は、被疑者の供述がそのまま記録されたものである。それに加えて、録音・録画記録媒体には、供述そのものだけでなく、取調べの状況、被疑者の供述態度（供述の際の供述者の表情、声の調子、動作等）も記録されている。つまり、録音・録画記録媒体は、この両面において、供述調書よりも多くの情報を含んでおり、それゆえ、一般的には実質証拠としての証拠価値がより高いものであるといえよう[16]。

他方で、証拠調べの相当性に関しては、平成28年判決及び平成30年判決が判示しているように、供述態度を映像で見ることは、事実認定者に過度のインパクトを与えるため、感情に支配された直感的な心証形成により、供述の信用性の判断を誤るおそれが高いとする指摘がなされている[17]。もっとも、伝聞証拠の証拠能力が原則として否定される根拠の一つとして、公判廷外における供述は、公判廷における供述と異なり、事実認定を行う裁判所による供述時の態度や状況の観察がなされていないという点が

---

15) 司法研修所編『科学的証拠とこれを用いた裁判の在り方』（法曹会、2013年）38。
16) 玉本・前掲注4）189、大澤・前掲注8）45、川上・前掲注12）14。
17) 渕野・前掲注7）29、後藤・前掲注12）122、中山隆夫「新時代の刑事司法制度について――録音録画制度を中心に――」刑雑56・3・24。
18) 松尾・刑訴（下）55、田宮・刑訴368。

挙げられていること[18]からもわかるように、供述態度を見ることができることは、一般的には、供述の信用性の評価にあたってプラスに働く要素である。しかし、平成28年判決及び平成30年判決は、とりわけ捜査段階の供述については、裁判体が、その供述態度を見て供述の信用性を判断するのは容易ではなく、むしろ、直感的で主観的な判断に陥る危険性が高いとしている。

確かに、供述者の供述時における供述態度だけを切り離してみる場合には、そのような危険があることは否定できないであろう。しかし、録音・録画は原則として取調べの全過程についてなされるから、そこには、その間の取調べの状況、供述に至る経緯を含む供述過程もすべて記録されている。裁判所は、供述時における供述態度だけでなく、それらの事実をあわせて視聴し、かつ、その評価にあたっては、平成28年判決が指摘しているような、公判での被告人質問とは異なる捜査段階の取調べの特質も考慮することになる。それに加えて、一般に自白の信用性を判断するに際して考慮すべきとされている、客観的証拠及び客観的事実との整合性、自白内容の合理性・自然さ、自白内容の詳細さ・具体性・迫真性といった要素[19]を総合的に考慮して、供述の信用性を判断するわけであるから、そのような運用がなされるかぎり、直感的で主観的な判断に陥る危険性が高いとまでいうことはできないと思われる[20]。

取調べの録音・録画記録媒体を実質証拠として利用することに対しては、録音・録画記録媒体は、供述調書と異なり、捜査段階における供述が、公判廷においてそのままのかたちで再生されて証拠となることから、それにより、刑事手続の中での取調べの位置付けが実質的に高まることに伴う

---

19) 中谷雄二郎「自白の信用性の評価」井上正仁＝酒巻匡編『刑事訴訟法の争点』（有斐閣、2013年）160。
20) 峰ひろみ「被疑者取調べの録音・録画記録媒体活用を巡って」研修842・8、清野憲一「捜査段階の供述立証に関する問題解決に向けた一考察」判時2312・18。
21) 多田・前掲注12) 51。石田・前掲注10) 30は、記録媒体の実質証拠化は、公判廷における被告人質問を部分的に前倒しして、捜査段階の被疑者取調べにその機能を代替させるものといえるとする。

問題点も指摘されている[21]。つまり、録音・録画記録媒体の実質証拠としての利用は、取調べや供述調書に過度に依存した捜査・公判からの脱却という理念や、公判中心主義に反する結果をもたらすというのである[22]。平成28年判決が、公判審理手続が、捜査機関の管理下において行われた長時間にわたる被疑者の取調べを、記録媒体の再生により視聴し、その適否を審査する手続と化す懸念があるとしているのも、この点を捉えたものであろう。

　しかし、これが、録音・録画記録媒体を実質証拠として利用することに対する的確な批判となっているのかには疑問がある。というのも、前述したように、ここでは、被告人の公判供述に代えて、その捜査段階の供述を利用しようとしているわけではなく、被告人の公判供述だけでは事実認定の資料として不十分であるがゆえに、被告人の捜査段階の供述を証拠としようとしているわけであるから、その意味で、捜査段階の供述を不必要に重視しているわけではない。加えて、ここでは、被告人の公判供述と捜査段階での供述を対比しつつ、被告人が捜査段階での供述について公判で述べるところも踏まえて、その信用性を十分に吟味することが予定されている。そうだとすれば、それが、捜査段階の供述の記録に過度に依存した公判であるとか、公判中心主義に反するとは必ずしもいえないであろう[23]。それゆえ、問題の核心は、捜査段階の供述の利用が必要であることを前提に、供述調書と録音・録画記録媒体を比較したときに、どちらが事実認定に役立つのかという点にある。録音・録画記録媒体を実質証拠として利用することにより、被疑者の取調べの重要性が高まることになるとしても、それによって、供述調書を用いる場合よりも事実認定の正確性が高まるのであれば、それを否定する理由はないはずである。

　録音・録画記録媒体を実質証拠として利用することのもう一つの問題点として、平成28年判決が指摘しているように、現在の取調べの運用を前提

---

22) 石田・前掲注10) 30、多田・前掲注12) 51、青木・前掲注12) 85、中里智美「裁判官から見た新たな刑事司法制度」法の支配184・61。
23) 大澤・前掲注8) 47。

とした場合、取調べの録音・録画記録媒体の公判での取調べが、極めて長時間にわたる可能性があることが挙げられる。そこから、平成28年判決は、その他の証拠の取調べと対比した場合、審理の在り方として、バランスに欠け、その点でも、取調べや供述調書に過度に依存した捜査・公判からの脱却という、改正法の理念にそぐわないとしている[24]。それとともに、そのような長時間の録音・録画記録の視聴は、特に裁判員にとっては過度な負担となり、的確な事実認定を妨げることになるのではないか、あるいは、そもそも、そのような長時間の視聴を実施することは事実上できないのではないかという指摘もなされている[25]。この点も、供述調書を用いた場合との比較の問題であり、どちらが正確な事実認定に資するかによって、録音・録画記録媒体の利用の当否が判断されるべきことになろう[26]。

Ⅳ　信用性の補助証拠としての利用

　録音・録画記録媒体の利用方法としては、平成30年判決の事案がそうであったように、供述調書を実質証拠としたうえで、その信用性の補助証拠として録音・録画記録媒体を用いるという方法もありうる。この場合は、録音・録画記録媒体に記録された取調べの状況や、被疑者の供述態度の部分を証拠として利用することになろう。

　しかし、信用性の補助証拠として用いるといっても、裁判所は、通常は、録音・録画記録媒体に記録された供述を聴くことになるであろうから、それを供述調書の信用性の判断だけに用いて、供述の内容となっている事実

---

24) 同旨の指摘をするものとして、中山・前掲注17) 23、丸山和大「取調べDVDの実質証拠化」季刊刑事弁護82・54がある。
25) 渕野・前掲注7) 29。
26) もっとも、録音・録画記録媒体の取調べに長時間を要する可能性があるという問題は、それを供述の任意性の立証に用いる場合にも生じうるものである。任意性立証のためには、たとえ長時間にわたるとしても、録音・録画記録媒体の取調べを認めるというのであれば、その後に供述調書の取調べを行うよりも、当該録音・録画記録媒体を同時に実質証拠とすることを認めたほうが、審理時間の短縮と裁判員の負担軽減につながるであろう。

の存在についての心証はとらないという使い分けができるのかは疑問がある[27]。平成30年判決が述べているように、それは、結局は、録音・録画記録媒体を実質証拠とすることにつながらざるをえないように思われる。

　仮に、そのような使い分けができると考える場合には、録音・録画記録媒体を実質証拠として用いる場合と同様に、証拠調べの必要性の判断において、供述態度を見ることが、事実認定者に過度なインパクトを与え、供述の信用性の判断を誤らせるおそれが高いといえるのか、証拠調べが長時間にわたることによる弊害をどのように考えるかといった点が問題となるであろう。

---

27) 中里・前掲注22) 60。このことは、録音・録画記録媒体を供述の任意性立証のために取り調べる場合にも、同様に問題となる（中山・前掲注17) 25)。そのような心証の使い分けが困難だとすれば、この点からも、当該録音・録画記録媒体を同時に実質証拠として用いることができるとするのが自然であろう。

第10講　量刑と余罪

I　問題の所在

　刑事裁判において、起訴されていない犯罪事実（余罪）の存否及び内容について証拠調べを行い、それを認定したうえで、量刑の資料として利用することは許されるか。この問題に関するリーディングケースである、最大判昭41・7・13刑集20・6・609（以下、「昭和41年判決」という。）は、起訴されていない犯罪事実を余罪として認定し、実質上これを処罰する趣旨で量刑の資料として考慮し、被告人を重く処罰すること（以下、「実質処罰型」という。）は許されないが、余罪を単に被告人の性格、経歴及び犯罪の動機、目的、方法等の情状を推知するための資料として考慮すること（以下、「情状推知型」という。）は許されるとしている。

　このうち、実質処罰型が許されないことは、刑事裁判に不告不理の原則が妥当する以上、明らかである[1]。他方で、情状推知型が許される理由としては、余罪は、起訴された犯罪の犯情に関する間接事実となるとともに、被告人の悪性格を徴表しうるものであるから、前科や非行と区別して、余罪だけを量刑資料から除外するのは不合理であることが挙げられている[2]。これに対しては、情状推知型といっても、余罪が起訴事実について刑を重くする契機となることに変わりがないことや、実質処罰型と情状推

---

1) 昭和41年判決は、実質処罰型が許されない理由として、それが不告不理の原則に反し、憲法31条にいう法律に定める手続によらずに刑罰を科することになるという点に加えて、刑訴法317条に定める証拠裁判主義に反し、かつ、自白と補強証拠に関する憲法38条3項、刑訴法319条2項・3項の制約を免れることとなるおそれがあること、さらに、法律上その余罪が後日起訴されないという保障はないから、もしその余罪について起訴され有罪の判決を受けた場合は、既に量刑上責任を問われた事実について再び刑事上の責任を問われることになり、憲法39条にも反することになる点を指摘している。

知型を区別する基準が、特に限界事例になると実際上明確ではないことなどを理由に、この類型による余罪の考慮も認めるべきでないとする意見もある[3]。しかし、昭和41年判決の示した基準は、翌年の最大判昭42・7・5刑集21・6・748（以下、「昭和42年判決」という。）においても確認され、判例上は確立したものとなっている。

もっとも、個別の事案において余罪が量刑資料として考慮されている場合に、それが、実質処罰型と情状推知型のどちらにあたるのかの判断は必ずしも容易ではない。そのため、両判決後も、余罪を実質的に処罰する趣旨で量刑資料として考慮したのではないかが争われる事案は少なくなく、また、実際にそれを認めた裁判例も絶えることなく現れている[4]。これは、前記の反対論が指摘するとおり、両者を区別する明確な基準が示されていないことにも一因があろう。そこで、本講では、昭和41年判決及び昭和42年判決の内容を改めて確認したうえで、その後の下級審裁判例、特に近年の裁判例を手掛かりに、その基準を探ってみることにしたい。

Ⅱ　判例の内容

1　最高裁昭和41年判決

昭和41年判決の事案は、自己の勤務する郵便局内で、普通郵便物4通（現金合計1万1,600円、郵便切手合計75円及び注文書4通在中）を窃取したとして、第1審で懲役1年6月、5年間刑の執行を猶予するという判決を受けた被告人について、控訴審が、量刑不当により、第1審判決を破棄し、被告人を懲役10月の実刑に処したというものである。控訴審は、その理由

2）中野次雄「余罪と量刑」ひろば20・9・27、龍岡資晃「余罪と量刑」別冊判タ7（刑事訴訟法の理論と実務）324等。
3）光藤景皎「余罪と量刑」昭和41・42年度重要判例解説246、三井誠・刑判評釈28・129等。
4）両判決後の裁判例については、増田啓祐「余罪と量刑」大阪刑事実務研究会編著『量刑実務大系(2)──犯情等に関する諸問題』（判例タイムズ社、2011年）204以下参照。

として、本件犯行が、郵便局員であり、配達業務に従事していた被告人が、計画的に、他の配達員の区分棚から現金封入の普通通常郵便物を窃取したものであり、その動機においても同情の余地のないものであって、犯情が極めて悪質であり、その社会及び被害者等に及ぼす影響が大きいものであるだけでなく、「被告人が本件以前にも約6ヶ月間多数回にわたり同様な犯行をかさね、それによつて得た金員を飲酒、小使銭、生活費等に使用したことを考慮すれば」、被告人に有利な諸般の情状を斟酌しても、被告人に対しては実刑をもってのぞむことが相当である旨を述べた。

　これに対し、弁護人が、控訴審は、起訴事実ではない、被告人が約6か月間多数回にわたって同様な犯行を重ねたという事実を認定し、量刑資料の名のもとに実質上有罪判決を下して処罰をしているから、憲法31条に違反するとして上告を申し立てた。

　最高裁は、余罪を量刑資料とすることの適否について、前述の基準を示したうえで、本件については、確かに、原判決は、「被告人が本件以前にも約6ヶ月間多数回にわたり同様な犯行をかさね、それによつて得た金員を飲酒、小使銭、生活費等に使用したことを考慮すれば、云々」と判示しているけれども、この判示は、余罪である窃盗の回数及びその窃取した金額を具体的に判示していないのみならず、犯罪の成立自体に関係のない窃取金員の使途について比較的詳細に判示しているなど、その他前後の判文とも併せ熟読するときは、本件起訴に係る窃盗の動機、目的及び被告人の性格等を推知する一情状として考慮したものであって、余罪を犯罪事実として認定し、これを処罰する趣旨で重く量刑したものではないと解するのが相当であるとして、弁護人の主張を退けた。

　もっとも、本判決には、原判決の上記の判示は、「記録を精査し、かつ、当審における事実取調の結果を参酌し、これらに現われた本件犯行の罪質、態様、動機、被告人の年令、性行、経歴、家庭の事情、犯罪後の情況、本件犯行の社会的影響等量刑の資料となるべき諸般の情状を総合考察し……犯情が極めて悪質であり、その社会および被害者等に及ぼす影響が所論のとおり大きいものであるばかりでなく」との判示に引き続いてなさ

れており、既に量刑の資料となるべき諸般の情状を総合考察した後に、余罪事実を判示していることや、「同様な犯行をかさね」と断定していることから、その判示は、本件公訴事実とは別に余罪の事実を認定し、これによって特に重く量刑したものと認められるとする、6名の裁判官による意見が付されている。

2　最高裁昭和42年判決

昭和42年判決の事案は、被告人が、自己が勤務する郵便局内に保管されていた普通通常郵便物29通（現金合計7,880円、郵便切手合計684円在中）を窃取したとして、第1審で懲役1年2月の実刑判決を受けたというものである。同判決は、量刑理由において、被告人が、130回ぐらい、合計で約3,000通の郵便物を窃取し、そのうち現金が封入してあったものが約1,400通でその金額は合計約66万円に、郵便切手が封入してあったものが約1,000通でその金額は合計約23万円に達しているという事実を認定したうえで、この事実に、起訴事実に係る犯行の特異性及び重大性等を総合勘案すると、被告人に有利な諸事情があるとしても、本件について被告人に対し懲役刑の執行を猶予することは相当ではなく、懲役1年2月の実刑に処するのが相当であると判示した。そのため、これは、起訴されていない余罪を実質的に処罰する趣旨で量刑上考慮したものでないのかが問題とされることになった。

控訴審は、第1審判決は、起訴されている被告人の本件犯行が1回きりの偶発的なものか、それとも反復性のある計画的なものかどうかなどの、本件犯行の罪質ないし性格を判別する資料として利用する趣旨で、上記認定に係る事実を量刑事情として説示したものであるとして、それを適法であるとした。これに対し、最高裁は、次のように述べて、逆に、第1審判決は、昭和41年判決が許されないとした、余罪を実質的に処罰する趣旨のもとに重い刑を科したものだと判断した。

「第1審判決は、『被告人が郵政監察官及び検察官に対し供述するところによれば、被告人は本件と同様宿直勤務の機会を利用して既に昭和37年5月ごろから130回ぐらいに約3千通の郵便物を窃取し、そのうち現金の封

入してあつたものが約１千４百通でその金額は合計約66万円に、郵便切手の封入してあつたものが約１千通でその金額は合計約23万円に達しているというのである。被告人は、当公判廷においては、犯行の始期は昭和37年５月ごろではなくて昭和38年５月ごろからであり、窃取した現金は合計20万円ぐらい、郵便切手は合計４、５万円ぐらいのものであると弁解しているのであるが、』被告人の前記弁解は措信し難く、むしろ、『郵政監察官及び検察官に対し供述したところが真実に略々近いものである』とし、『これによれば、被告人の犯行は、その期間、回数、被害数額等のいずれの点よりしても、この種の犯行としては他に余り例を見ない程度のものであつたことは否定できないことであり、事件の性質上量刑にあたつて、この事実を考慮に入れない訳にはいかない。』と断定しているのであつて、この判示は、本件公訴事実のほかに、起訴されていない犯罪事実をいわゆる余罪として認定し、これをも実質上処罰する趣旨のもとに、被告人に重い刑を科したものと認めざるを得ない。」

3　実質処罰型と情状推知型の区別の判断要素

両判決の判示を見ると、いずれにおいても、専ら、量刑の理由における記載内容に着目して、どちらの類型にあたるかが判断されている[5]。そして、量刑の理由の記載が、裁判所がどちらの類型として余罪を考慮したかを判断するうえでの有力な資料であることは間違いない。しかし、裁判所が、量刑の理由において、余罪を実質的に処罰する趣旨で量刑上考慮したことを明示するとは考えられないから、その判示内容には解釈の余地があるのが通常であろう。このことは、昭和41年判決に、同じ判示を対象として、それが余罪を実質的に処罰する趣旨であるとした６名の裁判官による意見が付されていることからも明らかである。また、同種の犯罪を扱った昭和41年判決と昭和42年判決の事案を比較してみると、確かに、昭和42年

---

[5]　量刑の理由は、有罪判決における必要的な記載事項（刑訴法335条）ではなく、実務上も、量刑の理由を示さない判決も少なくないが、最近は、量刑の理由を判決宣告で告げ、判決書中でも項目を設けて記載する例が相当増えているとされる（戸苅左近・逐条実務942）。

判決の事案では、問題とされた第1審判決の判示中で、余罪である窃盗の回数及び窃取金額が具体的に記載されており、具体的な記載がなかった昭和41年判決の事案とは異なるが、記載の具体性は程度問題であるから、それが両類型を区分する基準となりうるのかには疑問もある。また、記載の具体性が決定的であるとすると、裁判所が意図的に抽象的な記載をすることにより問題を回避することを認めることにもなりかねない。

　こうしたことから、量刑の理由の記載のみでは、どちらの類型にあたるかの判断がつかない場合も少なくないと考えられる。そこで、両判決後の下級審裁判例においては、いずれの類型にあたるのかの判断にあたり、量刑の理由の記載に加えて、余罪に関する検察官の主張内容、公判での証拠調べの内容、原判決が下した刑の重さ、「証拠の標目」の記載等が考慮要素とされてきた[6]。このうち、多くの下級審裁判例において言及がなされているのは、公判での証拠調べの内容である。これについては、既に昭和41年判決において、情状推知型は許されるとしたうえで、余罪を考慮する程度は、個々の事案ごとに合理的に検討して必要な限度にとどめるべきであり、それゆえ、「その点の証拠調にあたつても、みだりに必要な限度を越えることのないよう注意しなければならない」旨が述べられていたところであり、そこでは、証拠調べが情状の立証として不必要な範囲、程度に及べば、情状推知型の枠を超えて、実質処罰型と評価されるおそれがあることが示されていたといよう。

　このように、2つの最高裁判決以後の下級審裁判例においては、量刑の理由の記載と、証拠調べの内容を中心とする公判での審理経過を主要な考慮要素として、量刑における余罪の考慮がどちらの類型にあたるかが判断されてきたのであるが、それらの要素が、いかなる理論的根拠に基づき、どのように考慮されるのかについては、必ずしも明確ではなかった。これに対し、最近の裁判例には、この点を意識した判示を行うものが現れている。そこで、次に、それらの裁判例の内容を見ることにしたい。

6）増田・前掲注4）211、成瀬剛「量刑と余罪」判例百選(10)218。

Ⅲ 裁判例の展開

　(ア)　余罪を量刑上考慮したことの適否が問題とされた最近の裁判例の一つが、東京高判平27・2・6東高刑時報66・1＝12・4（以下、「平成27年判決」という。）である。事案は、次のようなものであった。

　被告人は、元交際相手であった被害者に対する恨みや怒りの感情を募らせ、被害者方に侵入したうえ、その敷地内において、被害者に対し、その頸部及び腹部を持っていたペティナイフで多数回突き刺すなどして殺害したとして、住居侵入、殺人、銃砲刀剣類所持等取締法違反の事実により起訴された。被告人は、本件犯行に先立ち、交際中に入手していた被害者の裸の画像等をインターネット上の画像投稿サイトに投稿し、当初は被告人のみが閲覧できる状態にしていたものの、その後、一般に公開する設定に変更したうえ、本件犯行後には、インターネット上の交流サイトの掲示板に画像の投稿先URLを書き込んで、不特定多数の者が閲覧、ダウンロードできる状態にしたため、被害者の裸の画像等が広く拡散したという事情があった。

　第1審裁判所は、起訴事実を認定したうえで、被告人に懲役22年の判決を言い渡した。そして、量刑の理由において、本件犯行の態様が強固な殺意に基づく執拗で残忍なものであることや、犯行に高い計画性が認められることなどに加えて、被害者の裸の画像等を拡散させた行為は、殺害行為に密接に関連し、被告人に対する非難を高める事情として考慮する必要があるとしたうえで、それは被害者の名誉をも傷つけたという悪質な事情であり、それを伴っている点で、被告人の行為責任は、男女関係のトラブルによる刃物を用いた被害者1名の殺人事件の類型の中では、量刑傾向の幅の上限付近に位置付けられる重いものといえると判示した。

　弁護人は控訴を申し立て、第1審判決は、本件投稿行為を犯情の一つとして考慮し、起訴されていない名誉毀損罪について実質的に処罰するに等しい結果となっているから、同判決には憲法31条に違反する訴訟手続の法

令違反があると主張した。

　東京高裁は、まず、「起訴されていない犯罪事実については、これをいわゆる余罪として認定し、実質上処罰する趣旨で量刑資料に考慮し、このために被告人を重く処罰することは許されないが、被告人の性格、経歴、犯罪の動機、目的、方法等の情状を推知するための資料として考慮することは許される」として、昭和41年判決の判示を確認した。そのうえで、後者の類型にあたる場合であっても、それは、余罪にあたる事実が、起訴された犯罪との関係でその違法性や責任非難を高める事情であればその犯情として考慮され、そうでなければ、再犯可能性等の一般情状として斟酌できるにとどまるから、その点に関する証拠調べも自ずと限定され、起訴された事実と同等の証拠調べをすることは許されないとする。

　これを本件にあてはめ、まず、本件投稿行為は、被害者に対する恨みの感情などの、本件殺人等と同じ動機に基づくもので、その恨み、憎しみの深さ、動機の強固さや犯行の計画性の高さを示しており、そのかぎりでは殺人の犯情として考慮できるし、また、殺害行為後に計画どおり投稿したことは、自己顕示欲や身勝手な正当性の主張を示すもので、被告人の共感性の乏しさ、自己中心性を表したものとして、一般情状としても非難の程度を強めるものであり、また、遺族の被害感情を高めるものでもあるといえるから、本件投稿行為も、このような被告人の情状を推知するための資料の限度であれば、量刑にあたって考慮することが許されるとする。

　そのうえで、第1審における証拠調べについて言及し、まず、第1審裁判所は、公判前整理手続における争点確認において、本件投稿行為に関する検察官の主張につき、単に「犯行後に被害者の裸体の画像をインターネット上に公開するなど犯行後の行動が悪質であること」とのみ整理し、この犯行後の事情が、量刑の中心となる人の生命を奪う犯罪である殺人との関係においてどのような量刑要素をどの程度推知させるものかについて検討していないばかりか、この点に関する適切な証拠調べの範囲、方法等についても検討した形跡は見あたらないとする。また、公判においても、その点を明確にしないまま、検察官が冒頭陳述や論告で重い求刑を導く事

情の一つとして主張するに任せており、その立証に関しても、本件投稿行為の動機、目的、画像等のアップロードなどの具体的行為、その結果や影響などについて、起訴された犯罪と同様に、証拠書類及び証人による積極的かつ詳細な立証を許しているとする。

次に、第1審判決の「量刑の理由」における説示に着目し、同判決は、要するに、犯行態様や動機等の一般的な犯情とは別に、名誉毀損罪に該当する本件投稿行為について、被告人の刑事責任を無期懲役刑にまで導くほどのものではないが、同一の事件類型（男女関係のトラブルによる刃物を用いた被害者1名の殺人事件）における量刑の幅の上限付近にまで導く事情として考慮した旨を説示するものと理解するほかないとする。

そして、結論として、こうした審理の経過及び内容、量刑理由に関する判文を総合すれば、原判決には、起訴されていない余罪である名誉毀損罪に該当する事実を認定し、これをも実質上処罰する趣旨で量刑判断を行った疑いがあるといわざるをえないとした。

(ｲ)　本判決は、前記のとおり、本件投稿行為が殺害行為と密接に関連し、その犯情にも関連する事情であることを認めている。検察官は、そうである以上、第1審判決は、犯情に属する事実を量刑上考慮したにとどまり、起訴されていない余罪を実質的に処罰する趣旨で量刑をしたものではない旨主張した。これに対し、本判決は、本件投稿行為が殺害行為と密接に関連しその犯情にも関連するということと、それを余罪として認定し実質的に処罰する趣旨で量刑をすることとは別個の事柄であって、たとえ前者が認められるとしても、当然に後者に該当しないということにはならないというべきであるとして、検察官の主張を退けた。つまり、本件投稿行為は、それ自体が犯情に属するものではなく、被告人の恨み、憎しみの深さ、動機の強固さや犯行の計画性の高さを示すという意味で犯情に関連するものなのであるから、そのような間接的な考慮にとどまらず、量刑要素として直接に考慮する場合には、その行為を実質的に処罰する趣旨で量刑をしたと評価されるということであろう。本判決が、「本件投稿行為は、それがどのように殺人の量刑要素に影響するのかという視点から考慮すべき事情

であって、単に殺害行為と密接に関連するという理由のみで直ちに刑を加重できる事情であると捉えるべきではない」と述べているのは、そのような趣旨であると考えられる。

　㈼　原判決が余罪を実質的に処罰する趣旨で考慮したと認めた、もう一つの最近の裁判例が、東京高判平30・3・27判タ1454・107（以下、「平成30年判決」という。）である。事案は、次のようなものであった。

　被告人は、平成29年7月20日に、①滞在中のホテルの駐車場に駐車中の普通乗用自動車内及び同ホテル客室内において、覚せい剤約2.342g、大麻約107.801g、コカイン約1.384g及び2種類の指定薬物合計約1.252gを所持した事実、②同ホテル客室内において、覚せい剤を注射して使用した事実により起訴された。

　原審第1回公判において、被告人は、本件各公訴事実を認めたところ、検察官は、冒頭陳述において、被告人は、平成26年頃から平成29年6月頃までの間、覚せい剤や大麻の密売を続けたと主張し、被告人が大麻等の密売をしていたこと、被告人から覚せい剤を購入していたことなどを立証趣旨とするAの検察官調書及び被告人から継続的に覚せい剤を購入していたことを立証趣旨とするBの検察官調書をそれぞれ証拠として請求した。弁護人がこれらの調書に対して不同意の意見を述べたところ、検察官は、上記と同じ立証趣旨によりAとBを証人として請求し、裁判所は、両名を証人として採用する決定を行った。それを受けて、弁護人が、両名の検察官調書について、不同意の意見を撤回して、同意の意見を述べたため、裁判所は、両名の検察官調書を同意書証として採用して取り調べ、両名の証人請求については、検察官が請求を撤回したことにより、採用を取り消した。他方で、被告人は、被告人質問において、違法薬物の密売をしていた事実を否認した。

　原判決は、量刑の理由において、上記両名の検察官調書に基づき、被告人が違法薬物を密売していた事実を認定して、違法薬物を密売した事実を否認する被告人の弁解を排斥したうえ、以上の事情によれば、本件が違法薬物の単純所持及び覚せい剤の自己使用の事案であることを前提として

も、とりわけ違法薬物の所持量及び種類の多さに鑑みると、被告人に対する非難の程度は強く、その刑事責任は相応に重いとして、被告人を懲役1年10月の実刑に処した。

これに対し、被告人側は控訴を申し立て、原裁判所が、被告人が違法薬物を密売していたことを立証趣旨として、A及びBを証人として採用したこと及び両名の検察官調書を証拠として採用したことは、いずれも起訴されていない余罪の立証を許すものであって違法であり、判決に影響を及ぼすことが明らかな訴訟手続の法令違反にあたると主張した。

東京高裁は、まず、昭和41年判決の判示を確認し、起訴されていない犯罪事実を余罪として認定し、単に被告人の性格、経歴、及び犯罪の動機、目的、方法等の情状を推知するための資料としてこれを考慮することは許されるが、その場合であっても、これを考慮する程度は、事案ごとに合理的に検討して必要な限度にとどめるべきであり、その点の証拠調べにあたっても、みだりに必要な限度を超えることのないよう注意しなければならないと述べた。そして、これを本件にあてはめ、被告人が違法薬物の密売をしていたことは、違法薬物所持の常習性や違法薬物に対する親和性を推知させる事実であるから、検察官がこれらを情状として立証すること自体は許されるが、これらの常習性や親和性は、犯情に含まれない一般情状であるから、行為責任の見地からすれば、量刑上の有意性には限度があり、訴訟経済の観点からも、立証を合理的な限度にとどめるべきであるとする。また、これらの常習性や親和性を認定するためには、違法薬物密売の日時、場所等を特定しない概括的なものにとどめるべきであって、その程度を超えて、個別具体的な違法薬物密売の事実の立証を許容することは、常習性や親和性という一般情状を超えて、余罪である営利目的による違法薬物の譲渡等の罪を実質上処罰する趣旨で立証することを許容しているとの疑いを生じさせるものであるとする。そのうえで、原審において行われた検察官の証人請求等の手続について、概ね次のように述べた。

被告人が違法薬物の密売人であったことを否認し、弁護人もこれを争って両名の検察官調書を不同意としている状況のもとで、両名の証人尋問を

行うことは、常習性や親和性を立証しようするものであったとしても、これらが量刑上の有意性に乏しいものであることから、訴訟経済に反するのみならず、常習性や親和性を認めるために必要な限度を超えて、具体性のある違法薬物の密売の事実を立証する可能性が高く、余罪を実質上処罰する趣旨で立証する疑いが強いものといえる。弁護人も、同様の趣旨から、両名の証人尋問の請求に対して、強く異議を述べたものと解されるが、原裁判所は、検察官に対して、立証趣旨について上記の観点から求釈明をすることなく、両名の証人尋問を採用しており、これは、訴訟経済に反するのみならず、余罪を実質上処罰する疑いの強い立証を許したものであるから、裁判所の公正さに疑いを生じさせたことからも、著しく不相当というべきである。同様の理由で、原裁判所が両名の検察官調書を採用したことも、著しく不相当である。

続いて、原判決の量刑の理由における記載については、原判決は、量刑の理由において、両名の検察官調書に基づいて、被告人が違法薬物の密売をしていた事実を認定したうえ、前述のとおり説示して、被告人を懲役1年10月の実刑に処しており、通常の前科前歴のない者に対する同種事案と比較して明らかに重い量刑をしたものであるとした。

そして、結論として、原審の手続を全体としてみると、原判決は、本件各公訴事実のほかに、起訴されていない余罪である覚せい剤の営利目的による譲渡等の犯罪事実を認定し、これを実質上処罰する趣旨で被告人に対する刑を量定した疑いを免れず、違法であるといわざるをえないとしたのである。

Ⅳ 実質処罰型と情状推知型の区別基準

平成27年判決及び平成30年判決は、これまでの裁判例と同様に、量刑の理由の記載と、余罪についての証拠調べを含む原審における審理経過を考慮して、余罪を実質的に処罰する趣旨で量刑上の考慮をしたものであるとする結論を導いているが、いずれの考慮要素の評価にあたっても、量刑基

準ないし量刑の枠組みに依拠した判断がなされている点に特色がある[7]。

　実務においては、量刑の枠組みとして、まず、犯情に基づいて刑の大枠を決めたうえで、その枠内で一般情状を考慮して、最終的な宣告刑を決めるという運用がなされてきた[8]。犯情は、犯罪行為自体に関する要素であり、例えば、犯行の動機、手段・方法、結果などがこれにあたる。これに対し、一般情状は、それ以外の要素であり、一般予防や特別予防に関する情状を中心とするが、それには還元できない刑事政策目的に基づく要素も含まれる。具体的には、被告人の性格、生育歴、前科、反省の度合い等の被告人の属性に関わる要素のほか、被害者の処罰感情や、被告人の捜査協力に係る事実などが、これに該当する。犯情は、犯罪を構成する違法性と有責性を基礎づける要素であり、それによって刑の大枠が決められるわけであるから、その意味で、実務では、行為責任を基軸とした量刑が行われていることになる[9]。

　これを前提に、余罪の量刑上の考慮を考えてみると、まず、余罪は、起訴された犯罪事実ではない以上、それ自体が量刑事情となるわけではなく、起訴事実に係る犯情（犯行の動機や目的など）又は一般情状（被告人の性格や常習性など）を推知させるものとして考慮されるにとどまる[10]。そうである以上、余罪を考慮した結果としての量刑が、起訴事実に係る犯情に基づく刑の大枠の上限を超えている場合には、余罪が実質的に処罰されていることにほかならないから、それ以外の要素を考慮するまでもなく許されないものと判断することができる。ただし、そのようにあからさまな量刑が行われることは考えにくく、実際に問題となるのは、宣告刑が、一

---

7) 成瀬・前掲注6) 218。
8) 河原俊也「量刑──裁判の立場から」三井誠ほか編『刑事手続の新展開（下）』（成文堂、2017年）547。
9) 最判平26・7・24刑集68・6・925は、「裁判においては、行為責任の原則を基礎としつつ、当該犯罪行為にふさわしいと考えられる刑が言い渡されることになる」と述べている。
10) 増田・前掲注4) 171。余罪は、犯罪として考慮されるのではなく、法的評価以前の行為ないしは社会的事象として考慮の対象となるという指摘（中野・前掲注2) 25) も、これと同趣旨であろう。

応は起訴事実に係る犯情に基づく刑の大枠の上限内に収まっている場合に、実質処罰型と情状推知型をどのように区別するかである[11]。

前述のとおり、量刑における余罪の考慮は、起訴事実に係る犯情ないし一般情状を推認させる限りにおいて許されるという意味で、そもそも間接的なものにとどまる。また、そのような意味で考慮される場合にも、それが犯情を推知させるものか、一般情状を推知させるものなのかにより、その量刑への影響力が異なる。これを踏まえれば、公判審理における余罪の取扱いについては、次のことがいえよう。

第1に、平成27年判決が指摘しているように、裁判所は、余罪が起訴事実との関係において、どのような量刑事情を推知させるものかを明確にする必要がある。具体的には、検察官に対し、冒頭陳述及び証拠調べ請求それぞれにおいて、余罪によって何を立証しようとするのかを明示させることになる[12]。公判前整理手続が行われている場合には、それを証明予定事実の中で明らかにするように求めることになろう。検察官が論告において余罪に言及する場合も同様である。それをしないままに、余罪の立証ないし余罪への言及を許すと、余罪自体を量刑事情として考慮する趣旨での立証及び主張を許したと評価されやすくなる。

第2に、それを踏まえて、起訴事実に係る犯情又は一般情状を推認するためには、余罪についてどの程度詳密な立証が必要かを考える必要がある[13]。例えば、平成30年判決が述べているように、被告人の常習性を推認

---

11) 余罪を考慮したうえでの宣告刑が、起訴事実に係る犯情に基づく刑の大枠の上限内に収まっている場合であっても、それが同種事案での一般的な量刑傾向から逸脱しているか否かにより、実質処罰型か否かを判断するという考え方もありうる。平成30年判決が、原判決は、被告人に対し、通常の前科前歴のない者に対する同種事案と比較して明らかに重い量刑をした旨の判示を行っているのは、そのような趣旨を示したものとも考えられる。しかし、量刑は様々な要因が絡み合って決められるものであるから、同種事案での一般的な量刑傾向というものが常に想定できるのかという疑問があるし、また、裁判官によって個々の量刑要素の評価に差異があるとすれば、行為責任に対応する上限の枠内に収まっている量刑を、宣告刑のみを見て実質処罰型と判断することは事実上困難であろう（増田・前掲注4）211）。

12) 増田・前掲注4）181。

13) 増田・前掲注4）182。

するものとして、多数の同種余罪を立証しようとする場合、それらについて概括的な立証をすれば十分であって、個々の余罪を具体的に立証する必要は認められないであろう。また、同じく平成30年判決が指摘しているように、余罪によって推認される量刑事情が量刑に与える影響が小さい場合には、訴訟経済の観点から、そのための証拠調べの内容・程度が限定され、場合によっては、証拠調べの必要性が否定される場合もあろう[14]。平成27年判決が、余罪に関する証拠調べは自ずから限定され、起訴された事実と同等の証拠調べをすることは許されないとしたうえで、殺人に関する情状を推知するための資料とする趣旨で本件投稿行為に関する証拠調べをするのであれば、被害者の父親の証言やアップロードに関する書証のみでも立証は足りるはずであり、警察官の証人尋問により、投稿行為の結果や影響を詳細に証言させるのは、許される立証の範囲を超えるとしているのも同趣旨であると考えられる。以上のような限度を超えて、余罪について不必要ともいえる証拠調べを行うと、それは、余罪自体を直接に量刑上考慮するものとして、実質処罰型と評価される可能性が高くなる。

　こうした量刑の枠組みは、量刑の理由の記載の仕方にも関係してくる。すなわち、量刑の理由において余罪に言及する場合には、それが、起訴事実に係る犯情や一般情状にどのように関係してくるのか、言い換えれば、余罪によっていかなる量刑事情が推知されるのかを示すのが望ましいであろう[15]。それを示すことなく余罪に言及している場合には、量刑にあたって余罪を直接に考慮したものとして、実質処罰型と評価される可能性が高くなる[16]。平成27年判決及び平成30年判決における原判決の量刑の理由の記載は、まさにこれに該当するものであった。これまでの裁判例において、実質処罰型にあたるかどうかが問題とされた量刑の理由の記載として、①余罪に関する事実を起訴に係る犯罪と同程度に詳しく判示した場合、②余罪事実と起訴に係る犯罪事実とを区別することなく摘示した場合、③余罪

---

14) 増田・前掲注4) 182。
15) 増田・前掲注4) 216、安廣文夫・大コメ刑訴(7)445。
16) 成瀬・前掲注6) 218。

の内容に言及したうえで「その責任は重大である」などと余罪自体の刑事責任を問うような判示をしている場合が挙げられているが[17]、これらは、いずれも、量刑にあたって余罪を直接に考慮したことが推認される場合と位置づけることができるであろう[18]。

17) 増田・前掲注4) 214。
18) 裁判例におけるもう一つの考慮要素である「証拠の標目」の記載については、証拠の標目には、罪となるべき事実を認定するのに必要かつ十分な証拠を挙示すれば足りるとされていることから、そこに、余罪に関する証拠を挙げた場合には、余罪を実質的に処罰する意図をうかがわせることになるとの指摘がなされている（増田・前掲注4) 213)。これも、余罪を、起訴事実と共に、量刑にあたって直接に考慮していることを示すものといえよう。

229

事項索引

[あ 行]

意思疎通能力 ……………………… 155, 156
位置情報
　……… 5, 10, 11, 12, 13, 14, 23, 24, 27, 32, 35
一般情状 ……………………… 220, 223, 225
違法収集証拠排除法則 ……………………… 120
おとり捜査 ……………………………… 54, 76
泳がせ捜査 ……………………………………… 95

[か 行]

カーペンター判決 ……………………………… 7
カロ判決 ………………………………………… 4
機会提供型 ……………………………… 85, 86
期日外尋問 …………………………………… 174
基地局情報 ……………………………… 7, 33
協議・合意制度 …………………………… 190
供述態度 ………………… 195, 205, 208, 212
供述調書 ………………… 192, 207, 208, 211
供述の信用性 ……… 192, 203, 205, 207, 208
供述の任意性 ………………… 192, 206, 211
強制採尿令状 ………… 44, 56, 61, 64, 67, 68
強制処分 ……… 8, 11, 13, 15, 16, 17, 20, 21, 32,
　　　　　　　　　　 39, 51, 71, 112, 142
強制処分法定主義 ……………………… 26, 29
記録命令付差押え ………… 100, 103, 113
クラウド ……………………………… 98, 114
刑事収容施設法 ……………………… 123, 144
刑事免責制度 ………………………………… 190
携帯電話 …………………………………………… 32
検証 ……………… 17, 20, 27, 30, 33, 108, 114
現場設定 …………………………………………… 95
行為責任 …………………………………… 223, 225

公開の停止 …………………………………… 173
公訴棄却 ……………………… 148, 160, 163
公訴の取消し ………………… 150, 159, 161
控訴の取下げ ………………………………… 152
口頭主義 ……………………………………… 164
公判前整理手続 ……………………………… 226
公判中心主義 ………………………… 174, 210
公判手続続行能力 …………………… 152, 153
公判手続の停止 ……………………… 150, 158
国際捜査共助 ………… 110, 111, 116, 120
個人識別情報 …………………………… 40, 42
コントロールド・デリバリー ……………… 32
コンピュータ・ネットワーク ……… 97, 103
コンピュータ犯罪 …………………………… 97

[さ 行]

サイバー犯罪 ………………………………… 97
サイバー犯罪条約 ……………………… 98, 116
裁判員制度 …………………………………… 164
裁判の公開 ……………………………… 179, 180
死刑確定者 …………………………………… 183
実質証拠 ……… 192, 196, 200, 203, 212
実質処罰型 …………………………… 213, 217, 224
私的領域への侵入 ………………… 19, 23, 25
司法面接 ……………………………………… 190
写真撮影 ……………………………… 136, 142
修正第4条 …………………………………… 2, 5
主権侵害 ……………………… 110, 119, 121
条件付与等措置 ……………………… 166, 170
証拠調べの必要性 ……… 206, 208, 212, 227
証拠の標目 ……………………………… 218, 228
証拠保全 ……………………………… 138, 142
情状推知型 …………………………… 213, 217, 224
証人尋問 ……………………………………… 164

証人審問権 …………… 168, 179, 181, 190
証人等特定事項 …………… 171, 172, 176
証人の遮へい …………… 174, 177, 183
証人の保護 …………………………… 164
証人への付添い …………… 173, 174, 178
証人保護プログラム ………………… 190
ジョーンズ判決 …………… 3, 5, 11, 25
職務質問 ………………………… 56, 59
心神喪失 ……………………………… 151
迅速な裁判 …………………………… 149
接見 …………………………… 123, 141
接見交通権 ………… 132, 135, 138, 142, 145
捜査協力者 …………………………… 92
足跡痕 …………………………… 41, 49
訴訟経済 ………………………… 223, 227
訴訟行為 ……………………………… 155
訴訟行為能力 ……………………… 152, 153
訴訟指揮権 ………………………… 186
訴訟条件 ………………………… 159, 163
訴訟能力 …………… 148, 151, 153, 156
訴追裁量 ……………………………… 161

[た 行]

代替開示措置 …………………… 167, 169
第二次被害 …………………………… 173
聴覚障害 …………………… 148, 151, 155
庁舎管理権 ……………… 139, 141, 145
直接主義 ………………… 164, 174, 196
通信事業者 ……………… 33, 36, 102, 103
通信の秘密 …………………… 32, 102
通信履歴 ……………………… 102, 103
提出命令 ……………………………… 101
適正手続の保障 ………………… 20, 30
電気通信事業における個人情報
　保護に関するガイドライン ……… 33
電磁的記録 ……………… 98, 99, 102, 105
伝聞法則 ……………………………… 187
当事者主義 …………………………… 162

留め置き ……………………………… 56
取調べの録音・録画制度 …………… 192
トレスパス・テスト …………………… 2, 6

[な 行]

なりすまし捜査 ……………………… 88
二分論 ………………………………… 70
任意捜査
　………… 9, 50, 54, 60, 64, 68, 71, 77, 88, 120
任意同行 ……………………………… 56
ネットワーク利用犯罪 ………………… 97

[は 行]

犯意誘発型 …………………………… 82, 86
犯情 ……………………… 213, 220, 223, 225
反対尋問 ………… 170, 177, 186, 188, 189
被害者 …………………… 171, 173, 177
被害者特定事項 ………………… 171, 172
尾行 …………………… 1, 10, 11, 12, 16, 23, 24
被告人質問 …………………… 195, 206
必要な処分 …………………… 27, 36, 108
ビデオリンク方式による証人尋問
　………………………… 174, 178, 182, 187
秘密交通権 …………………… 128, 133
不告不理の原則 ……………………… 213
プライバシー
　………… 9, 10, 11, 14, 19, 23, 24, 42, 136
プライバシーの合理的期待 ………… 2, 5, 7
法律的関連性 ………………………… 205
保釈の取消し ………………………… 165
補助証拠 …………………… 192, 199, 211

[ま 行]

未決拘禁者 …………………………… 123
面会 …………………………… 123, 141
黙秘権 …………………………… 149, 155

モザイク理論 ……………… 7, 12, 13, 16, 24

［や 行］

余罪 …………………………… 213, 225

［ら 行］

リモートアクセス ……………… 103, 107, 116
量刑基準 ……………………………… 224
量刑傾向 ……………………………… 226
量刑事情 ………………………… 225, 226
量刑資料 ……………………………… 213
量刑の理由 ……………………… 217, 227
領置 ……………………………… 40, 53
令状主義 …………… 26, 28, 37, 55, 66, 69
令状の呈示 …………………………… 30

［アルファベット］

DNA ………………………………… 38
GPS捜査 ……………………………… 1

判例索引

[大審院・最高裁判所]

大判昭6・12・3刑集10・682	151
最大判昭24・5・18刑集3・6・789	170
最大判昭27・4・9刑集6・4・584	170
最決昭28・3・5刑集7・3・482	76
最決昭29・7・30刑集8・7・1231	151
最判昭29・11・5刑集8・11・1715	76
最大決昭33・2・17刑集12・2・253	180
最大判昭41・7・13刑集20・6・609	213
最大判昭42・7・5刑集21・6・748	214
最決昭49・12・3判時766・122	47
最決昭50・12・4裁集刑198・723	47
最決昭51・3・16刑集30・2・187	8, 20, 22, 39
最判昭53・6・20刑集32・4・670	59
最決昭55・10・23刑集34・5・300	73
最決昭55・12・17刑集34・7・672	161
最決平6・9・16刑集48・6・420	57
最決平7・2・28刑集49・2・481	148
最決平7・6・28刑集49・6・785	152
最判平10・3・12刑集52・2・17	153
最決平11・12・16刑集53・9・1327	22, 28, 115
最決平16・7・12刑集58・5・333	54, 76
最判平17・4・14刑集59・3・259	179
最決平17・9・27刑集59・7・753	205
最決平19・4・13公刊物未登載	130
最決平20・3・5判タ1266・149	172
最決平20・4・15刑集62・5・1398	14, 53
最決平21・9・28刑集63・7・868	8
最判平26・7・24刑集68・6・925	225
最決平28・6・15 LEX/DB25543533	139
最判平28・12・19刑集70・8・865	158
最大判平29・3・15刑集71・3・13	1, 18, 51
最決平30・7・3刑集72・3・299	168
最決平30・9・18 LLI/DB07310079	141

[高等裁判所]

東京高判昭48・12・10高刑集26・5・586 ……… 47
東京高判昭49・11・26高刑集27・7・653 ……… 45
大阪高判昭53・9・13判時917・141 ……… 48
東京高判昭58・10・20高刑集36・3・285 ……… 49
広島高岡山支判平3・9・13判時1402・127 ……… 149
仙台高判平6・1・20刑集48・6・446 ……… 72
大阪高判平15・7・7刑集58・5・351 ……… 77
大阪高判平17・1・25訟月52・10・3069 ……… 129
東京高判平19・6・1高検速報（平19）240 ……… 78
東京高判平20・7・17東高刑時報59・1＝12・69 ……… 81
東京高判平20・9・25東高刑時報59・1＝12・83 ……… 74
東京高判平21・7・1判タ1314・302 ……… 61
東京高判平22・11・8高刑集63・3・4 ……… 66
福岡高判平23・2・3判タ1372・101 ……… 92
東京高判平25・1・23東高刑時報64・1＝12・30 ……… 70
東京高判平26・5・16高検速報（平26）59 ……… 70
札幌高判平26・12・18判タ1416・129 ……… 70
東京高判平27・2・6東高刑時報66・1＝12・4 ……… 219
東京高判平27・3・4 LEX/DB25505965 ……… 185
東京高判平27・4・30高検速報（平27）101 ……… 70
東京高判平27・7・9判時2280・16 ……… 137
東京高判平27・10・8判タ1424・168 ……… 70
大阪高判平28・3・2判タ1429・148 ……… 8, 18
東京高判平28・5・24高検速報（平28）96 ……… 185
名古屋高判平28・6・29判時2307・129 ……… 8, 12
広島高判平28・7・21高検速報（平28）241 ……… 8, 11
東京高判平28・8・10判時2329・98 ……… 193
東京高判平28・8・23高刑集69・1・16 ……… 38
東京高判平28・9・7判時2349・83 ……… 175, 183
札幌高決平28・10・26判タ1436・133 ……… 85
東京高判平28・12・7東高刑時報67・1＝12・177 ……… 107
福岡高判平29・7・20訟月64・7・1041 ……… 139
福岡高判平29・10・13訟月64・7・991 ……… 142
大阪高判平29・12・1判時2370・36 ……… 135
大阪高決平30・3・22判タ1453・140 ……… 168
東京高判平30・3・27判タ1454・107 ……… 222
東京高判平30・8・3判時2389・3 ……… 197
大阪高判平30・9・11裁判所ウェブサイト ……… 106, 117
広島高判平31・3・28 LEX/DB25562529 ……… 132

［地方裁判所］

東京地判昭49・1・17判時727・29 ……………………………………… 45
大津地判昭52・11・14判時884・128 …………………………………… 48
岡山地判昭62・11・12判時1255・39 …………………………………… 148
東京地判昭62・11・25判時1261・138 …………………………………… 44
大阪地決昭63・2・29判時1275・142 …………………………………… 151
東京地八王子支決平2・5・29判タ737・247 ………………………… 151
大阪地判平16・3・9判時1858・79 ……………………………………… 127
東京地判平26・11・7判時2258・46 ……………………………………… 137
大阪地決平27・1・27判時2288・134 …………………………………… 8, 9
静岡地判平27・2・19 LEX/DB25505953 ……………………………… 86
福岡地小倉支判平27・2・26判時2276・15 …………………………… 142
大阪地決平27・6・5判時2288・138 ……………………………………… 8, 11, 18
名古屋地判平27・12・24判時2307・136 ……………………………… 8
水戸地判平28・1・22 LEX/DB25545987 ……………………………… 8, 12, 13
広島地福山支判平28・2・16公刊物未登載 …………………………… 8
札幌地決平28・3・3判時2319・136 …………………………………… 82
横浜地判平28・3・17判時2367・115 …………………………………… 109
宇都宮地判平28・4・8判時2313・126 ………………………………… 197
佐賀地判平28・5・13訟月64・7・1054 ……………………………… 140
佐賀地決平28・6・8公刊物未登載 ……………………………………… 41
福井地判平28・12・6 LEX/DB25544761 ……………………………… 8, 10, 13
東京地立川支決平28・12・22 LEX/DB25544851 …………………… 8
鹿児島地加治木支判平29・3・24判時2343・107 …………………… 87
大阪地判平29・3・24判時2364・126 …………………………………… 71
千葉地判平30・8・30裁判所ウェブサイト …………………………… 30

〈著者紹介〉

川出 敏裕(かわいで としひろ)
東京大学大学院法学政治学研究科教授

【主要著書】
『別件逮捕・勾留の研究』(東京大学出版会、1998年)
『わかりやすい犯罪被害者保護制度』(有斐閣、2001年)〔共著〕
『刑事政策[第2版]』(成文堂、2018年)〔共著〕
『ケースブック刑事訴訟法[第5版]』(有斐閣、2018年)〔共著〕
『少年法』(有斐閣、2015年)
『判例講座 刑事訴訟法〔捜査・証拠篇〕』(立花書房、2016年)
『判例講座 刑事訴訟法〔公訴提起・公判・裁判篇〕』
　　　　　　　　　　　　　　　　　　　(立花書房、2018年)

刑事手続法の論点

令和元年8月10日　第1刷発行

著　者	川　出　敏　裕
発行者	橘　　　茂　雄
発行所	立　花　書　房

東京都千代田区神田小川町3-28-2
電話　03(3291)1561(代表)
FAX　03(3233)2871
http://tachibanashobo.co.jp

©2019　Kawaide Toshihiro　　　　印刷・製本／倉敷印刷
乱丁・落丁の際は弊社でお取り替えいたします。
ISBN978-4-8037-2492-9　C3032